Heinrich Grupe
Jahreszeitliches Wanderbuch IV

Heinrich Grupe

Jahreszeitliches Wanderbuch

IV
Winter

von Heinrich Grupe und Heinz Grupe

MANUSCRIPTUM

Nachdruck der unter dem Titel
„Kleines naturkundliches Wanderbuch“ erschienenen
Originalausgabe von 1954

2. Auflage 2004
Einbandgestaltung: Achim Schmidt, Bochum
ISBN 3-933497-93-0

INHALTSVERZEICHNIS

I. In und um Ortschaften

A. Pflanzenleben

B. Tierleben

II. Im offenen Gelände

A. Pflanzenleben

B. Tierleben

III. Im Walde

A. Pflanzenleben

B. Tierleben

IV. An Gewässern

A. Pflanzenleben

B. Tierleben

I. IN UND UM ORTSCHAFTEN

A. Pflanzenleben

1. Der Winter beginnt, wenn die Roßkastanie sich entlaubt

Die Roßkastanie entlaubte sich in Frankfurt a. M. in der Zeit von 1867 bis 1890:

1867 am 29. 10.	1875 am 3. 11.	1883 am 27. 10.	In deiner Heimat?
1868 am 30. 10.	1876 am 5. 11.	1884 am 29. 10.	1954
1869 am 3. 11.	1877 am 23. 10.	1885 am 29. 10.	1955
1870 am 4. 11.	1878 am 28. 10.	1886 am 8. 11.	1956
1871 am 5. 11.	1879 am 2. 11.	1887 am 26. 10.	1957
1872 am 30. 10.	1880 am 29. 10.	1888 am 20. 10.	1958
1873 am 8. 11.	1881 am 24. 10.	1889 am 15. 10.	1959
1874 am 25. 10.	1882 am 1. 11.	1890 am 29. 10.	1960

Frühester Blattfall am 15. Oktober 1889.
Spätester Blattfall am 8. November 1873.
Mittlere Zeit der Entlaubung zwischen 1867 und 1890: 30. Oktober.

2. Wann entlauben sich die Bäume der Anlagen?

	Linde	Bergahorn	Spitzahorn	Spitzpappel
Frühester Tag	19. Okt.	6. Okt.	6. Okt.	18. Okt.
Spätester Tag	5. Nov.	1. Nov.	1. Nov.	12. Nov.
Mittlere Zeit	27. Okt.	23. Okt.	23. Okt.	1. Nov.

Wann in deiner Heimat?

3. Welche Gehölze deines Heimatortes entlauben sich nicht?

I. Blätter nadelförmig oder schuppenförmig (S. 2). — **Nadelhölzer.** *Coniferen.*

II. Blätter laubförmig.

A. Blätter einfach.

a) Blätter stachelspitzig gezähnt, wellig, glänzend, lederartig. **Stechpalme.** *Ilex aquifólium.*

b) Blätter nicht stachelspitzig gezähnt.

1. Blätter wechselständig, lederartig, 5lappig, die oberen eirundlich. **Efeu.** *Hédera hélix.*

2. Blätter gegenständig, länglich-lanzettlich, ganzrandig, kahl. Heckenstrauch. **Rainweide, Liguster.** *Ligústrum vulgáre.*

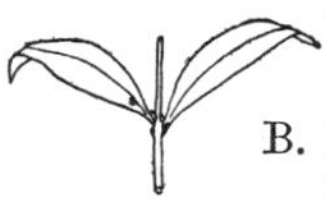

B. Blätter zusammengesetzt.

1. Blätter 3zählig. Äste rutenförmig, kantig, grün. **Besenginster, Besenstrauch.** *Sarothámnus scopárius.*

2. Blätter 3–7zählig. Blättchen gesägt. Stengel mit langen Schößlingen, meist mit kräftigen Stacheln besetzt. **Brombeere.** *Rubus.*

4. Nadelhölzer der Parks, Anlagen und Friedhöfe

Tafel S. 5

I. Blätter nadelförmig, einzelstehend, wechselständig.

A. Nadeln am Grunde in einen sehr kurzen Stiel verschmälert; flach, dunkelgrün, scheinbar zweizeilig.

a) Nadeln auf der Unterseite mit zwei weißen Streifen; Bäume einhäusig.

1. Nadeln mit 2 Harzgängen (bei Lupenbetrachtung des Querschnitts zu erkennen), bis 3 cm lang, Stielchen schräg abstehend; Rinde braun, im Alter rissig. Zapfen hängend, etwa 9 cm lang; Deckschuppen zwischen den Fruchtschuppen herausragend, dreispitzig. Bis 80 m hoch. [Nadeln zerreiben: würziger Duft!] **Douglastanne.** *Pseudotsúga Douglásii.*
   Kommt mit blaugrauen, *f. cǽsia*, blaugrünen, *f. glauca*, und weißblauen Nadeln, *f. argéntea*, vor. (*f.*=*forma*,Form.)

2. Nadeln mit 1 Harzgang in der Mitte der Unterfläche, stumpf, bis 2 cm lang; Stielchen anliegend; Zapfen etwa 2 cm lang, hellbraun, Deckschuppen zwischen den Fruchtschuppen versteckt. Bis 50 m hoch. **Hemlockstanne, Schierlingstanne.** *Tsuga.*

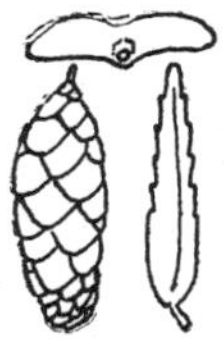

α) Nadeln bis 15 mm lang, 1½–2 mm breit, vorn schmäler als am Grunde. (Abb.) — **Kanadische Hemlockstanne.** *Tsuga canadénsis.*

β) Nadeln bis 20 mm lang, gleichbreit. — **Mertens-Hemlockstanne.** *Tsuga Mertensiána.*

b) Nadeln auf der Unterseite ohne weiße Streifen, nur etwas heller grün als die Oberseite, bis 30 mm lang, 2½ mm breit, ohne Harzgang, Bäume zweihäusig, Rinde rotbraun, abblätternd; Zweige durch die herablaufenden Nadeln kantig; Früchte nußähnlich mit offenem, fleischigem, rotem Samenmantel; meist strauchförmig, als Baum bis 15 m hoch. (Abb. 1.) — **Eibe.** *Táxus baccáta.*

B. Nadeln flach, mit scheibenartig verbreitertem Grunde den Zweigen aufsitzend, Blattnarben daher kreisrund, flach; reife Zapfen aufrecht, beim Samenausfall lösen sich die Fruchtschuppen von der Spindel einzeln ab. Beim Trocknen haften die Nadeln an den Zweigen. — **Tanne.** *Ábies.*

a) Nadeln auf beiden Seiten mit zwei weißlichen Streifen.

1. Nadeln bis 15 mm lang, ringsum abstehend, abgestumpft, mit sehr breiter Ansatzfläche. — **Spanische Tanne.** *Ábies pinsápo.*

2. Nadeln bis 8 cm lang, zweizeilig, grün oder weißblau. — **Gleichfarbige Tanne.** *Ábies cóncolor.*

b) Nadeln nur auf der Unterseite mit zwei weißlichen Streifen; Oberseite dunkelgrün mit Längsrinne.

1. Nadeln an nichtblühenden Zweigen zweizeilig. (Abb. 2.) — **Edel-Tanne, Weiß-Tanne.** *Ábies pectináta.*

2. Nadeln zum größten Teil aufgerichtet. — **Nordmanns-Tanne.** *Ábies Nordmanniána.*

C. Nadeln vierkantig, selten flach, einem kurzen, braunen Stielchen aufsitzend, Blattnarben höckerförmig erhaben, der entnadelte Zweig daher rauh, raspelartig; reife Zapfen abwärtshängend, nach dem Samenausfall als Ganzes abfallend. Beim Trocknen fallen die Nadeln von den Zweigen ab. — **Fichte.** *Picea.*

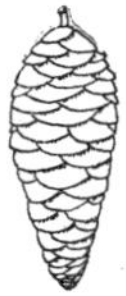
Se

Si

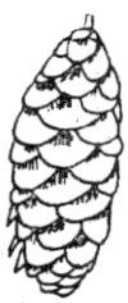
Sch

a) Nadeln flach.

1. Zweige braun behaart, Nadeln ziemlich stumpf, bis 15 mm lang. (Se) **Serbische Fichte.** *Pícea amórica.*

2. Zweige kahl, Nadeln scharf zugespitzt. (Si) **Sitka-Fichte.** *Pícea sitchénsis.*

b) Nadeln vierkantig.

1. Junge Zweige behaart, rotbraun, Nadeln bis 12 mm lang, dunkelblaugrün. Zapfen bis zu 3 cm lang. **Schwarz-Fichte.** *Pícea nigra.*

2. Junge Zweige kahl, Nadeln hellbläulich-grau, stumpf zugespitzt, bis 18 mm lang, Zweige rötlich, Zapfen bis 5 cm lang. (Sch) **Schimmel-Fichte.** *Pícea alba.*

3. Junge Zweige kahl oder etwas kurzhaarig, Nadeln grün oder selten blaugrün, auf der Unterseite der Seitenzweige nach links und rechts verteilt, auf der Oberseite aufrecht abstehend. Zweige rotbraun, Zapfen bis 16 cm lang. (Abb. 3.) **Gemeine Fichte.** *Pícea excélsa.*

4. Junge Zweige kahl, Nadeln hellgrün, stechendspitz, allseitig um den Zweig gestellt, Zweige gelbbraun, Zapfen bis 12 cm lang. **Stachel-Fichte.** *Pícea políta.*

5. Junge Zweige kahl, Nadeln grün, blau- oder silberweiß, stechendspitz, allseitig um den Zweig gestellt, Zweige hellbraun. **Stech-Fichte.** *Pícea pungens.*

D. Nadeln ohne Stielchen, Ansatzstelle nicht verbreitert, der Rinde unmittelbar aufsitzend.

1. Nadeln allseitig abstehend, pfriemlich zugespitzt, etwas gebogen, grau- oder grasgrün, 2 cm lang, in 5 Reihen angeordnet; Zapfen rundlich, 2 cm im Durchmesser, Fruchtschuppen an der Spitze lappig. **Sicheltanne.** *Cryptoméria japónica.*

2. Nadeln wenig abstehend, halbstielrund-pfriemlich, am Grunde mit der Achse verwachsen, höchstens 1 cm lang, oberseits mit 2 Furchen, Zapfen bis 7 cm lang; Stamm rasch an Stärke abnehmend, kegelförmig. **Mammutbaum.** *Sequóia gigantéa.*

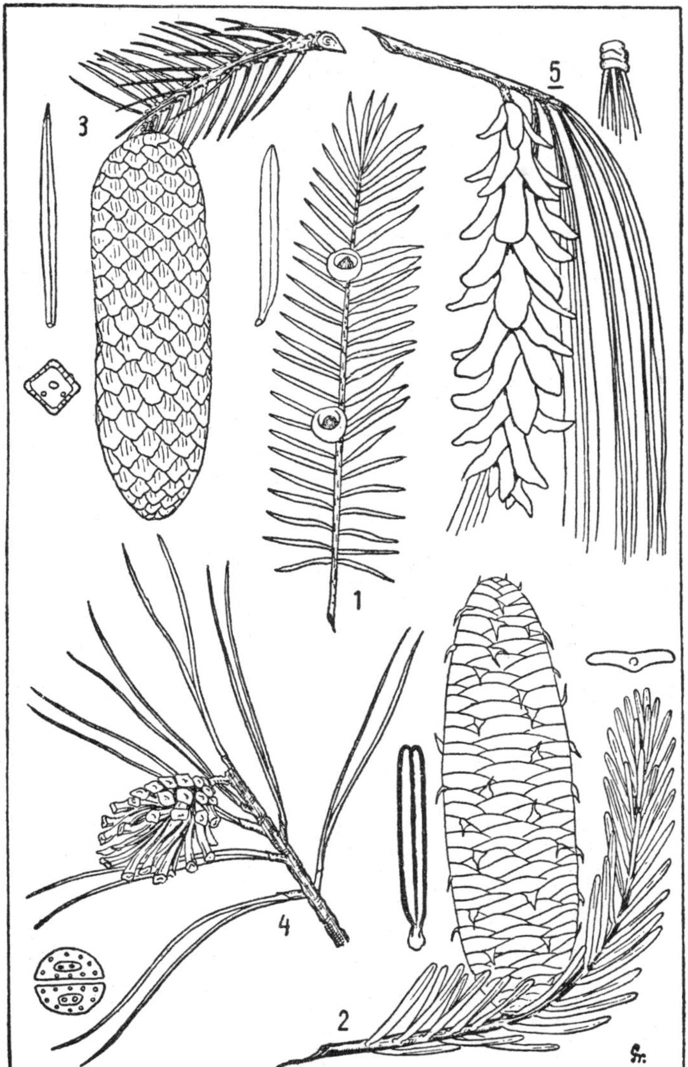
3
5
1
4
2
Gr.

E. Nadeln mit verschmälertem Grunde sitzend (ungestielt), flach, hellgrün, weich, plötzlich zugespitzt, zweireihig, bis 20 mm lang, im Herbste mit den diesjährigen Trieben abfallend; Rinde braun, Zweige schwach glänzend; Zapfen bis 3 cm lang, eiförmig. **Sumpf-Zypresse.** *Taxódium dístichum.*

II. Blätter nadelförmig, zu 2 bis 5 an rückgebildeten Kurztrieben, in der Jugend von einer gemeinsamen Scheide umgeben. **Kiefer.** *Pínus.*

a) Kurztriebe mit 5 Nadeln.

1. Junge Triebe mit gelblichem Filz, Knospen nicht harzig, rundlich; Nadeln bis 10 cm lang, aufrecht, steif; Zapfen eiförmig, stumpf, 6–8 cm lang; Samen flügellos. **Zirbelkiefer.** *Pínus cémbra.*

2. Junge Triebe kahl; Knospen harzig, länglich zugespitzt, Nadeln 6–12 cm lang, graugrün, weich, stumpfgespitzt; Zapfen an kurzem Stiel hängend, dünn, 10 bis 15 cm lang. (Abb. 5.) **Weymouthskiefer.** *Pínus stróbus.*

3. Nadeln bis 18 cm lang, auseinanderfallend, mehr hängend; Zapfen bis 25 cm lang, meist mit tränenartigen Harztropfen besetzt; sonst wie vorige. **Tränenkiefer.** *Pínus excélsa.*

b) Kurztriebe mit 3 Nadeln, junge Zweige bräunlich-grün, Nadeln etwa 20 cm lang; Zapfen bis 10 cm lang. **Gelbkiefer.** *Pínus ponderósa.*

c) Kurztriebe mit 2 Nadeln.

1. Nadeln auf der unteren (flachen) Seite meergrün, auf der oberen (gewölbten) Seite dunkelgrün, 4–5 cm lang. Rinde rotgelb, im Alter grau, höckerig rissig; Zapfen glanzlos, eikegelförmig, auf gekrümmtem Stiele abwärtshängend. (Abb. 4.) **Gemeine Kiefer.** *Pínus silvéstris.*

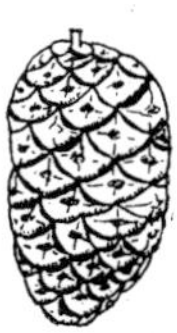

2. Nadeln auf beiden Seiten dunkelgrün, 2–5 cm lang, auf der Oberseite rinnig. Stamm meist vom Grunde an ästig, aufsteigend, Äste lang, Rinde grau; Zapfen glänzend, aufrecht. **Bergkiefer.** *Pínus montána.*

3. Stamm aufrecht, im Alter mit schirmförmiger Krone. Rinde grünlichbraun bis schwarzgrau; Nadeln dunkelgrün mit weiß-

gelber, hornartiger Stachelspitze, 8–14 cm lang; Zapfen eiförmig, 5–8 cm lang, rechtwinklig abstehend, glänzend, fast stiellos. **Schwarzkiefer (Österreichische Kiefer)** *Pinus laricio (P. austriaca)*

III. Blätter nadelförmig, an einjährigen Trieben einzeln, an älteren zu dichten Büscheln gehäuft, die an knopfigen Kurztrieben stehen.

a) Sommergrün, Nadeln weich, stumpf, flach; Zapfen sitzend, eiförmig, aufrecht abstehend, bis 3 cm lang, Fruchtschuppen nicht abfallend. *Lárix.* **Lärche.**

1. Nadeln beiderseits hellgrün, 15–30 mm lang, Triebe graugelb, Äste abwärts. **Gemeine Lärche.** *Lárix decidua.*

2. Nadeln unterseits blauweiß, 18–35 mm lang, Triebe rotbraun, Äste waagrecht. **Japanische Lärche.** *Lárix leptolépis.*

b) Immergrün, Nadeln 4kantig; Zapfen an der Spitze etwas eingedrückt, 5–10 cm lang, 4–7 cm dick; Fruchtschuppen einzeln abfallend. **Zeder.** *Cédrus.*

1. Wipfel in der Jugend überhängend, im Alter ist die Krone schirmförmig, Nadeln dunkelgrün, bis 35 mm lang. **Libanon-Zeder.** *Cédrus libáni.*

2. Wipfel stets aufrecht; Äste schräg nach oben, Nadeln bis 25 mm lang, meist blaugrün. **Atlas-Zeder.** *Cédrus atlántica.*

IV. Blätter sämtlich oder doch an den blütentragenden Zweigen kreuz-gegenständig oder zu dreien quirlständig, bisweilen nadelförmig, am häufigsten schuppenförmig.

a) Blätter sämtlich nadelförmig, dreizeilig, graugrün, die Oberseite mit breiten, weißlichen Streifen; die Frucht ist eine schwarze Zapfenbeere mit blauem Reif. Meist strauchig, schlank, bis 10 m Höhe. **Echter Wacholder.** *Juniperus commúnis.*

b) Blätter teils nadel-, teils schuppenförmig, Zweige vierkantig oder rund[1]).

[1]) Die in der folgenden Übersicht aufgeführten Vertreter der Zypressenfamilie haben in der Regel schuppenförmige Blätter. Die Keimpflanze beginnt aber oft mit nadelförmigen Blättern, und auf älteren Pflanzen finden sich zuweilen Zweige, die zu dieser Form zurückschlagen. Werden solche Jugendformen als Stecklinge weitergezüchtet, so entstehen vielfach Formen, die auch im Alter nur nadelförmige Blätter tragen (Gattung: *Retinospóra*).

1. Nadelblätter meist 3 mm lang, oberseits mit weißlichen Streifen; in der Regel sind die Blätter kurz schuppenförmig, anliegend, mit Drüsengrube; Früchte nickend, etwa 7 mm im Durchmesser, blau bereift. In der Regel strauchig mit niederliegendem Stamm. Die rundlichen Zweige haben beim Zerreiben einen unangenehm harzigen Geruch. **Sadebaum.** *Juniperus sabina.*
2. Nadelblätter etwa 8 mm lang, Schuppenblätter zugespitzt, blaugrün; Früchte aufrecht oder waagrecht, etwa 3 mm im Durchmesser, blaubereift. Bäume bis 30 m Höhe. Zweige vierkantig, geruchlos. [Holz für Bleistifte.] **Rote Zeder.** *Juniperus virginiána.*

c) Blätter in der Regel schuppenförmig; Zweige flach, mit mehr oder weniger deutlicher Ober- und Unterseite, daher die kantenständigen Blätter anders gestaltet als die flächenständigen.

1. Zweige bis 8 mm breit, oberseits glänzendgrün, unterseits bläulichweiß, die Achse durch die breiten schuppigen Blätter vollständig verdeckt. Zapfen kugelförmig. **Hiba.** *Thujópsis dolabráta.*
2. Zweige bis 2 mm breit, beiderseits grün, glänzend, flächen- und kantenständige Blätter in gleicher Höhe, daher die Triebe quirlig beblättert, die Achsenglieder zwischen den einzelnen Blättern verhältnismäßig lang, bis 4 mm; Zweige durch die sich nicht berührenden Kantenblätter gefurcht. **Fluß-Zeder.** *Libocédrus decúrrens.*
3. Zweige bis 3 mm breit; oberseits tragen die Flächenblätter eine Längsrinne mit Öldrüse; unterseits mit weißen Flecken oder Linien, die in ihrer Anordnung zur Unterscheidung der

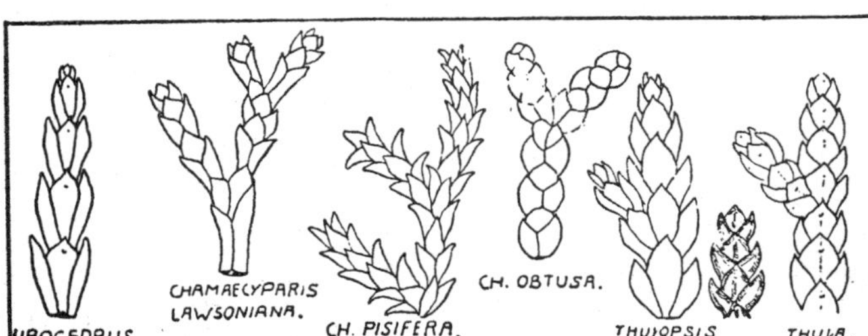

Arten dienen; Zapfen kugelig, holzig, bis 1 cm Durchmesser, die einzelnen Schuppen sich nicht deckend, schildförmig. **Halb-Zypresse.** *Chamaecýparis.*

4. Zweige bis 3 mm breit, Zapfen länglich, eiförmig; Schuppen lederartig, blattähnlich, sich dachziegelig deckend.

◉ Zweige steil aufgerichtet; Ober- und Unterseite ziemlich gleich, grün, Flächenblätter mit rinnenartig eingesenkter Öldrüse; Zapfen aufrecht, aus sechs Fruchtschuppen gebildet, blaubereift. **Morgenländischer Lebensbaum.** *Thuja orientális.*

◉◉ Zweige oben dunkelgrün, unterseits heller. Flächenblätter mit erhabener Öldrüse. Zapfen hängend. **Abendländischer Lebensbaum.** *Thuja occidentális.*

5. Der Bau der Kiefernnadel

Die Kiefernnadel ist ein immergrünes Blatt. Sie wird 2–3 Jahre alt, übersteht also 2 oder 3 Winter. Alljährlich im September fällt ein größerer Teil der älteren Nadeln ab, ein kleinerer Teil im Oktober und November. Im Winter, wenn der Boden gefroren ist, verringert sich der Saftstrom. Daher muß auch die Wasserabgabe, die hauptsächlich durch die Blätter erfolgt, herabgesetzt werden. Dafür hat die Kiefernnadel Einrichtungen, die zum Teil ohne starke Vergrößerungen schon im Freien erkannt werden können. (Lupe!)

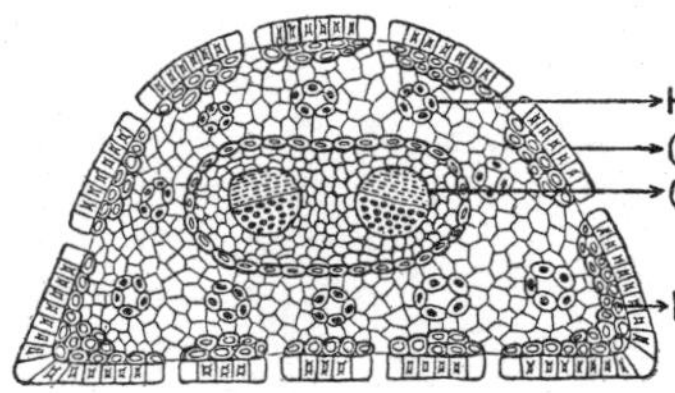

H Harzgang, O Oberhaut, G Gefäßbündel, F Festigungsgewebe.

1. Die Nadeln stehen zu 2 in einer Scheide. Beide zusammen sind stielrund, der Querschnitt der einzelnen Nadel bildet einen Halbkreis.
   Bedeutung: Dadurch wird die verdunstende Oberfläche des Blattes verhältnismäßig klein.
2. Zieht man die Nadel zwischen den Fingern durch, so erkennt man, daß sie mit einer Wachsschicht überzogen ist.
   Bedeutung: Die Wachsschicht hält das Wasser zurück, das sonst verdunsten würde.
3. Die Nadel hat Längsrillen. In der Tiefe liegen die Spaltöffnungen.
   Bedeutung: Die Spaltöffnungen liegen in einem windstillen Raum

und geben daher nicht so viel Wasser ab, als wenn sie dem austrocknenden Winde unmittelbar ausgesetzt wären.

4. Versucht man die Nadel durchzureißen, so bemerkt man einen erheblichen Widerstand. Sie hat eine lederartige, zähe Oberhaut (O).
   Bedeutung: Ein Leder- oder Gummimantel verhindert die Verdunstung, der Schweiß wird zurückgehalten.
5. Die Nadel zeigt keine äußerlich sichtbaren Nerven oder Adern wie die breitflächigen Blätter.
   Bedeutung: Die Adern leiten den Saft. Die Saftleitungsbahnen (G) der Nadel sind nicht sichtbar, sie liegen also im Innern und sind von isolierenden Schichten umgeben (Harzgänge: H).
6. Zerreißt man die Nadel, so bemerkt man an den Rißstellen feine weiße Fäden. (Lupe!) Sie liegen dicht unter der Oberhaut und sind besonders zähe (F).
   Bedeutung: Dieses Festigungsgewebe (F) verstärkt die schon derbe Oberhaut noch in ihrer verdunstungshemmenden Wirkung.

6. Versuche an immergrünen Pflanzen

1. Als immergrüne Pflanzen sind bekannt: Efeu, Buchsbaum, Stechpalme, Immergrün, Nadelbäume.
2. Beobachte diese Pflanzen in und nach strengen Wintern! Nur nach starkem, lange anhaltendem Frost werden die Blätter an den Zweigspitzen von Buchs und Efeu braun. Befühle sie! Sie sind vertrocknet, nicht erfroren.

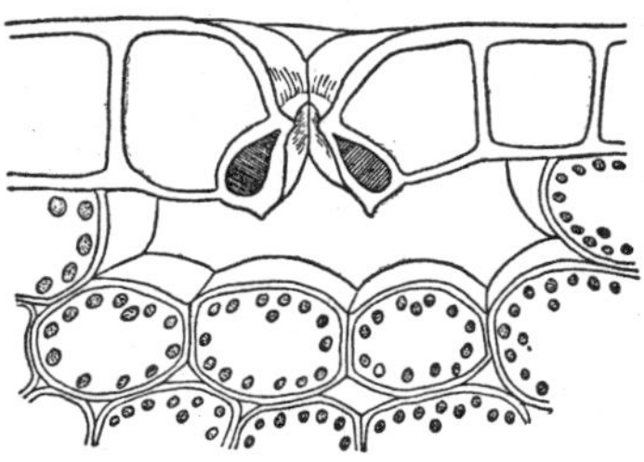

Querschnitt durch eine Spaltöffnung.

3. Versuche, die Blätter immergrüner Pflanzen durchzureißen! Sie sind zähe und derb wie Leder.
4. Tauche die Blätter an kalten Frosttagen draußen im Freien in Alkohol oder Äther! Es zeigt sich an ihnen keinerlei Farbenveränderung. Schluß: Die Flüssigkeit ist nicht in das Blatt eingedrungen, weil in der Kälte die Spaltöffnungen geschlossen sind.
5. Welche Bedeutung hat es für die Pflanze, daß in der Kälte die Blätter ihre Spaltöffnungen schließen?
6. Gegenversuch: Nimm Blätter immergrüner Pflanzen mit ins warme

Zimmer, tauche sie jetzt in Alkohol oder Äther! Sie verfärben sich. Schluß: Die Flüssigkeit konnte in das Innere des Blattes eindringen, weil die Spaltöffnungen in der Wärme sich geöffnet haben.

7. Ergebnis: Der Verschluß der Spaltöffnungen bei Kälte ist eine Schutzeinrichtung gegen das Austrocknen. Wenn der Boden gefroren ist, stockt die Wasserzufuhr zu der Pflanze. Dann muß auch die Wasserabgabe verhindert werden, damit die Pflanze nicht austrocknet.
8. Eine vollkommen sichere Schutzeinrichtung besitzt die Pflanze damit jedoch nicht, sie reicht nur bis zu einer bestimmten Grenze.

7. Wie man unbelaubte Bäume an den Früchten erkennt

Ein Teil der Laubbäume bildet die Früchte bald nach der Blüte im Frühjahr aus und wirft sie ab: Weiden, Pappeln, Birken, Ulmen.

Ein anderer Teil bildet sie im Laufe des Sommers aus und läßt sie im Herbst restlos zu Boden fallen: Roßkastanie, Walnuß, Eiche, Buche.

Manche Laubbäume behalten einen Teil ihrer Früchte bis tief in den Winter hinein. Meist sind diese einzelnen Früchte in den entlaubten Kronen sehr auffällig. Bei der Bestimmung achte auch auf die dürren Blätter unter dem Baume.

I. Die Früchte hängen noch in der Krone des Baumes

A. Trockenfrüchte.

a) Hülsenfrüchte (Beispiel: Erbse).

α) Zweige mit Dornen.

1. Hülsen bis 10 cm lang, kahl. Baum bis 25 m hoch, mit lockerer Krone, Borke tiefrissig, braun. Blätter gefiedert, 9–19. **Robinie, Schotendorn.** *Robinia pseudacácia.*
2. Hülsen sehr groß, flach, lederig, oft gedreht, nicht aufspringend. Hohe Bäume mit oft verzweigten Dornen aus dem alten Holze, also auch aus dem Stamm hervorbrechend. Blätter paarig gefiedert. Mehrere Arten. **Gleditschie.**
Häufigste Art: Hülse 30–40 cm lang, sichelig gekrümmt und verdreht, glänzend dunkelbraun, nicht gefleckt. Baum bis 45 m hoch, Krone breit, locker verästelt. Dornen einfach oder 3teilig, rotbraun, am Grunde zusammengedrückt. **Christusdorn.** *Gledítschia triacanthos.*

β) Zweige ohne Dornen.

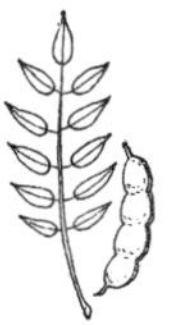

1. Hülse bis 8 cm lang, im Querschnitt rund, bleibt bis zum Frost fleischig, zwischen den Samen perlschnurartig eingeschnürt, ein- bis fünfgliedrig, kahl, Samen bohnenartig, schwarz. Baum bis 25 m hoch, mit runder Krone. Blätter gefiedert. **Schnurbaum.** *Sophóra japónica.*

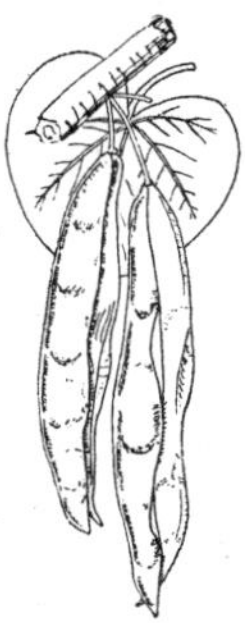

2. Hülsen bis 12 cm lang, dünn, zusammengedrückt, fast geflügelt, einer Schote ähnlich. Blüten erscheinen im Frühjahr vor den Blättern und wachsen aus altem Holz, also aus Stamm und Ästen, hervor (sitzen nicht an jungen Zweigen!). Beachte, wo die Früchte sitzen! Mehrere Arten. **Judasbaum.** *Cercis.*

   Häufigste Art: Baum bis 10 m hoch, breit verästelt. Zweige glänzend rotbraun. Blätter herznierenförmig, etwa 10 cm breit, Spitze abgerundet, Grund tief herzförmig, kahl. *C. siliquástrum.*

b) Frucht eine schmale, sehr lange, zylindrische, 2klappige Kapsel mit zahlreichen flachen Samen. Die Früchte hängen wie lange, dicke Bleistifte in der Krone. Viele Arten. **Trompetenbaum.** *Catálpa.*

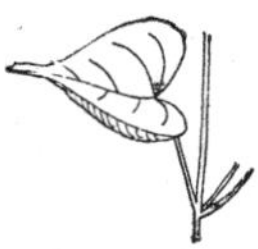

   Häufigste Art: Baum bis 15 m hoch, Krone rundlich, auf kurzem Stamm. Borke hellbraun. Blätter herzeiförmig, plötzlich lang zugespitzt, 10–20 cm lang, gerieben übel riechend. *C. bignonioídes.*

c) Früchte geflügelt.

1. Frucht mit einem an der Spitze lang ausgezogenen Flügel. Baum bis 40 m hoch. Zweige graugrün, kahl. Winterknospen schwarz, gegenständig. Blätter gefiedert, Blättchen gesägt. **Esche.** *Fráxinus excélsior.*
2. Frucht an beiden Enden geflügelt, Samen quer in der Mitte. Baum bis 25 m hoch; Rinde glatt, mit weißlichen Rissen. Blätter gefiedert, bis 60 cm lang. **Götterbaum.** *Ailántus glandulósa.*
3. Frucht aus 2 Flügelfrüchten zusammengesetzt (läßt sich in der Mitte lösen). Knospen gegenständig. Blätter gelappt oder gefiedert. Drei einheimische Arten, daneben oft zahlreiche ausländische in den Anlagen. **Ahorn.** *Acer.*

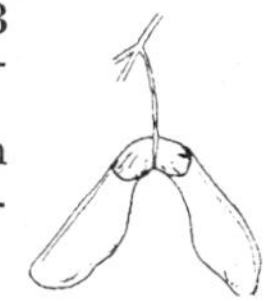

α) Fruchtflügel meist stumpfwinklig gespreizt. Baum bis 40 m hoch, Krone breit gewölbt; Rinde schuppig, abblätternd. Blätter 5lappig, Blattwinkel spitz. **Berg-Ahorn.** *A. pseudoplátanus.*

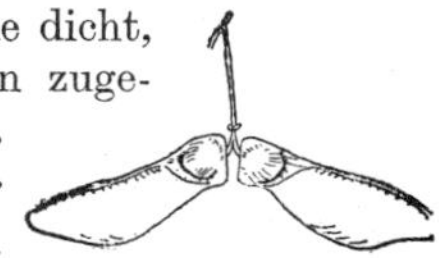

β) Fruchtflügel weitwinklig. Baum bis 30 m hoch, Krone dicht, rundlich; Rinde längsrissig. Blätter 5lappig, Lappen zugespitzt, Blattwinkel rund. **Spitz-Ahorn.** *A. platanoides.*

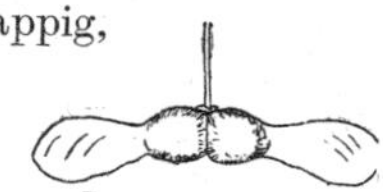

γ) Fruchtflügel waagerecht abstehend. Baum bis 15 m hoch mit rundl. Krone. Zweige rissig, teils korkig. Blätter 3–5lappig, Lappen stumpfeckig. **Feld-Ahorn, Maßholder.** *A. campéstre.*

4. Fruchtstiel an einem zungenförmigen, bleichgrünen Blatt (Hochblatt) angewachsen, am Stiel hängen mehrere kleine, rundliche bis birnförmige Nüßchen. Rinde längsrissig. Knospen wechselständig, mit 2 Schuppen. Zahlreiche ausländische Arten, zwei einheimische. **Linde.** *Tília.*

α) Frucht rundlich, schwach gerippt, etwa 6 mm dick, dicht zottig-filzig. Baum bis 30 m hoch mit gestreckter bis ausladender Krone. Blätter bis 6 cm lang, rundlich herzförmig, kurz zugespitzt. **Winter-Linde.** *T. ulmifólia.*

β) Frucht rundlich oder birnförmig, 5kantig, holzig, filzig behaart. Baum bis 40 m hoch mit breiteiförmiger Krone. Blätter rundlich herzeiförmig, kurz zugespitzt, bis 12 cm lang. **Sommer-Linde.** *T. platyphýllos.*

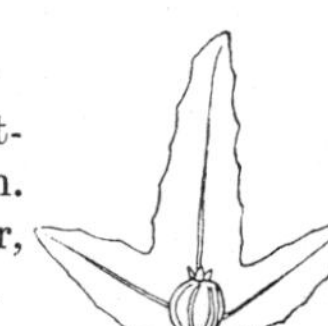

5. Frucht (ein geripptes Nüßchen) mit einem 3lappigen Blättchen (Hochblatt), Früchte in dichten, hängenden Büscheln. Baum bis 20 m hoch, Stamm meist gedreht, mit glatter, grauer Rinde. Blätter eilänglich, mit 10–14 Nervenpaaren. **Weißbuche, Hainbuche.** *Carpínus bétulus.*

d) Früchte in eirunden, holzigen Zäpfchen vereint. Frucht klein, flach, schmal geflügelt. (Zäpfchen öffnen!) Winterknospen gestielt.

1. Zäpfchen 3–5, deutlich gestielt. Baum bis 25 m hoch, mit lokkerer Krone, Rinde schwarzbraun. Blätter rundlich, stumpf oder ausgerandet, mit 5–8 Paar Seitennerven. **Schwarz-Erle.** *Alnus glutinósa.*

2. Zäpfchen 4–8, sitzend oder kurz gestielt. Baum bis 20 m hoch, Rinde hellgrau, glatt. Blätter breit eirund, zugespitzt, meist doppelt gesägt, klein gelappt. **Weiß- oder Grau-Erle.** *Alnus incána.*

e) Früchte zu kugeligen Köpfchen vereinigt, an langen Stielen hängend.

1. Fruchtkugeln in der Regel einzeln hängend. Baum bis 50 m hoch, Krone eirund, Stamm hoch. Borke in kleinen Schuppen abblätternd. Blätter 5winklig, kaum gelappt. **Amerikanische Platane.** *Plátanus occidentális.*
2. Fruchtkugeln zu 2–6 an einem Stiel hängend. Baum bis 30 m hoch, Krone breit und rund, Stamm meist kurz und dick. Borke in großen Platten abblätternd. Blätter tief 5lappig. **Morgenländische Platane.** *Plátanus orientális.*

B. Fleischfrüchte.

1. Fruchtstand in Doldenrispe, Frucht rundoval, rotorange, $1\frac{1}{2}$–2 cm lang, mehlig. Baum bis 15 m hoch, Krone breit pyramidenförmig. Blätter ovaleiförmig, scharf gesägt, bis 12 cm lang. **Mehlbeere.** *Pirus (Sorbus) ária.*

2. Fruchtstand in Doldenrispe, Frucht oval, braun, hell punktiert, 1,5 cm lang, lange hart bleibend. Baum bis 25 m hoch, mit runder Krone. Blätter gelappt, bis 10 cm lang. **Elsbeere.** *Pirus (Sorbus) torminális.*

II. Die abgefallenen Früchte liegen unter dem Baume

A. Der Baum läßt seinen gesamten Fruchtbehang fallen.

a) Frucht eine Eichel in einem Fruchtbecher.

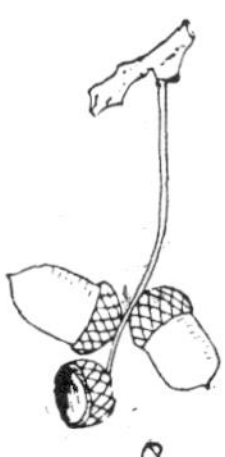

1. Stiel des Fruchtbechers lang. Baum bis 50 m hoch, Krone starkästig. Borke dunkelgrau, tiefrissig. Blätter gebuchtet, am Grunde herzförmig, Stiel sehr kurz. **Sommer- oder Stiel-Eiche.** *Quercus robur.*

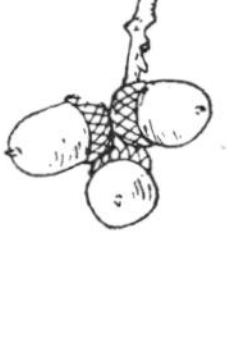

2. Stiel des Fruchtbechers sehr kurz. Baum bis 45 m hoch, Stamm bis in die Krone durchgehend. Borke nicht so tiefrissig und derbe wie die der Stieleiche. Blätter gebuchtet, am Grunde verschmälert, Stiel 1–1,5 cm lang. **Winter- oder Traubeneiche.** *Quercus séssilis.*
3. Außer diesen beiden deutschen Arten noch zahlreiche ausländische.

b) Früchte 3kantig, zu je 2 in einer stacheligen, 4klappig aufspringenden Hülle. Baum bis 30 m hoch, Krone rundlich, Borke grau und glatt. **Rotbuche.** *Fagus silvática.*

B. Siehe auch unter Nr. I.

8. Entlaubte Sträucher, die durch ihre schwarzen Früchte auffallen

Beispiel: Schwarzdorn, Schlehe.

I. Sträucher mit einfachen Dornen

1. Dornen an den Seiten der Zweige. Frucht aufrecht, etwa 1 cm dick, kugelig, dunkelgrau, stark bereift, sehr hart, herbe. Blätter wechselständig. (Abb. 1.) **Schwarzdorn, Schlehe.** *Prunus spinósa.*
2. Dorn an der Spitze des Zweiges. Frucht erbsengroß, schwarz. Blätter gegenständig, elliptisch. Baumartiger Strauch, Wuchs sparrig. **Kreuzdorn.** *Rhamnus cathártica.*

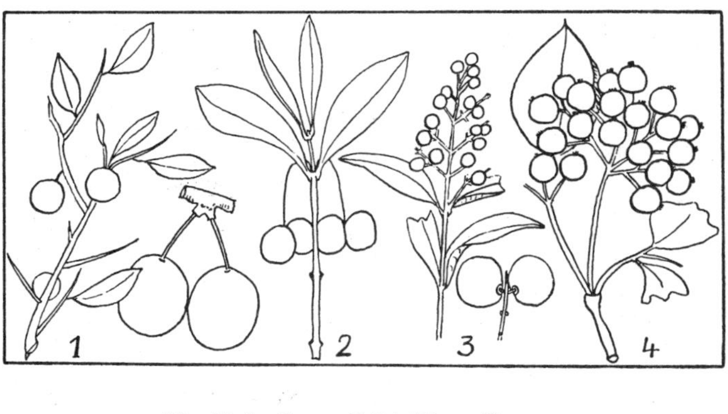

II. Sträucher mit 3-teiligen Dornen

Sträucher mit 3teiligen Dornen sind immer Berberitzen. Die immergrünen Formen haben fast stets schwarze, die sommergrünen rote Beeren. Auch die halbimmergrünen Formen, die ihr Laub nicht immer festhalten, haben schwarze Beeren.

III. Sträucher ohne Dornen und Stacheln

A. Blätter gegenständig. (Wenn nicht mehr vorhanden, dann nach den Blattnarben und den Knospen sehen!)

a) Frucht immer einzeln, endständig, eine erbsengroße, glänzend schwarze Steinfrucht. Blätter 4–8 cm lang, doppelt gesägt. Breit aufrecht wachsender Strauch, bis 2 m hoch, einjährige Zweige grün, ältere olivbräunlich. **Scheinkerrie.** *Rhódotypus kerrioídes.*

b) Früchte zu 2 in den Blattachseln, an langen Stielen hängend so groß wie Schlehen. Blätter länglich elliptisch. Bis 1,5 m hoch. (Abb. 2.) **Schwarze Heckenkirsche.** *Lonícera nigra.*

Doppelbeere, etwas über erbsengroß, schwarz, blau bereift. Blätter rundlich oder eiförmig, 3–8 cm lang. Strauch etwas sparrig, bis 1,5 m hoch. **Blaufrüchtige Heckenkirsche.** *Lonícera caerúlea.*

c) Früchte in endständiger Rispe, erbsengroß, glänzend schwarz. Blätter eilänglich bis elliptisch, 3–6 cm lang. Bis 5 m hoch. (Abb. 3.) **Rainweide, Liguster.** *Ligústrum vulgáre.*

d) Früchte in endständigen Scheindolden.

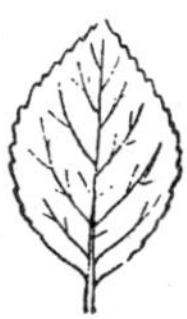

1. Blätter länglich-eiförmig, bis 12 cm lang, dicht gezähnt, oben runzelig. Frucht eilänglich, 8 mm lang, zuerst rot, dann glänzend schwarz. Bis 5 m hoch. **Wolliger Schneeball.** *Vibúrnum lantána.*

2. Blätter breit-elliptisch, bis 8 cm lang. Frucht erbsengroß, blauschwarz. Zweige 2kantig, im Winter blutrot. Bis 4 m hoch. (Abb. 4.) **Roter Hartriegel.** *Cornus sanguínea.*

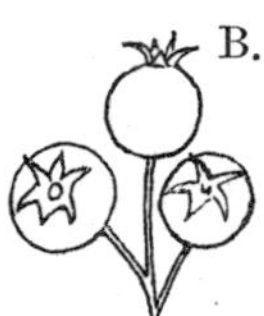

B. Blätter wechselständig.

Frucht blauschwarz, erbsengroß, mit dem grünen Kelch an der Spitze (beerenartiger kleiner Apfel mit 4–10 Kernen). Blätter 2–4 cm lang, oval, fein gesägt. Strauch straff aufrecht, bis 2 m hoch. Mehrere Arten. **Felsenmispel.** *Amelánchier vulgáris.*

9. Entlaubte Sträucher, die durch ihre roten Früchte auffallen

Beispiel: Hagebutte

Manche entlaubten Sträucher halten einen Teil ihrer Früchte bis in den Winter hinein fest, in milden Wintern länger als in strengen. Beim Bestimmen sind die abgefallenen Blätter zu Hilfe zu nehmen.

I. Sträucher mit Dornen

A. Frucht apfelartig, bis 1 cm dick, mit Steinen. **Weißdorn.** *Cratáegus.*

1. Blätter ziemlich tief gespalten, mit 3–5 spitzen Lappen. Frucht stets mit 1 Stein. Bis 10 m hoch. In vielen Arten gezogen. (Abb. 1.) **Eingriffliger W.** *C. monógyna.*
2. Blätter mit 3–5 stumpfen Lappen. Frucht meist mit 2 Steinen. Bis 4 m hoch. (Abb. 2.) **Zweigriffliger W.** *C. oxyacántha.*

3. Blätter verkehrt-eilänglich, lederartig, glatt. Frucht stumpfrot, lange haftend. Dornen 3 cm lang, kräftig, wenig zahlreich. Bis 12 m hoch. **Hahndorn.** *C. crus-galli.*
4. Blätter breit-elliptisch, doppelt gesägt. Frucht dunkel-scharlachrot, fleischig, bis 8 mm lang. Dornen zahlreich, bis 14 cm lang, leicht gebogen. Bis 5 m hoch. **Langdorniger W.** *C. macracántha.*

B. Frucht eine Beere, korallenrot, eilänglich, bis 2 cm lang. Zweige schlank, zuerst aufrecht, später bogenförmig überhängend, meist dornig. Bis 3 m hoch. **Teufelszwirn, Bocksdorn.** *Lýcium halimifólium.*

II. Sträucher mit Stacheln

1. Stacheln einfach. Blätter gefiedert. Frucht eine Hagebutte. Zahlreiche Arten mit Hagebutten in vielfacher Gestalt, meist rot, aber auch gelb oder schwarz. **Rose.**

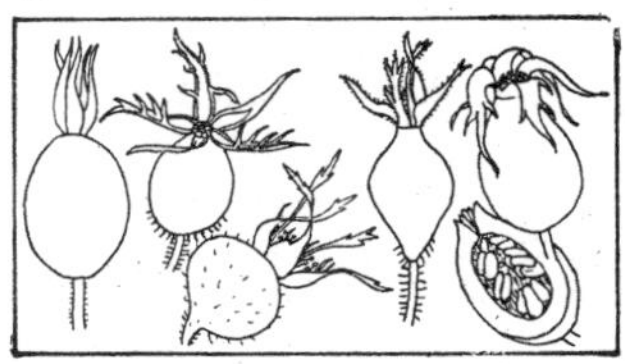

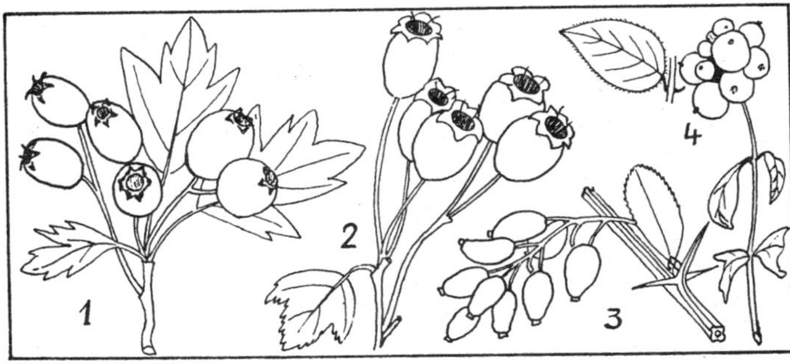

2. Stacheln meist 3teilig, 1–2 cm lang. Fruchtzweige stark rinnig. Blätter elliptisch, 2–4 cm lang, gebüschelt am Zweig (wenn noch vorhanden). Meist nicht über 2 m hoch. Sehr viele ausländische Arten als Ziersträucher angepflanzt. (S. 17, Abb. 3.) **Sauerdorn, Berberitze.** *Bérberis vulgáris.*

III. Sträucher ohne Dornen und Stacheln

A. Blätter gegenständig. (Wenn nicht mehr vorhanden, dann nach den Blattnarben oder nach den Knospen sehen!)

a) Frucht eine Beere in den Blattachseln. (Wenn Blätter abgefallen, nach der Blattnarbe sehen: steht dicht unter dem Fruchtstiel.)

1. Früchte zu 2, zusammengewachsen oder getrennt. Blätter eiförmig oder elliptisch. Sträucher aufrecht. Mehrere Arten. **Heckenkirsche.** *Lonicera.*

2. Früchte zu mehreren. Blätter einfach. Sträucher windend. Mehrere Arten. (S. 17, Abb. 4.) **Geißblatt.** *Lonicera.*

3. Früchte zu mehreren, purpurrot, rundlich bis länglich, 4–6 mm dick, sehr lange haftend. Blätter eirundlich bis elliptisch, 2–4 cm lang. Bis 2 m hoher Strauch. **Korallenbeere.** *Symphoricárpus orbiculátus.*

b) Frucht eine Steinfrucht in endständiger Scheindolde.

1. Blätter 3–5lappig, bis 12 cm lang. Fruchtstand bis 10 cm breit. Strauch bis 4 m hoch, Rinde hellgrau. (Abb.) **Schneeball.** *Vibúrnum ópulus.*

2. Blätter einfach (nicht gelappt). Aufrechte Sträucher. Mehrere Arten. **Hartriegel.** *Cornus.*

c) Frucht eine Kapsel mit fleischigem, orangerotem Samenmantel. Blätter elliptisch, 3–8 cm lang, kerbig gesägt. Bis 7 m hoch. (Abb.) **Pfaffenhütlein.** *Evónymus europaeus.*

B. Blätter wechselständig (auch die Knospen).
Blätter ungeteilt, ganzrandig. Frucht eine kleine Apfelfrucht mit 2–5 Steinen. Strauch breitwachsend, dichtzweigig, bis 2 m hoch. Mehrere Arten. (S. 21) **Echte Zwergmispel.** *Cotoneáster integérrima.*

10. Entlaubte Sträucher, die durch ihre weißen Früchte auffallen

Schn.

Beispiel: Schneebeere, „Knallerbse“

1. Früchte in endständigen Ähren, zweisamige Beeren in dichten Büscheln. Blätter gegenständig, elliptisch bis rundlich, ganzrandig, 3–5 cm lang. Strauch bis 2 m hoch. Mehrere Arten. **Schneebeere.** *Symphoricárpus racemósus.*
2. Früchte in endständigen Scheindolden: beerenartige Steinfrucht, schmutzig-weiß bis himmelblau. Blätter gegenständig, elliptisch, 4–8 cm lang, mit 6 Nervenpaaren. Zweige braunrot. Bis 3 m hoch. Mehrere Arten. **Weißer Hartriegel.** *Cornus stolonífera (alba).*

11. Entlaubte Sträucher, die durch ihre gelben Früchte auffallen

Beispiel: Mispel

A. Sträucher mit Dornen

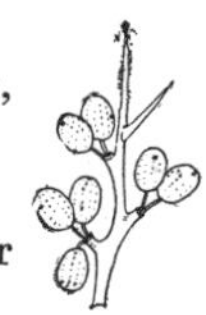
S

1. Früchte 3–4 cm dick, rundlich, gelblichgrün. Blätter breiteiförmig, grob gesägt, 3–5 cm dick. Strauch bis 1 m hoch. **Scheinquitte.** *Chaenoméles japónica.*
2. Früchte 1–2 cm dick, apfelartig, mit Steinen. Blätter gesägt oder gelappt. Ausländische Arten. **Weißdorn.** *Cratáegus.*
3. Früchte $\frac{1}{2}$–1 cm, beerenartig, saftig. Blätter lineal-lanzettlich, bis 7 cm lang, beiderseits glänzend silberschilferig. Bis 6 m hoch. (S) **Sanddorn.** *Hippóphaë rhamnoides.*

H

B. Sträucher mit Stacheln

Die Hagebutten der zahlreichen Rosenarten und Rosensorten sind durchweg rot gefärbt, es gibt aber auch gelbe und schwarze. (H) **Hagebutte.**

C. Sträucher ohne Dornen und Stacheln

1. Frucht ein kleiner, erbsengroßer Apfel. Blätter eiförmig, 4–8 cm lang, scharf gesägt. Strauch (oder Baum, bis 10 m), Krone breit gewölbt, zierlich überhängend. Zierstrauch. **Blütenreicher Apfel.** *Malus floribúndus.*

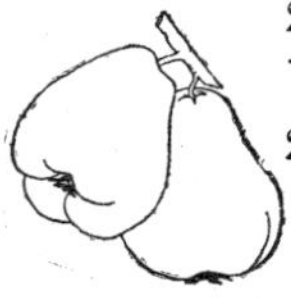

Q

2. Frucht birnförmig, feinfilzig, später kahl, duftend. Blätter eilänglich, 5–10 cm lang, unten dicht behaart. In vielen Gartenformen angebaut, Früchte zur Bereitung feiner Marmeladen verwendet. (Q) **Quitte.** *Cydónia vulgáris.*

3. Frucht kreiselförmig, oben abgeflacht, bis 2 cm breit (bei Kulturformen 5–6 cm breit), grünlichbraun, hart, erst nach Frost eßbar. Blätter länglich, 6–12 cm lang. Breit ausladender kleiner Strauch (oder kleiner Baum). (M) **Mispel.** *Méspilus germánica.*

M

12. Entlaubte Sträucher mit Trockenfrüchten

A. Frucht eine Hülse (Beispiel: Erbse).

a) Hülse flach.

1. Hülse lineal-länglich, seidenhaarig, an der oberen Naht dick gekielt. Blätter 3zählig. Bis 7 m hoch. **Goldregen, Bohnenstrauch.** *Cytisus labúrnum.*

2. Hülse schmal-länglich, 4–5 cm lang, an den Nähten abstehend behaart. Blätter 3zählig, die oberen oft 1zählig. Zweige dunkelgrün, rutenförmig. Bis 2 m hoch. **Besenginster.** *Sarothámnus scopárius.*

b) Hülse stielrund.

1. Blätter 4–6paarig, Blättchen stachelspitz. Bis 6 m hoch, straff aufrecht. **Großer Erbsenstrauch.** *Caragána arboréscens.*

2. Blätter 2paarig, Zweige schlank, gelblich. Bis 3 m hoch. **Kleiner Erbsenstrauch.** *Caragána frutex.*

c) Hülse stark aufgeblasen.

1. Hülse 6–8 cm lang, geschlossen, grünlich. Blätter unpaarig gefiedert, Blättchen 9–13. Strauch bis 4 m hoch. (Abb.) **Gelber Blasenstrauch.** *Colútea arboréscens.*

2. Hülse 3 cm lang, oben mit einem Spalt, leicht violett-purpurn. Blätter gefiedert, Blättchen 7–11. Bis 2 m hoch. **Roter Blasenstrauch.** *Colútea orientális.*

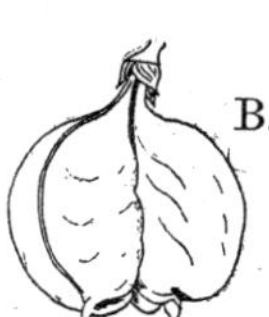

B. Frucht eine blasig aufgetriebene, runde Kapsel mit wenigen, erbsengroßen, braunen, glänzenden, harten Samen, hängend. Blätter 5–7zählig gefiedert. Bis 5 m hoch. **Klappernuß, Pimpernuß.** *Staphyléa pinnáta.*

13. Immergrüne Sträucher, die im Winter durch ihre Früchte auffallen

I. Sträucher mit roten Früchten.

a) Blätter mit dornigen Zähnen, lederartig, wellig, glänzend. 3–6 m hoch. Frucht beerenartige Steinfrucht, leuchtend rot, 7–10 mm dick. In Nord-, Nordwest- und Süddeutschland. **Hülse, Stechpalme.** *Ilex aquifólium.*

b) Blätter nicht dornig gezähnt.

1. Blätter gegenständig, lederartig, entfernt grob gesägt, beiderseits glänzend. Bis 5 m hoch. Frucht 1–1,5 cm lang, scharlachrot, in dichten, bis 8 cm langen Rispen. **Goldblatt, Aukube.** *Aucúba japónica.*

2. Blätter wechselständig, ganzrandig. Wuchs straff aufrecht, bis 2 m hoch, halbimmergrün. Frucht birnförmig, bis 1 cm lang, scharlachrot, bis Februar haftend. (S. 18.) **Zwergmispel.** *Cotonéaster dísticha.*

II. Sträucher mit schwarzen oder blauschwarzen Früchten.

A. Langtriebe mit 3teiligen Stacheln (können auch einfach oder mehrteilig sein). Blätter wechselständig, einfach, in Büscheln, oft dornig zugespitzt. 1–3 m hohe Sträucher. Frucht eine Beere, einzeln oder in Büscheln. Mehrere Arten. (S. 18.) **Sauerdorn, Berberitze.** *Bérberis.*

B. Sträucher ohne Stacheln.

a) Pflanze klettert hoch. Blätter lederartig, glänzend, 3–5lappig; Blätter der Fruchttriebe eiförmig, ganzrandig. Frucht eine schwarze Beere, in Doldentrauben. **Efeu.** *Hédera helix.*

b) Pflanze klettert nicht.

α) Blätter wechselständig, unpaarig gefiedert, Blättchen dornig gezähnt. Bis 1 m hoch. Früchte blau, bereift, in kurzen, büschelig-gehäuften Trauben. **Mahonie.** *Mahónia aquifólium.*

β) Blätter gegenständig.

1. Früchte paarweise in den Blattachseln, erbsengroß, purpurblau. Strauch aufrecht, bis 2 m hoch. Blätter eilänglich, 6–12 mm lang, oben glänzend dunkelgrün, unten heller. **Glänzende Heckenkirsche.** *Lonicera nítida.*

2. Früchte in endständiger Rispe. Strauch bis 5 m hoch, straff, aufrecht. Blätter eilänglich, 3–7 cm lang, oben glänzend dunkelgrün, unten gelblichgrün. (S. 16) **Rainweide, Liguster.** *Ligústrum ovalifólium.*

3. Früchte in Scheindolden. Frucht eine einsamige Beere, bis rundlich-eiförmig, 6 mm lang, dunkelblau. Bis 1 m hoher dichter Strauch. Blätter oval, bis 14 cm lang. (S. 18). **Schneeball.** *Vibúrnum davídii.*

14. Mistel oder Hexenbesen?

I. Auch einem ungeübten Beobachter fallen im Winter die grünen, runden Büsche im kahlen Geäst der Laubbäume auf. Es ist die Mistel *Viscum album*, die in manchen Gegenden noch zahlreich vorkommt. Sie erreicht oft einen Durchmesser von mehr als 1 m und kann kaum übersehen werden. Seit Jahren werden ihre Zweige auf den Weihnachtsmärkten und in Blumenläden als Weihnachtsschmuck verkauft. Die Mistel ist ein Halbschmarotzer. Sie hat sich in ihrer Lebensweise verschiedenen Wirtspflanzen angepaßt. Danach unterscheidet man drei Arten: 1. Laubholzmistel *(Viscum album)* auf Apfel bäumen, Pappeln, Ahorn, Linde, Robinie . . . 2. Föhrenmistel *(Viscum laxum)* auf Föhren oder Kiefern. 3. Tannenmistel auf Tannen.

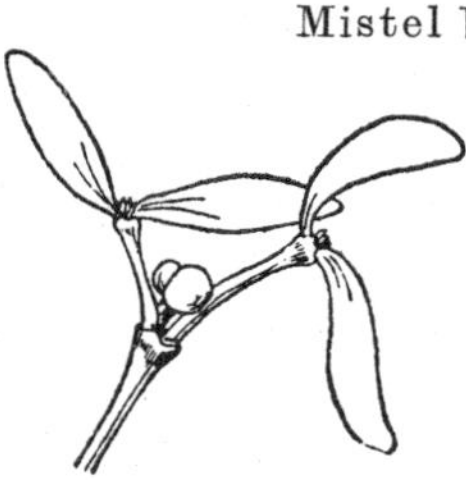

Wie kommt die Mistel auf den Baum? Die Frucht ist eine erbsengroße, weiße Beere, die im Winter reift und von Drosseln gern gefressen wird. Der Same liegt in einem zähen Schleim, der den Kot der Vögel klebrig macht. Wird der Kot auf Bäumen abgesetzt, so klebt er mit den unverdauten Samen leicht an der Rinde fest. Auch am Schnabel der Vögel bleibt der Same leicht hängen und wird an Ästen und Zweigen abgestrichen. Bei der Keimung weicht die Rinde auf, ein Senker wächst hindurch bis auf das Holz, in das er aber nicht eindringt. Dann bilden sich die grünen Blätter. In jedem neuen Jahr wächst der frische Jahresring um den Senker herum. Auf diese Weise steckt er zuletzt tief im Holz. Da die Mistel ihre Senker in den jüngsten Holzschichten hat, also in denjenigen, die den Saftstrom führen, so fehlt es ihr nie an Wasser und den aus den Bodensalzen gelösten Nährstoffen. Die Luftnahrung dagegen kann die Mistel mit ihren grünen Blättern selbst aufnehmen. Darin schädigt sie den Baum nicht. Sie ist ein Halbschmarotzer.

Durch Polizeiverordnungen wird verfügt, daß die Obstbäume von Misteln freizuhalten sind. Auf den großen Laubbäumen unserer Anlagen sollte man sie jedoch wachsen lassen. Unseren Vorfahren war sie eine heilige Pflanze.

II. Hexenbesen, Donner- oder Wetterbüsche sind stark verstruppte Zweigbüschel im Geäst mancher Bäume. Sie haben oft eine gewisse Ähnlichkeit mit großen Vogelnestern und fallen namentlich im Winter auf, wenn das Blattwerk sie nicht verdeckt. Manche erreichen eine ansehnliche Größe (über 1 m im Durchmesser) und dauern viele Jahre aus. Als Erreger der Hexenbesen kennt man:

1. Schlauchpilze, *Taphrína*-Arten: Erle, Birke, Hainbuche, Rotbuche, Zwetsche, Kirsche.
2. Rostpilze, *Melampsorélla:* Tanne.
3. Gallmilben, *Erióphyes*--Arten: „Wirrzöpfe“ an Weiden.
4. Erreger unbekannt: Fichte, Kiefer, Apfel, Birne, Pappel.

15. Barbarazweige

Am St. Barbaratag (4. Dezember) schneidet man in vielen Gegenden Zweige von frühblühenden Sträuchern und stellt sie im warmen Zimmer in Wasser, damit sie zu Weihnachten oder Neujahr blühen und ein Stück Vorfrühling in die Wohnung bringen. Dazu sind nur solche Sträucher geeignet, die ihre Blüten im Frühling vor den Blättern entfalten: Weide, Schlehe, Hartriegel, Schneeball, Goldglöckchen, Weigelie, Traubenkirsche, Süßkirsche, Sauerkirsche, Aprikose, Mandel, Japanische Quitte . . . Man schneidet die Zweige so schräg wie möglich, damit eine große Schnittfläche entsteht, durch die viel Wasser aufgenommen werden kann. Das Wasser muß gleichmäßig warm sein. Damit es nicht fault, setzt man etwas Holzkohle hinzu. In trockener Stubenluft sind die Zweige von Zeit zu Zeit zu besprengen. Fast jedes Jahr am Barbaratag kann man in den Tageszeitungen einen Hinweis auf diese Sitte finden. Nach einer Mahnung, beim Schneiden der Zweige vernünftig zu verfahren, sucht man vergebens. Sehr geeignet als Barbarazweige sind die Abfallreiser beim Schnitt der Obstbäume und Sträucher.

16. Frostrisse und Frostleisten

Beobachtung: An den Stämmen mancher Bäume (Ulme, Roßkastanie, Pappel, Linde, Kirsche . . .) sieht man Längsrisse, die bis ins Holz reichen und hier Fäulnis hervorgerufen haben. Oft sind diese Risse nur schmal und an den Seiten mit dicken Wülsten bewachsen.

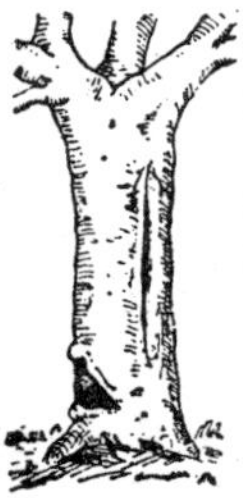

Erklärung: Es sind Frostrisse und Frostleisten. Bei langanhaltendem, starkem Frost dringt die Kälte durch den schützenden Korkmantel in den Holzteil des Stammes. Dabei werden die äußeren Schichten stärker abgekühlt als die inneren. Die Abkühlung und Besonnung ist an den verschiedenen Seiten des Stammes verschieden stark. Infolge der Spannung reißt der Stamm an einer schwachen Stelle. Durch vermehrtes Dickenwachstum sucht er die Wunde zu schließen. An den Wundrändern bilden sich Wülste, auch die Wunde selbst wird oft überwachsen, reißt aber bei neuem Frost leicht wieder auf und läßt Fäulniserreger eindringen, die das Holz zerstören. — Auch beim plötzlichen Auftauen der Stämme können Frostrisse entstehen.

B. Tierleben

1. Vögel, die im Winter singen

Die Wintersänger haben alle ihre Eigentümlichkeiten. Es ist ihrer immerhin etwa ein Dutzend, das sich ab und zu hören läßt. Wer ihre Liedstrophen sicher im Ohr hat, hört sie im Frühling leicht aus dem verwirrenden Gezwitscher der nach und nach hinzukommenden Sänger heraus und kann auch diese mit geringer Mühe bestimmen.

Amsel, *Turdus mérula*

Gesang: Lautes, feierliches Flöten, meist jede Strophe von der vorhergehenden verschieden.

Rufe: Ein gedehntes, hohes, sehr scharfes Zieh oder Siie. Man meint, ein viel kleinerer Vogel müsse den Ton ausstoßen. — Rufe der Unruhe oder Angst: Ein scharfes gigiggigigiggik, das schreiend und kreischend klingt und im Abflug zu hören ist. Außerdem ein gedämpftes dakdakdak oder dökdökdökdök.

Aussehen: Männchen schwarz, gelber Schnabel; Weibchen kaffeebraun.

Kleiber, *Sitta pinetórum*

Lockton: Lauter, kurzer Ruf sitt oder twitt, auch tuit.

Gesang: Lautes, klangvolles Pfeifen, das aus hohen Bäumen weithin schallt. Es klingt fast so, als wenn Knaben einander zupfeifen.

Aussehen: Oben blaugrün, unten bräunlichgelb, an den Seiten rostrot, schwarzer Augenstreif. (S. Tafel S. 31, Abb. 7)

Grünfink, *Chloris chlorís*

Lockton: Gjick, klar und hell ausgestoßen.

Kreischlaut: Sehr auffällig und häufig von ruhig sitzendem Vogel zu hören. Ein halb kreischender, halb zischender, langgezogener Ton, der in der Mitte deutlich höher ist als am Anfang und Ende: er heißt „Schwunsch“. Man versuche den Ton nachzuahmen, indem man das sch anhaltend stimmhaft spricht und mit i oder ü verbindet.

Gesang: Klingelnde, weiche Dauerstrophen in verschiedener Höhenlage, etwa so: klinklingklinggirr tjo tjo tjo djul djul djul, in buntem Wechsel vorgetragen.

Aussehen: Männchen gelblichgrün; Weibchen graugrün.

Buchfink, *Fringílla coélebs*

Lockton: Pink pink!

Gesang: Tititi ’s ist Frühjahr! Fritze Fritze magst du Krüzebeeren ?— Ich ich ich schreibe an die Regierung!

Aussehen: Rücken braun; Brust, Kehle, Wangen rotbraun; weiße Flügelbinden. (Abb. S. 148)

Kohlmeise, *Parus májor*

Lockton: Helles Pink; wie der Buchfink.

Gesang: Spitz die Schar! Spitz die Schar! — Spinn dicke! Spinn dicke! — Schinkendieb! Schinkendieb!

Aussehen: Oberseite grün; Unterseite gelb, mit schwarzem Mittelstrich; Kopf blauschwarz, Wangen weiß.

Blaumeise, *Parus caerúleus*

Lockton: Dünn und scharf sit sit oder zizidä; in Zeichen: – – oder – –.

Gesang: Etwa so: zizizirrr zizizirrr zizizirrr; in Zeichen: – – . . . . . oder auch – – . . . . .

Aussehen: Unterseite gelblich; Kopfplatte blau; Wangen weiß.

Graumeise, *Parus commúnis*

Rufe: Szizi oder zidä (das i hinaufgezogen).

Gesang: Djiffe djiffe djiffe djiffe djiffe djiffe, oft etwas klappernd, 6–8 mal hintereinander, ein andermal wieder weich.

Aussehen: Grau; Kopfplatte schwarz (daher auch Nonnenmeise).

Schwanzmeise, *Aegíthalos europáeus*

Lockton: Hohe Pfeiflaute wie tititi; oder ganz kurz ti; oder tiefer und schnurrend zerr.

Gesang: Unbedeutend; zirpend.

Aussehen: Schwanz sehr lang; Kopf und Unterseite weiß. Meist gesellig in Trupps umherstreifend.

Haubenmeise, *Parus cristátus*

Lockton: Zizigürr oder zickzickgürr; in Zeichen: – – . . . . .

Gesang: Leise zirpend, selten zu hören.

Aussehen: Auf dem Kopfe eine spitze, aufgerichtete Haube; schwarze Kehle; helle Unterseite. Meist in Trupps umherstreifend.

Zaunkönig, *Troglodýtes troglodýtes*

Lockton: Längeres Schnurren, das aus kurzen, harten Tönen besteht und etwa so klingt wie das Aufziehen einer alten Standuhr: Zerrrrrr.

Gesang: Meist eine einzige kurze, wohlklingende Liedstrophe von immer gleicher Länge und gleichem Aufbau. Sie beginnt leise und steigert sich zu großer Frische. Alle Töne sind nahezu gleich hoch; das beste Kennzeichen ist der rollende Triller in der Mitte der Strophe.

Aussehen: Braun; aufgerichteter Stummelschwanz; kurze Flügel.

2. Kleinvögel vor dem Scheunentor

Wenn im Winter bei dichter Schneedecke die Nahrungsquellen verstopft sind, kommen die Vögel aus Gärten und Feldern auf die Höfe. Vor dem offenen Scheunentor sammeln sie sich und suchen den Unkrautsamen aus dem Druschabfall. Früher, als das Getreide wochenlang mit der Hand gedroschen wurde, fanden sie hier täglich ihr Futter und trieben sich unter dem Hausgeflügel umher, als gehörten sie mit dazu. Heute wird das Getreide mit der Maschine gedroschen, das dauert einige Male im Winter je ein paar Tage, dann ist das Scheunentor wochenlang wieder geschlossen. Das ehemals so anheimelnde bunte Bild auf dem Bauernhof ist heute leider selten zu sehen.

Kommen die Vögel im Winter noch auf euren Hof? Kennst du sie?

I. Gefieder einfarbig grau

1. Haussperling, *Passer domésticus:* Rücken graubraun mit dunklen Flecken; Kopfmitte grau; eine weiße Flügelbinde (Männchen: Kehle schwarz, Weibchen: Kehle grau).

2. Feldsperling, *Passer montánus:* Rücken graubraun mit dunklen Flecken; Kopf rostrot, schwarzer Wangenfleck; weiße Halsbinde; zwei weiße Flügelbinden (Männchen und Weibchen gleich gefärbt).
3. Haubenlerche, *Galerída cristáta:* Oberseite erdgrau; Unterseite weißlich; Scheitel mit spitzer Federhaube. (S. 74)

II. Gefieder gelb oder gelbgrün

1. Goldammer, *Emberíza citrinélla:* Unterseite, Kopf und Hals gelb; Oberseite rötlichgrau; Bürzel rostrot. (Abb.)
2. Grünfink, *Chloris chloris:* Unterseite gelb; Oberseite olivengrün; Flügelrand und Schwanz hellgelb.

III. Gefieder der Brust rot

1. Buchfink, *Fringílla cóelebs:* Unterseite braunrot; Kopf, Nacken und Hals blaugrau; Flügel mit zwei weißen Querbinden. (S. 148)
2. Hänfling, *Carduélis cannábina:* Brust und Scheitel karminrot; Oberseite zimtbraun, dunkel gefleckt; Unterseite weißlich.
3. Gimpel, Dompfaff, *Pýrrhula pýrrhula:* Unterseite scharlachrot; Scheitel, Flügel und Schwanz schwarz. Weibchen: Unterseite blaugrau. (Der Gimpel ist Waldvogel, er kommt in strengen Wintern in die Dorfgärten, ja bis auf die Höfe.) (Abb.)

IV. Gefieder des Kopfes schwarzweißrot

Distelfink, Stieglitz, *Carduélis carduélis:* Kopf schwarz-weiß-rot! Flügel schwarz mit gelber Binde! Rücken bräunlich; Unterseite weißlich. (S. 76)

3. Meisen im Obstgarten

Alle Meisen sind sehr fleißige Insektenvertilger. Bei offenem Wetter finden sie überall und leicht ihre Nahrung an den Bäumen; nur wenn die Stämme mit Glatteis überzogen sind, leiden sie Not, dann müssen sie gefüttert werden.

Kohlmeise, Blaumeise und Graumeise sind jahraus, jahrein in den Dorfgärten anzutreffen. Schwanzmeisen und Haubenmeisen sind Waldvögel und kommen nur in strengen Wintern in die Ortschaften.

Tafel S. 29

1. Kohlmeise, *Parus májor:* Oberseite gelbgrün; Unterseite gelb. Wangen weiß; Scheitel, Kehle und Brust schwarz. (1)
2. Blaumeise, *Parus caerúlea:* Rücken grüngelb; Unterseite gelb. Flügel und Schwanz blau. Oberkopf hellblau; Wangen weiß, mit schwarzem Augenstrich! (2)
3. Graumeise, *Parus commúnis:* Rücken braungrau; Unterseite weiß. Kopfplatte einfarbig schwarz! Schwarzer Kinnfleck. (3)
4. Schwanzmeise, *Aegíthalos europáeus:* Auffällig langer Schwanz! Oberseite schwarz; Unterseite weiß. Kopf weiß oder mit schwarzem Streif vom Auge rückwärts. — Kommt nur gelegentlich im Winter in die Ortschaften. (4)
5. Haubenmeise, *Parus cristátus:* Kopf mit spitzer, emporgezogener Haube! Oberseite braungrau; Unterseite weiß. Kehle schwarz; Wangen weiß, mit schwarzem Augenstrich. — Kommt nur selten in die Ortschaften. Lebt am liebsten in Nadelwäldern; treibt sich im Winter wohl auf Friedhöfen und in Parkanlagen mit Nadelhölzern umher. (5)

4. Vögel, die an Baumstämmen klettern

Im Winter kommen die Bunt- und Grünspechte gern in die Obstgärten und suchen die Baumstämme nach Futter ab. Kleiber und Baumläufer sind das ganze Jahr hindurch da. Außer dem Schwarzspecht, der im Walde bleibt, sind in den Wintermonaten alle Vögel, die an Baumstämmen klettern, in den Dorfgärten leicht zu beob-

2
1
3
4
5
Gr.

achten. Sie sind die wirksamsten Bekämpfer der schädlichen Insekten.

Wenn wir sie längere Zeit beim Klettern beobachten, stellen wir fest, daß sie fast alle nur aufwärts klettern; sind sie oben angekommen, so fliegen sie ein Stück abwärts und fangen mit der Futtersuche unten wieder an. Nur einer, der Kleiber (Spechtmeise), läuft nicht nur den Stamm hinauf, sondern auch hinunter.

Tafel S. 31

I. Der Vogel klettert nur aufwärts

1. Vogel von fast Taubengröße, grün oder grau.
   a) Grünspecht, *Picus víridis:* Gefieder grün. Stirn bis Hinterkopf rot; Backen schwarz und rot. (1)
   b) Grauspecht, *Picus cánus:* Gefieder grau. Stirn bis Scheitelmitte rot. (2)
2. Vogel von Amselgröße, schwarz-weiß-rot.
   Großer Buntspecht, *Dryóbates májor:* Unterschwanzdeckfedern und das angrenzende Bauchgefieder lebhaft rot, sehr scharf gegen das Weiß abgesetzt. Männchen mit rotem Querfleck auf dem Hinterkopf. (3)
3. Vogel von Stargröße, schwarz-weiß-rot.
   Mittelspecht, *Dryóbates médius:* An den Seiten stark gefleckt. Unter dem Schwanz und am Bauch verwaschen rot, nicht scharf gegen das Weiß abgesetzt. Brust gelbrot. Stirn bis Hinterkopf bei Männchen und Weibchen rot. (4)
4. Vogel von Sperlingsgröße, schwarz-weiß-rot oder nur schwarz-weiß.
   Kleiner Buntspecht, *Dryóbates mínor hortórum:* Männchen ähnlich gefärbt wie der Mittelspecht, Weibchen ohne alles Rot. (5)
5. Vogel von weniger als Sperlingsgröße, grau.
   Baumläufer, *Cérthia brachydáctyla:* Oberseite dunkelgrau, mit hellen Tropfenflecken; Unterseite weiß. Schnabel dünn, säbelförmig gebogen. (6)

II. Der Vogel klettert am Stamme aufwärts und abwärts

Kleiber, Spechtmeise, *Sítta pinetórum:* Sperlingsgröße. Oberseite gelbbraun, Unterseite weiß oder rostgelb. Durch die Augengegend läuft ein schwarzer Strich. — Stimme auch im Winter oft zu hören: ein laut schallendes Tüit tüit, wie Knaben einander zupfeifen; oder auch: Wie wie. (7)

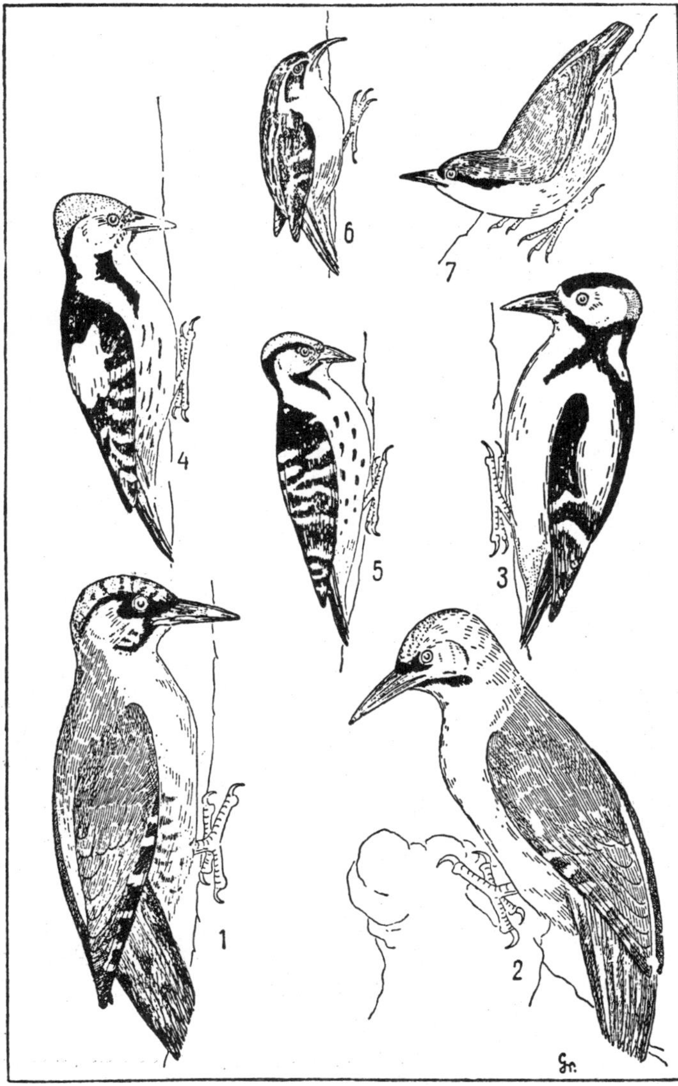
6
7
4
5
3
1
2

5. Obstbaumschädlinge, die im Winter auffallen

A. Früchte und Gespinste, die schon im Vorübergehen in den entlaubten Kronen auffallen.

1. Faule Früchte.
Sie hängen einzeln; meist Äpfel und Birnen, auch Steinobst. Ringförmig oder flächig mit einem weißen Schorf überzogen. Der Pilz, der die Fruchtfäule verursacht, heißt **Fruchtschimmelpilz.** *Monilia.*

2. Geschrumpfte Früchte.
Einzelne geschrumpfte, längliche Früchte, nur in Zwetschen- und Pflaumenbäumen. — Im Juni waren sie 4–7 cm lang, flachgedrückt, bleich und etwas gekrümmt. Im Spätsommer schrumpften sie ein, wurden braunfleckig, runzlig und von Pilzen befallen. — Diese verhutzelten Zwetschen heißen: Taschen, Narren, Narrentaschen, Hungerzwetschen, Schuster, Schusterpflaumen, Boxer, Hork, Bladerplum . . .
Die Pilzkrankheit, die durch den Schlauchpilz *Taphrina pruni* hervorgerufen wird, heißt **Taschenkrankheit.**

3. Braune Gespinste in Apfelbäumen.
Ähneln derben Spinnennetzen; man nennt sie „Große Raupennester". Untersuche ein solches Raupennest: Hülle aus Fäden und Blättern; an den Blättern erbsengroße Kammern mit seidig glatten Wänden; in den Kammern je 2–3 (oft auch mehr) Raupen. — Sicheres Obdach gegen Kälte, Nässe und Wind.
Entwicklung: Im Frühjahr verlassen die Raupen das „Nest" und fressen an Knospen, Blüten und Blättern. Mitte Juni verpuppen sie sich zwischen zusammengezogenen Blättern in einem braunen Gespinst. Im Juli erscheint der Falter.
Schmetterling: Fliegt nachts. Klein, weiß; Hinterleib mit einem dicken Büschel goldgelber oder brauner Haare. **Goldafter.** *Eupróctis chrysorrhoéa.*

4. Graue Gespinste in Apfelbäumen.
Untersuche diese lockeren Gespinstschleier: sie beherbergen überwinternde Raupen; sie sind schlank, gelblich oder braungrau, schwarz punktiert.
Entwicklung: Fressen im Frühjahr am frischen Laub; überziehen das Gezweig mit einem Gewirr feiner, klebriger Fäden. Im Juni hängen die dicken, gelben Puppen in den Gespinsten,

dicht in senkrechter Lage zusammengedrängt, oft weit über hundert. Mitte Juli schlüpft der Falter.
Schmetterling: Zierliche Motte, weiß, mit seidig glänzenden Vorderflügeln, die mit schwarzen Punkten übersät sind.

Apfel-Gespinstmotte.
Hyponoméuta malinélla.

B. Eier von Schädlingen, die bei einer genauen Untersuchung auf der Rinde zu finden sind.

1. „Perlenringe“ an dünnen Zweigen.
Dünne Zweige von der Stärke eines Bleistiftes mit einem dunklen „Perlenring“ umgeben, bis 1 cm breit. Besteht aus zahlreichen Eiern, durch eine schwärzliche Masse fest verkittet. Man kann von dem abgeschnittenen Zweig den Ring herunterziehen. In dieser Form überwintern die Eier.

Entwicklung: Im April oder Mai kriechen die Raupen aus, zerfressen das Laub und überziehen das Geäst mit zahlreichen Fäden. Im Juli schlüpfen die Falter.
Schmetterling: Kleiner, rotbrauner Falter; gehört zur Familie der Glucken.

Ringelspinner.
Malacosóma néustrium.

2. „Polster“ an Stämmen.
An einem Baumstamm sitzt ein graubraunes, haariges Polster, unter dem sich zahlreiche Eier verbergen. Sieht aus wie ein Stückchen Feuerschwamm.

Entwicklung: Aus einzelnen Gelegen kommen im zeitigen Frühjahr 300–500 Raupen mit langen, steifen Haaren, mit 11 Warzenpaaren auf dem Rücken, von denen die vorderen fünf blau, die hinteren sechs rot gefärbt sind. Arge Laubfresser. Im Juli und August schlüpfen die Falter.
Schmetterling: Männchen graubraun, Weibchen grauweiß. Weibchen überpolstert die abgelegten Eier mit den graubraunen Haaren der letzten Hinterleibsringe. Da die Haare alle abwärts gerichtet sind, läuft das Regenwasser leicht daran ab.

Schwammspinner.
Ocnéria dispar.

3. Dunkle Eierhäufchen an Triebspitzen.
An den Triebspitzen der Bäume sitzen glänzend bläulichschwarze Eierhäufchen. Im Frühjahr entwickeln sich daraus die

Blattläuse.
Áphis.

4. Rötliche Eier auf der Rinde.
Auf einer Rindenfläche von 1 qcm sitzen 30—50 glänzendrötliche Eier. Nach der Überwinterung entwickeln sie sich zu roten Milben, die die Blätter schädigen. Verwandte Arten leben auf Zimmerpflanzen. **Spinnmilben, „Rote Spinne“.** *Tetranýchus.*

5. Gelbliche Eier auf der Rinde.
Auf der Rinde der Obstbäume sitzen auch orangegelbliche, längliche Eier in kleinen Häufchen, die als schimmernde Pünktchen auffallen.
Entwicklung: Im Mai saugen die wanzenförmigen Larven, die sich aus diesen Eiern entwickeln, am Grunde der Triebe. Das sich daraus entwickelnde Tierchen sieht aus wie eine Blattlaus und hat rote Augen. Berührt man es, so schnellt es wie ein Floh empor und fliegt davon. **Blattfloh, Springlaus.** *Psylla.*

C. Ein Schädling auf den Leimringen der Obstbäume.

Beobachtungen:

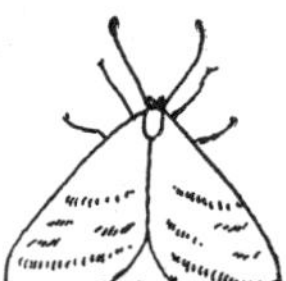

♂

Im Frühwinter (Nov./Dez.) und dann wieder im Spätwinter (Februar/März) fliegt in der Dämmerung ein kleiner graubrauner Schmetterling: Vorderflügel mit mehreren zackigen, dunklen Binden; Hinterflügel heller. **Kleiner Frostspanner** (Männchen). *Operophthéra (Cheimatóbia) brumáta.*

Untersuche die Leimringe:

In dieser Zeit kleben auf den Leimringen zahlreiche kleine Schmetterlinge, Fliegen, Mücken und Spinnen.

Dazwischen sitzen zu je 3–10 Stück gelbbraune, runde, mohnkorngroße Eier. Wenn daneben die flügellosen weiblichen Schmetterlinge auf dem Leim kleben, ist mit Sicherheit anzunehmen, daß sie die Eier abgelegt haben. — Wer die Eier hier kennengelernt hat, erkennt sie wieder an Knospen und Blattnarben der Zweige. — Schmetterling: Etwa so groß wie eine Stubenfliege; mit kurzen Flügelstummeln; staubgrau, mit schwarzgrauen Querbinden. **Kleiner Frostspanner** (Weibchen).

♀

Entwicklung:

Schon vor dem Laubausbruch kommen die zehnfüßigen, kleinen Spannerraupen aus den Eiern, überspinnen und zernagen die

Knospen und Blüten. Sie sind grün, mit dunkler Rückenlinie und gelben Seitenstreifen. Im Juni lassen sich die Raupen an feinen Fäden von den Bäumen zur Erde herab und bohren sich 5–8 cm tief in den Boden, wo sie sich verpuppen. Im November und Dezember kommen die Schmetterlinge aus der Erde hervor: die geflügelten Männchen und die ungeflügelten Weibchen, die an den Stämmen der Bäume emporkriechen und hier auf den Leimringen abgefangen werden.

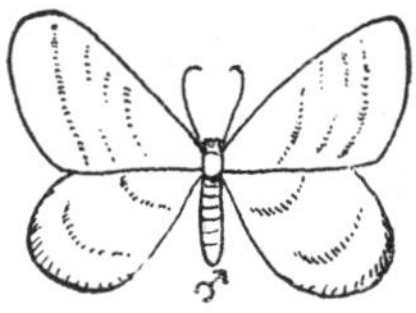

6. Die Winterfütterung der Vögel

A. Am besten füttert die Natur

a) Wo füttert sie?

1. Auf dem Felde: Finken, Ammern, Hänflinge, Raben, Elstern, Dohlen, Rebhühner...
2. Am Ackerrain: Distelfinken, Buchfinken, Goldammern, Hänflinge . . .
3. An Hecken und Gesträuch: Amseln, Wacholderdrosseln, Singdrosseln . . .
4. Auf der Landstraße: Sperlinge, Haubenlerchen, Finken, Ammern, Raben . . .
5. An Baumstämmen: Spechte, Baumläufer, Kleiber, Meisen . . .
6. In Baumkronen: Kleiber, Meisen, Dompfaffen . . .
7. In der Laubstreu: Drosseln, Rotkehlchen . . .
8. Am Ufer der Gewässer: Bachstelzen, Zaunkönig, Rotkehlchen...

b) Was füttert sie?

1. Auf dem Felde: Körner, Unkrautsamen, Knospen der Unkräuter, Insekten.
2. Am Ackerrain: Unkrautsamen.
3. An Hecken und Gesträuch: Beeren (Eberesche, Holunder, Wacholder, Elsbeere).
4. Auf der Landstraße: Körner.
5. An Baumstämmen: Insekten, Spinnen, Tausendfüßer, Asseln, Eier . . .
6. In Baumkronen: Insekten, Knospen.
7. In der Laubstreu: Insekten, Spinnen, Tausendfüßer, Asseln, Würmer, Larven...
8. Am Ufer der Gewässer: Larven, Würmer . . .

c) Wann füttert sie?

So lange die Gemarkung nicht verschneit und vereist ist. Fasanen und Rebhühner sind Scharrvögel und können eine dünne Schneedecke wegscharren, Kleinvögel können nicht scharren. Wenn die Baumstämme mit Glatteis überzogen sind, ist den Klettervögeln die Futterquelle versperrt. Jetzt erst darfst du füttern.

B. Füttere die Vögel im Winter — aber vernünftig!

a) Die natürlichen Futterplätze sind besser als die künstlichen.

1. Sorge dafür, daß die Hecken mit ihren Beerensträuchern in eurer Gemarkung erhalten bleiben.
2. Sorge dafür, daß in eurem Hausgarten auch einige Beerensträucher stehen: Holunder, Wacholder, Eberesche, Kreuzdorn . . .
3. Sorge dafür, daß der Komposthaufen in eurem Hausgarten schneefrei gehalten wird.
4. Sorge dafür, daß ein Fuder Stalldünger auf den Acker gefahren wird, wenn der Schnee zu hoch oder zu lange liegt.

b) Die künstlichen Futterplätze müssen so eingerichtet sein, daß die Vögel nicht gefährdet sind.

1. Richte die Anlage so her, daß die Vögel nicht durch Katzen und Sperber beunruhigt oder gefangen werden können.
2. Als Futter reiche Sämereien: Sonnenblumenkerne, Hanfsamen, Mohnsamen, Hirse, getrocknete Holunderbeeren, Unkrautsamen (den du im Herbst gesammelt hast).
3. Brot darf nicht gefüttert werden, es säuert im Magen und verursacht Durchfälle. Fleischnahrung macht die Amseln zu Nesträubern. Gesalzenes Fleisch verursacht Durst, den die Vögel nirgends stillen können.
4. Sobald die Gemarkung schneefrei ist, stelle die Fütterung ein.

7. Die Krähen kommen ins Dorf

In strengen Wintern kommen die Krähen bis auf die Gehöfte. Sie sind uns dann so nahe, daß wir sie ohne Fernglas unterscheiden können. Unter ihnen ist eine Krähe, die in West- und Mitteldeutschland sofort auffällt, weil sie im Sommer westlich der Elbe nicht vorkommt: die Nebelkrähe.

	Saatkrähe *Corvus frugilegus*	Rabenkrähe *Corvus pulchroniger*	Nebelkrähe *Corvus cornix*
Länge	47–50 cm	47–50 cm	47–50 cm
Flügel	35 cm, Flügel erreicht die Schwanzspitze	30 cm, Flügel erreicht die Schwanzspitze nicht	30 cm, Flügel erreicht die Schwanzspitze nicht
Farbe	am ganzen Körper blauviolett	weniger stark glänzend	Rumpf aschgrau, wie mit Nebel überzogen, übriges Gefieder schwarz
Schnabelgrund	nackt und grindig	mit Federborsten	mit Federborsten

8. Kommen des Nordens Vögel an, zeigt es starke Kälte an

Die Bauernregel sagt: „Kommen des Nordens Vögel an, zeigt es starke Kälte an.“ Hat sie recht?

Um diese alte Bauernregel nachprüfen zu können, muß man die Vögel, die im Winter aus ihrer nordischen Heimat zu uns kommen, sicher kennen. Welche sind es?

Tafel S. 39

Bergfink, *Fringílla montifringílla* (1)

Der Bergfink bewohnt den hohen Norden Europas und Sibiriens und ist auch in milden Wintern bei uns anzutreffen. Wenn er auf den Höfen einzeln erscheint, wird er meist übersehen und mit dem Buchfink verwechselt, dem er in der Färbung ähnelt. Häufig kommt er aber in so ungeheuren Mengen vor, daß er die allgemeine Aufmerksamkeit einer ganzen Gegend erregt. — Lies die Beobachtung auf Seite 147!

Kennzeichen: Größe wie Buchfink; Brust ziegelrot; Bauch weiß; Oberseite schwarz. Das Schwarz der Oberseite ist unterbrochen: 1. durch die ziegelroten Schulterzüge, 2. durch das Weiß des Unterrückens, 3. durch eine weiße Flügelbinde.

Wacholderdrossel, *Turdus piláris* (2)

Die Wacholderdrossel (Krammetsvogel, Schacker) ist ein nordischer Vogel, kommt aber auch in Deutschland an vielen Stellen als Brutvogel vor. Bei uns lebt sie in einzelnen Pärchen oder in kleinen Gesellschaften, nicht in großen Scharen wie im Norden. Daher fällt sie im Sommer wenig auf und wird kaum beachtet, zumal sie auch noch zigeunernd hin und her wandert.

In gelinden Wintern bleiben viele bei uns. Im November ist die Hauptflugzeit, dann kommen große Schwärme aus Norden und streichen hier im Lande umher. Die liebste Nahrung der Wacholderdrossel sind die Beeren von Wacholder, Eberesche und Elsbeere. Sieht man im Winter Vögel von Drosselgröße an einer Landstraße, die mit Elsbeer- oder Vogelbeerbäumen bepflanzt ist, so kann man sicher sein, daß es Wacholderdrosseln sind.

Kennzeichen: Amselgröße; Oberseite schmutzig-kastanienbraun; Unterseite weiß, an der Brust rostgelb; Kopf, Nacken und Bürzel aschgrau.

Tannenhäher, *Nucífraga caryocatáctes* (3)

Der Tannenhäher oder Nußhäher ist in Skandinavien, Nordrußland und Sibirien ein sehr häufiger Vogel. In Deutschland kann man ihn nur in den Alpen, im Schwarzwald und Harz beobachten, aber in den genannten deutschen Mittelgebirgen so vereinzelt, daß er der Bevölkerung unbekannt ist. In manchen Jahren zieht er vom Herbst an scharenweise durch unsere Wälder; man nimmt an, daß dann in seiner Heimat die Zirbelnüsse, die seine liebste Nahrung bilden, nicht gut

1
2
3
4
5
6
7

geraten sind. (Zirbelnüsse: Samen der Zirbelkiefer, Arve oder Arbe.) Er frißt, was er in unseren Wäldern an Nahrung findet: Haselnüsse, Eicheln, Bucheckern, Vogelbeeren, Insekten.

Kennzeichen: Größe wie Eichelhäher; Gefieder dunkelbraun mit weißen Tropfenflecken.

Seidenschwanz, *Bombycílla gárrula* (4)

Das bunte Gefieder macht den Vogel für jedermann auffällig, wenn er in strengen Wintern in kleineren oder größeren Trupps auf Friedhöfen und in Parkanlagen von Gebüsch zu Gebüsch streicht, um Beeren zu suchen. In seiner nordischen Heimat kommt er wenig mit Menschen in Berührung, daher benimmt er sich bei uns in den Anlagen einer Großstadt so zutraulich, als ob ihm nichts geschehen könnte.

Sein liebstes Futter sind Vogelbeeren, aber auch die roten Früchte des Weißdorns nimmt er gern. In Nord- und Ostdeutschland sieht man ihn fast jeden Winter, in den Süden und Westen unseres Vaterlandes kommt er nur bei großer Kälte.

In früheren Zeiten hielt man den in Mittel- und Westdeutschland nur gelegentlich auftretenden Vogel für einen Unglücksboten, der Krieg, Pest, Teuerung und anderes Unheil ankündige. — Der seltene Wintergast ist unbedingt zu schützen!

Kennzeichen: Größe wie Star; Gefieder rötlichgrau; auf dem Kopfe seidenweiche Holle; Kehle schwarz; Augenstrich schwarz; Schwingen gelb und rot gesäumt.

Saatgans, *Anser fabális* (5)

Die Saatgänse ziehen bei uns im Herbst und Frühjahr durch. Ihr Flug ist sehr hoch; sie ziehen entweder in einer schrägen Linie oder in einem hinten offenen Dreieck. Viele bleiben bei uns in kleinen Trupps zurück und treiben sich im Winter auf den Saatfeldern umher. Hier weiden sie über Tag die Felder ab. Dabei kann man oftmals beobachten, daß eine Gans etwas abseits steht und Wache hält. Es ist nicht möglich, bei hellem Wetter an sie heranzukommen, auch wenn man, jede Deckung ausnutzend, sich noch so vorsichtig heranschleicht. Nachts fliegen sie nach stehenden Gewässern, die ein bis zwei Stunden entfernt sein können, um hier zu schlafen.

Kennzeichen: Kleiner als Hausgans; Gefieder grau; Schnabel

schwarz, in der Mitte orangegelb. (Wildgans, auch Graugans und unsere Hausgans, die von der Graugans abstammt: Gefieder grau, am Bauche weiß; Schnabel orangegelb, an der Spitze weißlich.)

Nebelkrähe, *Corvus cornix* (6)

In Westdeutschland kommen im Sommer zwei Krähen vor: die Saatkrähe und die Rabenkrähe. Beide sind schwarzblau. In kalten Wintern sieht man in ihrer Gesellschaft eine dritte Krähe, die durch ihre Färbung sogleich auffällt. Sie sieht aus, als sei sie durch einen dichten Nebel geflogen, der sich auf ihrem Gefieder niedergeschlagen hätte. Das ist die Nebelkrähe. Sie lebt östlich der Elbe. Im Winter wandert sie nach Westen und Süden. Vor den Städten sieht man sie auf den großen Schuttabladeplätzen, auf den Feldern sucht sie die frischen Dunghaufen ab, und wenn sie draußen nichts mehr findet, kommt sie ins Dorf. Sobald im Spätwinter das Wetter milder wird, ist sie verschwunden.

Kennzeichen: Größe wie Krähen; Kopf, Kehle, Flügel und Schwanz schwarz; das übrige Gefieder nebelgrau.

Singschwan, *Cygnus músicus* (7)

Der Singschwan lebt im hohen Norden der Alten Welt und kommt dort in großen Scharen vor. Seine Wanderzüge beginnen im Oktober und dauern bis in den Dezember hinein. Der scheue Vogel fliegt sehr hoch und wird daher auf dem Zuge nur selten wahrgenommen, wenn nicht seine wohltönende Stimme aus den Lüften herabklingt. Im Winter halten sich einzelne Stücke, die nicht nach dem Süden weiterziehen, bei uns auf offenen Gewässern auf. Sie sind dann sehr vorsichtig und scheu, verweilen aber tage-, auch wochenlang, wenn sie nicht gestört werden.

Im Februar und März kehren diese Zugschwäne wieder auf ihre Brutplätze im Norden zurück.

Kennzeichen: Gefieder rein weiß; Schnabel schwarz, vom Nasenloch bis zur Wurzel gelb, ohne Höcker! (Höckerschwan, zahmer Schwan: Schnabel gelbrot, an der Wurzel mit aufgetriebenem, schwarzem Höcker.)

9. Geläufe im Schnee

Geläufe sind die Fußspuren der Vögel. Außer den Geläufen des Hausgeflügels zeigen sich zahlreiche große und kleine Geläufe von Vögeln im Dorfe. (Tafel S. 43)

I. Große Geläufe

A. Im Trittsiegel sieht man deutlich den Abdruck der Schwimmhaut; die Zwischenräume der Zehen sind bis zu den Nägeln ausgefüllt.

1. Hausgans: Länge etwa 9 cm, Breite etwa 8 cm. (Abb. 1.)
2. Hausente: Länge etwa 7 cm, Breite etwa 6 cm. (Abb. 2.)

Schwimmvögel haben einen watschelnden Gang; sie richten ihre Zehen nach innen, die Innenzehe ist die kürzeste. Danach kann man links und rechts leicht unterscheiden. Die Hinterzehe ist sehr kurz; sie drückt sich als kurzer Strich oder als Punkt ab.

B. Im Trittsiegel zeigen sich keine Abdrücke von Schwimmhäuten.

1. Haushuhn: Drei weit gespreizte Zehenabdrücke; oft zeichnen sich auch die Krallen mit ab. Hinterzehe hoch eingelenkt; auf hartem Grund berührt sie den Boden nicht und drückt sich daher auch nicht mit ab; sinkt der Fuß ein, so zeichnet sie sich punktartig ab. Das Huhn läuft; seine Trittsiegel stehen also hintereinander. (Abb. 3.)
2. Truthahn (Puter) und Pfau: Beide gehören zu der Familie der Hühnervögel und hinterlassen daher ein Geläufe wie das Haushuhn, nur sind Tritte und Schrittweite entsprechend größer.
3. Krähen: Hinterzehe in gleicher Höhe mit den drei vorderen eingelenkt; sie drückt sich also mit ab. Hinterzehe und Vorderzehe fast gleich lang, je 4 cm. Zehenballen und Krallen meist deutlich sichtbar. Krähen schreiten und hüpfen: ihre Tritte stehen also hintereinander oder nebeneinander. Wenn sie auffliegen oder sich niederlassen, berühren die Flügelspitzen den Boden und schlagen „Wischer“ in den Schnee! — Lies die Beobachtung auf S. 78!

II. Kleine Geläufe

A. Die Tritte stehen hintereinander. — Die Geläufe stammen von Bodenvögeln, die laufen.

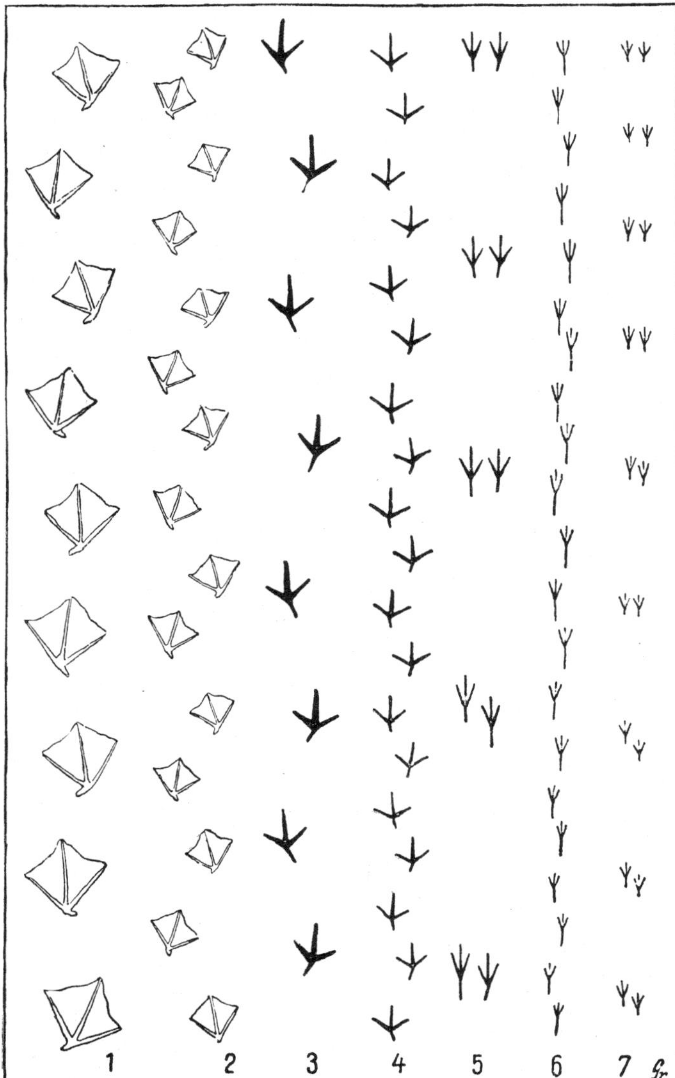
1
2
3
4
5
6
7
Gr.

1. T a u b e: Ihre Hinterzehe ist tief eingelenkt und drückt sich daher im Geläufe ganz mit ab. Sie hat einen schrittweisen trippelnden Gang; daher stehen die Tritte nahe zusammen. (Abb. 4.)
2. R e b h u h n: Rebhühner kommen bei Schnee in die Hausgärten. Sie sind Hühnervögel; ihr Fuß ist so gebaut wie der Fuß des Haushuhnes. Also gleicht ihr Tritt auch dem der Hühner, nur ist er entsprechend kleiner. Sie scharren!
3. H a u b e n l e r c h e: Sie hat eine sehr lange Hinterzehe mit einem Sporn. Ihr Tritt hat drei lange Eindrücke nach vorn und einen sehr langen nach hinten. Im Geläufe ziehen sich die langen Krallenspuren von einem Tritt zum andern durch den Schnee. (Abb. 6.)

4. A m s e l: Ihr Tritt zeigt drei Abdrücke nach vorn und einen nach hinten. Sie läuft und hüpft, sie hinterläßt also Laufspuren und Hüpfspuren. In der Laufspur zieht sie die Krallen häufig durch den Schnee. (Abb. 5.)

B. Die Tritte stehen paarweise nebeneinander. — Die Geläufe stammen von Baumvögeln, die hüpfen.

1. A m s e l: Sie hat den größten Tritt unter den Baumvögeln des Dorfes.
2. S p e r l i n g e, F i n k e n, A m m e r n, M e i s e n: Ihre Geläufe ähneln einander so sehr, daß sie nicht zu unterscheiden sind. (Abb. 7.)

10. Spuren im Schnee

Wenn der Schnee längere Zeit gelegen hat, sieht man in Dorfgärten, an Hecken und Scheunen, auf Mauern, Holzstämmen und Dächern zahlreiche Spuren. Spuren sind die Fußabdrücke der vierfüßigen Tiere. Sie machen das Leben und Treiben der Tiere im Winter sichtbar. Ein Gang um das Dorf lohnt sich.

Tafel S. 45

H u n d, *Cánis familiáris* (1)

Hunde streichen gern um das Dorf herum. Ihre Spur ist bekannt. Trittsiegel: verschieden groß, je nach der Größe des Hundes; rundlich, vier Zehenballen mit dem Nageleindruck davor; Hinterballen des Vorderfußes am Hinterrand eingebuchtet; Hinterballen des Hinterfußes am Hinterrand ausgebuchtet.

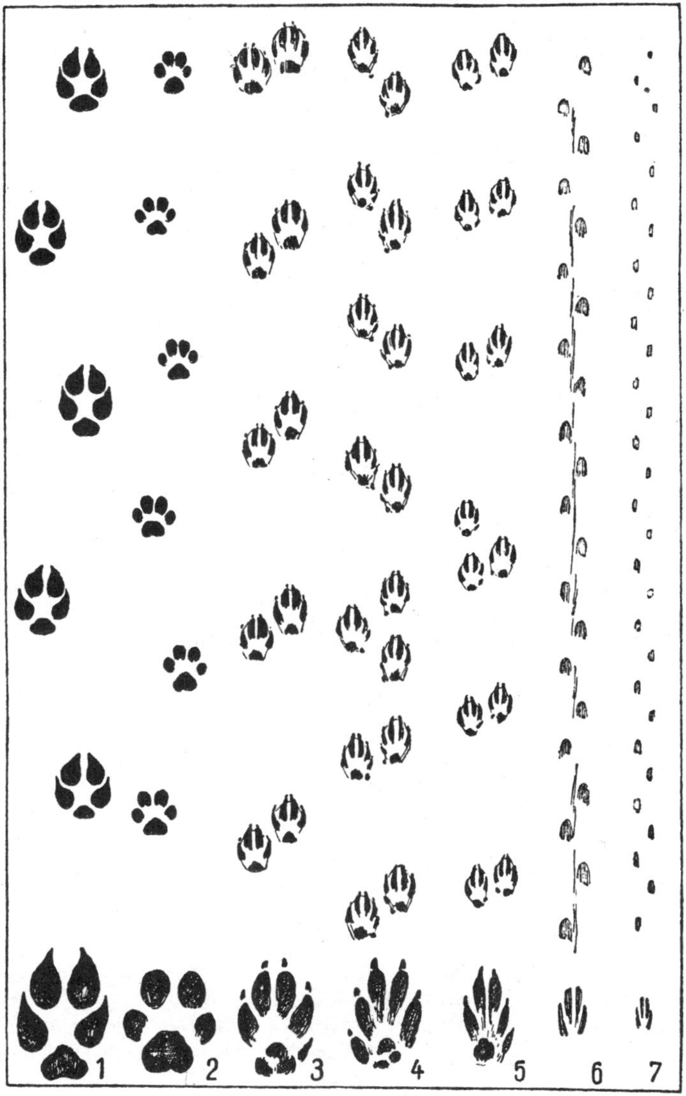
1
2
3
4
5
6
7

Fuchs, *Vulpes vulpes*

Der Hunger treibt die Füchse in die Nähe des Dorfes. Trittsiegel: schlanker als beim Hunde; Klauen des Fußes schärfer abgedrückt; die beiden Mittelklauen weiter vorstehend als beim Hunde.

Ein schleichender Fuchs setzt die Tritte nebeneinander, ein trabender hintereinander (in schnurgerader Linie = er „schnürt") und ein flüchtiger leicht nebeneinander. (Siehe Tafel S. 134!)

Katze, *Félis doméesticus* (2)

Katzen, die im Sommer wildern, kehren im Winter vielfach ins Dorf zurück, können aber auch dann von ihrer Gewohnheit nicht ganz lassen und treiben sich viel draußen umher.

Katzen nageln nicht, d. h. sie ziehen die Nägel beim Gehen ein und drücken sie daher nicht mit ab. Die Ballen sind meist sehr scharf abgeprägt; die vier Zehenballen stehen halbmondförmig.

Bei schnellem Traben setzt die Katze die Tritte fast genau in einer schnurgeraden Linie hintereinander, sie „schnürt". Die flüchtige Katze macht Hasensprünge, sie überspringt mit den Hinterläufen die Tritte der Vorderpfoten und setzt sie vor.

Hase, *Lepus europáeus*

Die Kohlgärten sind oft voller Hasenspuren. Der Hase rutscht (geht), hoppelt (läuft langsam) oder geht flüchtig. Bei jeder Gangart überspringt er mit den Hinterläufen die Tritte der Vorderläufe. Das Trittebild sieht stets so aus: · · = . Die Vorderpfoten setzt er hintereinander, die Hinterpfoten mehr nebeneinander. Meist wird die Laufrichtung aus der Spur falsch gedeutet. (Siehe Tafel S. 133!)

Steinmarder, *Mártes foína* (3)

Ob Steinmarder (Hausmarder) im Dorfe sind, läßt sich bei Schnee leicht feststellen; ihre Spuren sind auf den Dächern der Scheunen und Stallungen zu erkennen. Wenn der Marder unten keinen Eingang in die Gebäude findet, so benutzt er Bäume, die dicht an der Wand stehen, oder Pfosten und klettert daran hoch. Oft sind die Krallenspuren oder Haare daran zu finden.

Alle Marderarten laufen im Paartritt: die Hinterpfoten werden genau in die Tritte der Vorderpfoten gesetzt. Die Tritte stehen paarweise schräg nebeneinander, der rechte meist vorgesetzt. Dieses

Trittebild zeigt der Steinmarder fast regelmäßig. Zuweilen ist auch ein Dreitritt dazwischen. Die fünf Zehenballen mit dem Nagelabdruck sind deutlich abgeprägt.

Der Marder räumt in der Scheune unter den Mäusen gewaltig auf. Wer Ratten auf dem Hofe hat, sollte den Hühnerstall raubsicher verschließen und den Marder schonen.

Iltis, *Putórius putórius* (4)

Bei Schnee und strenger Kälte hält sich der Iltis gern in der warmen Scheune auf und unternimmt von hier aus seine Streifzüge nach Abfallhaufen, Miststätten, Brücken und nahen Fischgewässern. Sein nächtlicher Paß führt über Dächer, Mauern, Pfosten und Holzhaufen; bieten sich dem Stänker aber unten im Gemäuer Öffnungen zum Aus- und Einschlüpfen, so benutzt er diese; denn vom Klettern ist er kein Freund.

Die Spur des Iltis ähnelt der Marderspur. Sie enthält vorwiegend Paartritte, ist aber häufig mit Dreitritten untermischt. Setzt der Marder in der Regel die rechte Pfote vor, so steht in der Iltisspur auch häufig der linke Tritt vorn. Auf der Flucht macht der Iltis manchmal auch Eichhörnchensprünge, d. h. er überspringt mit den Hinterpfoten die paarweise gesetzten Tritte der Vorderpfoten. Die Trittsiegel stehen dann zu viert: das vordere Paar weit (von den Hinterpfoten!) und das hintere Paar eng (von den Vorderpfoten!). — Losung: wie flüssiger Teer oder Wagenschmiere.

In Gegenden, wo der Hamster eine Landplage ist, sehen die Bauern den Iltis gern; er ist dort ein sehr nützliches Tier. Wer Ratten und Mäuse in den Scheunen und Stallungen hat, sollte den Iltis schonen.

Wiesel, *Mustéla* (5)

Das Große Wiesel (Hermelin) ist im Winter weiß, nur die Schwanzspitze ist schwarz. Wenn es über den Schnee läuft, wird es meistens übersehen; auf schneefreiem Gelände fällt es sofort auf. Umgekehrt ist es mit dem Kleinen Wiesel (Hermännchen), dessen brauner Pelz sich von der Schneedecke abhebt. In Mittel-, West- und Süddeutschland ist es im Winter wie im Sommer braunrot, nur in Ostdeutschland trägt es ein weißes Winterkleid. Beide Wiesel sind die besten Mäusejäger in der Gemarkung.

Die Wieselspur weist Paartritte auf wie die Marderspur; sie kann aber mit Dreitritten untermischt sein. Der einzelne Tritt ist zierlich.

Unter günstigen Umständen steht das Trittsiegel mit den fünf Zehenabdrücken deutlich im Schnee.

Die Losung sieht aus wie ein kurzes Endchen feiner Kautabak.

Wanderratte, *Mus decumánus* (6)

Ob Ratten auf dem Hofe sind und welche Wege sie nehmen, kann man an ihren Spuren im Schnee feststellen. Ihre Spur hat Ähnlichkeit mit der Spur von Mäusen, ist aber größer. Die Vorderfüße hinterlassen vier, die Hinterfüße fünf Zehenabdrücke. Der lange Schwanz zieht eine deutliche Schleifspur.

Mäuse, *Muriden* (7)

Mäuse hinterlassen feine Doppelspuren. Reihen sich die Tritte in zwei gleichlaufenden Linien in regelmäßigen Abständen aneinander, so lief meist eine kurzschwänzige Maus über den Schnee. In ihrer Spur sieht man keine Schwanzeindrücke, weil der Schwanz seiner Kürze wegen den Boden nicht berührt.

Langschwänzige Mäuse laufen springend. Ihre feine Doppelspur ist durch Sprünge unterbrochen; zudem zeigen sich ab und zu die Schwanzeindrücke im Schnee. (Vergleiche S. 142.)

11. Im Winter kommen die Mäuse ins Dorf

Wenn es draußen unwirtlich wird und an Nahrung gebricht, kommen die Mäuse aus Feld und Wald in die Wohnhäuser, Scheunen, Keller und Stallungen. Im Winter ist das Dorf mit Mäusen aller Art bevölkert. Stellt man überall Fallen auf, so bringt man eine artenreiche „Strecke“ zusammen.

Viele sind bereits im Sommer auf dem Erntewagen hereingekommen, die meisten jedoch wandern im Winter zu. Nur die beiden großen Wühlmäuse (Scheer- oder Hamaus aus dem Felde und Wasserratte vom Wasser) kommen nicht in die Gebäude. Alle übrigen kann man im Winter hier antreffen.

Eine Bestimmung der Mäuse kann nach den Tabellen auf Seite 142 und von Band 1, Seite 78, und Band 3, Seite 94, vorgenommen werden.

12. Winterschläfer im Garten

Wer vom Winterschlaf der Tiere hört, denkt meist an unauffindbare Verstecke, die nur der kundige Naturforscher kennt. In Wirklichkeit aber ist es sehr leicht, die Winterschläfer an ihren Ruheplätzen aufzufinden. Man braucht gar nicht weit danach zu gehen, schon in den Gärten überwintern sie sehr zahlreich.

1. Hinter Borkenschuppen

Löse die handgroße Borkenschuppe vom Stamme des Bergahorns ab, du findest dahinter: Insekteneier, Puppen, Käfer, Spinnen und anderes kleines Getier.

2. In den Kronen großer Obstbäume

In den Kronen hängen häufig (leider) faustgroße Gespinste, die sogenannten „großen Raupennester". In ihnen überwintern die Raupen des Goldafters (Schmetterling). (S. 32.)

3. Im Mulm der Astlöcher alter Bäume

Ist der Mulm trocken, so kannst du darin finden: eine einzelne Hummel, gelegentlich eine Wespe. Der Körper ist gekrümmt, die Beine sind angezogen, die Fühler und die Flügel liegen unter dem Bauch. Die Insekten liegen in der Winterstarre gerade so wie in der reifen Puppe. Warum? — Auch Asseln, Tausendfüßer und Spinnen überwintern hier.

4. Unter faulendem Holz

Unter alten Holzhaufen findet man zuweilen ganze Gesellschaften von Winterschläfern: Bänderschnecken, Nacktschnecken, Käfer.

5. Unter großen Abfallhaufen

Der große Abfallhaufen, auf dem Kartoffelkraut, Bohnenstroh und abgestorbene Sommerblumen zusammengetragen wurden, beherbergt den größten Winterschläfer des Gartens: den Igel. — Der Haufen muß im Vorfrühling beim Aufräumen vorsichtig abgetragen werden, damit der Igel nicht verletzt wird.

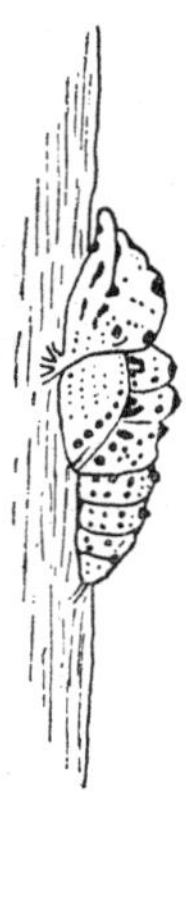

6. In der Gartenlaube

An der Bretterwand hängt die Gürtelpuppe eines Weißlings ohne jeden Schutz frei in der Luft; sie ist so hart und steif gefroren wie ein Eiszapfen. Auch Schmetterlinge überwintern hier: Tagpfauenauge oder Fuchs. Das Gespinst in der Ecke umhüllt eine zusammengerollte Spinne. In dem kleinen gelben Gespinst überwintern die

Eier einer Spinne; sie sind gut darin geschützt, innen ist die Hülle fest und dicht, außen weich und locker. Dadurch hat die Spinnenmutter einen schlechten Wärmeleiter hergerichtet, der die Kälte abhält.

7. In Nistkästen

Im Juli ist das Brutgeschäft der Höhlenbrüter (Meisen, Stare, Spechte, Wendehals) beendet. Die Nistkästen sind nun frei und müssen im Winter gereinigt werden. Dabei läßt sich mancherlei beobachten, was man sonst kaum zu Gesicht bekommt.

Wenn die Nistkästen mehrere Jahre hindurch nicht gereinigt wurden, sind sie meist bis oben hin mit Baustoffen angefüllt. Darin steckt allerlei Ungeziefer, die Vögel werden davon so sehr belästigt, daß sie schließlich die Kästen meiden.

Hängen solche Kästen in lichten Laubwäldern, namentlich im Eichenwald, so ziehen Hornissen gern hinein; in Nadelwaldungen sind Wespen die Einmieter.

Ein Vogelfreund ließ etwa 80 Nistkästen seines Gartens nachsehen. Man fand 66 Haselmäuse darin, die im Winterschlaf lagen. (Sie stehen unter Naturschutz und dürfen nicht getötet werden!) Versäume nicht, wenn sich dir die Gelegenheit bietet, bei der Reinigung der Nistkästen zuzusehen!

II. IM OFFENEN GELÄNDE

A. Pflanzenleben

1. Eine Überschau über die Gemarkung

Die Feldarbeiten sind beendet. Die Ernte steckt in Speichern und Kellern. Das Feld ist leer. Es verlor den gesamten Zuwachs des Sommers — durch die Arbeit des Menschen. Er hat das Bild der Landschaft in Form und Farbe verändert.

Der Wald steht da wie immer. Er verlor nur sein Laub, den gesamten Zuwachs an Holz hat er behalten und speichert von Jahr zu Jahr mehr davon auf. Dieses Bild verändert die Natur, kaum in der Form, wohl aber um so kräftiger in der Farbe.

Das winterliche Bild des Feldes zeigt zwei Hauptfarben: das Grün der jungen Wintersaaten und das Graubraun der nackten Ackererde.

Die kahle Fläche der ausgeräumten Feldmark wird gegliedert und belebt durch die dunklen Linien der Straßen, Flüsse und Bäche mit ihren Bäumen und Gebüschen.

2. Was wächst auf den grünen Ackerflächen?

I. Der Acker ist grün: er wurde im Herbst bestellt und trägt die Winterung oder Futterpflanzen.

A. Wintersaaten: Blätter lang und schmal, längsnervig (Grasblätter).

a) Die Aussaat erfolgte schon im September, deshalb konnten sich die jungen Pflanzen bereits bestocken, d. h. sie stehen in dichten Büscheln zusammen und bedecken fast den Boden zwischen den Reihen.

1. Die Saat steht sehr dicht, in milden Wintern üppig, und sieht gelblichgrün aus. **Wintergerste.**
2. Die Saat sieht grasgrün aus. **Winterroggen.**

b) Die Aussaat erfolgte nach der Zuckerrübenernte, also erst Ende Oktober, November, Dezember; deshalb hatten die

Pflanzen noch nicht Zeit, sich zu bestocken, sie stehen einzeln, die Reihen sind dünn wie ein Strich. **Winterweizen.**

B. Wintersaaten: Blätter breit, flächig, am Grunde herzförmig. **Raps.**

C. Kleeäcker.

1. Blätter 3zählig. Blättchen eiförmig oder elliptisch. **Wiesenklee.**
2. Blätter 3zählig. Blättchen länglich-verkehrt-eiförmig bis lineal-keilförmig. **Luzerne.**

II. Der Acker liegt in der graubraunen Scholle, er soll im kommenden Frühjahr bestellt werden: Hafer, Sommergerste, Sommerweizen, Sommerraps, Kartoffeln, Rüben . . .

3. Ackerunkräuter, die im Winter blühen

Mehrere Ackerunkräuter sind kältefest: bei Wärmegraden über 0 wachsen, blühen und fruchten sie den ganzen Winter hindurch. Im Frühjahr überziehen sie die Brachäcker wie mit einem dichten Teppich.

1. Das Unkraut blüht weiß

a) Vogelmiere, Hühnerdarm, *Stellária média.* Stengel bis 30 cm hoch, rund, einreihig behaart, stark verzweigt; Blätter gegenständig, schlaff, eiförmig; Blüten klein, am Ende des Stengels, Blumenblätter tief zweispaltig. Kältefest.

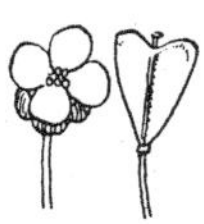

b) Hirtentäschel, *Capsélla bursa pastóris.* Stengel bis 50 cm hoch, aufrecht, einfach oder ästig; Grundblätter eine Rosette bildend, schrotsägig-fiederspaltig; Stengelblätter ganzrandig, mit pfeilförmigem Grunde sitzend; Blüten klein, in Trauben, Krone vierblättrig; Frucht ein Schötchen: dreieckig-verkehrt-herzförmig. Blüht bis zum Eintritt des Frostes und beginnt schon wieder im frühen Vorfrühling.

2. Das Unkraut blüht gelb

a) Gemeines Kreuzkraut, Greiskraut, *Senécio vulgáris.* Stengel bis 30 cm hoch, meist ästig, aufrecht oder liegend; Blätter fiederspaltig, oft spinnwebig-wollig; Blüten in kleinen Köpfchen, Blättchen des Hüllkelches mit schwarzer Spitze; Früchte mit Haarkrone. Kältefest.

b) Wolfsmilch, *Euphórbia.* Pflanze mit weißem Milchsaft; Stengel bis 30 cm hoch; Blätter verkehrt-eiförmig; Blüten in 3–5strahligen Dolden. Blüht bis in den Vorwinter und beginnt schon wieder sehr früh im Jahre.

3. Das Unkraut blüht rot

Rote Taubnessel, Bienensaug, *Lamium purpúreum.* Stengel bis 30 cm hoch, vierkantig; Blätter gegenständig, gekerbt, die unteren lang-, die oberen kurzgestielt; der obere Teil der Pflanze schmutzigdunkelrot überlaufen; Blüten in Halbquirlen zu 3–5, Krone hellpurpurn. Kältefest.

4. Das Unkraut blüht weiß-gelb

Gänseblümchen, Marienblümchen, *Bellis perénnis.* Zu den kältefesten Pflanzen gehört vor allem auch das Gänseblümchen, das überall auf Wiesen, an Gräben und auf Feldwegen mitten im Winter blüht.

4. Wie kann man die überwinternden Ackerunkräuter an ihren Blättern erkennen?

Im Winter ist bei den Ackerunkräutern eine Entwicklungsstufe deutlich zu beobachten: die Stufe der Blattrosette. — Dicht an den Boden geschmiegt, läßt das Unkraut die kalten, austrocknenden Winterstürme über sich hinweggehen. Sie schaden ihm nicht, denn die Spaltöffnungen, aus denen das Wasser verdunstet, liegen an der Unterseite des Blattes und werden daher vom Winde nicht getroffen. Unter dem Schneedruck leidet die auf dem Boden liegende Blattrosette nicht, während ein hoher Krautstengel brechen würde.

Obwohl das Unkraut den Unwillen des Landmannes erregt, zeigt es nicht nur im Sommer zur Zeit der Blüte, sondern auch im Winter als unscheinbares Pflänzchen eine überraschende Schönheit. Eine Distelrosette im Rauhreif eines Wintermorgens ist ein Kunstwerk der Natur, vor dem jeder besinnliche Mensch mit Bewunderung steht und sich scheut, es zu zerstören.

Versuche, die bekanntesten Unkräuter nach den Abbildungen an den Blattrosetten zu bestimmen!

Tafel Seite 54.

Abb. 1: Kreuzkraut 2: Hirtentäschel 3: Kamille
4: Hahnenfuß 5: Vergißmeinnicht 6: Wegerich

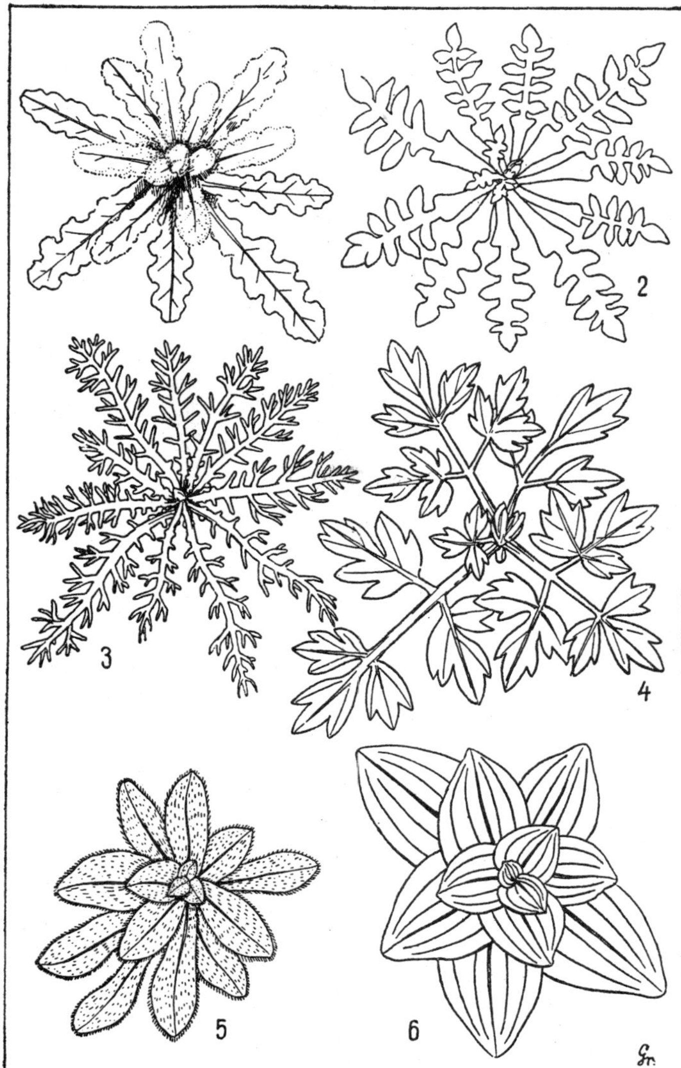
2
3
4
5
6
Gr.

5. Du kannst im Frühwinter auf Wiesen und Weiden noch Speisepilze sammeln

Im November und Dezember kann man auf Wiesen und Weiden und auch an Waldrändern noch zwei eßbare Pilze sammeln, die im Grase durch ihre Farbe leicht auffallen. Beide gehören zu den Blätterpilzen: sie tragen an der Unterseite des Hutes Lamellen.

1. Hut rötlichgelb oder bräunlichledergelb, 3–7 cm breit. Lamellen entfernt stehend, dick, wachsartig, am Stiel herablaufend. Stiel 4–8 cm hoch, in den Hut hinein verbreitert, glatt, gelblich. Fleisch blaßgelblich. Gesellig. Guter Speisepilz. **Wiesen-Ellerling.** *Hygróphorus praténsis.*

2. Hut scharlachrot – orangerot, klebrig-glänzend, dünnfleischig, 5–10 cm breit. Lamellen entfernt stehend, dick, gelb, später rötlich. Stiel 5–9 cm hoch, hohl, faserig gerieft, gelb oder rötlich, am Grunde weißlich. Fleisch weißlich-gelblich, saftig, zerbrechlich. **Scharlachroter Saftling.** *Hygróphorus puníceus.*

6. Wie man die entlaubten Bäume der Gemarkung an ihrer Form erkennt

Sechs Monate lang trägt der Baum eine belaubte Krone mit einer ganz bestimmten Form. Ebensolange steht er unbelaubt da. Das kahle Geäst aber zeigt erst, nach welchem Bauplan die Krone sich aufbaut; im Winter ist das gesamte innere Gerüst freigelegt, das die Form bestimmt. Wer im Winter sein Auge an der Gestalt des nackten Körpers geschult hat, erkennt im Sommer, wenn das Kleid darüber liegt, die Grundform wieder.

Der Baum hat seit uralten Zeiten eine so enge Beziehung zum Menschen, daß jedermann die Bäume seiner Heimat zu allen Jahreszeiten kennen sollte.

I. Krone hoch, sehr schlank. **Spitzpappel.**

II. Krone hoch, spitz ausgezogen, Zweige mehr senkrecht gerichtet.
(Wurzel geht tief in den Boden. Auch die Frucht ist am Stiel spitz ausgezogen. Das Blatt ist ebenfalls spitz. Der Baum ist in allen seinen Teilen nach dem gleichen Grundplan angelegt!) **Birnbaum.**

III. Krone kugelförmig.

1. Krone flach-kugelförmig, an der Unterseite abgeflacht. Krone mit Stamm haben im Längsschnitt dieselbe Form wie der Apfel mit Stiel! Auch das Wurzelgeflecht liegt flach im Boden. Der Baum ist (wie der Birnbaum) in allen seinen Teilen nach dem gleichen Grundplan angelegt. **Apfelbaum.**
2. Große, runde Krone auf kurzem Stamm. **Kirschbaum.**
3. Kleine, kugelförmige Krone auf hohem Stamm (an Straßen in geschlossenem Stand!). **Linde.**
4. Große, runde, starkästige Krone auf kurzem Stamm (im Freistand; mitten im Felde: Kugelbaum!). **Linde.**

IV. Krone weit und ausgebreitet.

1. Ausgebreitete, runde, lockere Krone mit starken Ästen auf kurzem, dickem Stamm. **Walnuß.**
2. Große, runde, starkästige, lockere Krone auf hohem Stamm. **Pappel.**
3. Breite, reichästige, lockere Krone auf starkem Stamm. **Ulme, Rüster.**
4. Breite, volle Krone, tief angesetzt, starkästig; Stamm kurz und dick, nach rechts drehwüchsig. **Roßkastanie.**
5. Große, runde, starkästige, dichte Krone auf hohem Stamm (an Straßen in geschlossenem Stand!). **Ahorn.**
6. Krone rund, starkästig, tief angesetzt (im Freistand!). **Ahorn.**
7. Krone weit ausgebreitet, locker. Stamm weißscheckig! **Platane.**

7. Straßenbäume als auffällige Linien im Landschaftsbild

1. In baumlosen Gegenden, bei Schnee oder Hochwasser sind Straßenbäume eine deutliche Wegemarkierung. Nenne ein Beispiel dafür in deiner Heimat!
2. Das Straßennetz mit seinen Baumreihen bildet einen wesentlichen Zug im Gepräge der Landschaft. Vergleiche daraufhin die verschiedenen Gebiete deiner Heimat!
3. In manchen Gegenden sind die Landstraßen, namentlich solche aus der Zeit Napoleons, nicht am Fuß eines Höhenrückens entlang, sondern oben auf der Erhebung angelegt. Als Straßenbaum hat man die hohe Spitzpappel gepflanzt. Solche Straßenzüge beherrschen geradezu das Landschaftsbild. Gibt es eine solche Straße in deiner Heimat?

8. Windwirkungen an Feld- und Straßenbäumen

1. An offenen Landstraßen, namentlich solchen, die über kahle Höhenrücken führen, sind Stamm und Krone der Bäume nach einer Richtung geneigt.
2. An der Windseite sind Äste und Zweige kurz, an der abgewendeten Seite länger.
   Grund: An der Windseite ist die Verdunstung stärker; im Winter ist hier Glatteis an Stamm und Zweigen; durch den Wind leidet diese Seite unter Zweigbruch. Daher bleibt sie im Wachstum zurück.
3. Auf der Wetterseite sind Stamm und Zweige mit Moosen und Flechten besetzt. Warum?

9. Wasserreiser an Obstbäumen

Obstbäume im Felde werden häufig nicht sonderlich gepflegt. Ein Beweis dafür, daß der Besitzer sich nicht um sie kümmert, sind die zahlreichen Wasserreiser, die aus Stamm und Ästen hervorbrechen. Man sieht es ihnen an, daß sie seit Jahren nicht entfernt wurden. Wie entstehen die Wasserreiser?

Sie brechen aus Knospen hervor, die weit von der Triebspitze zurückstehen, aus sogenannten „schlafenden Augen". Diese stehen wohl noch mit der saftführenden Schicht im Innern des Stammes in Verbindung, doch nur durch eine schwache Zuleitungsbahn. Wenn der Stamm in die Dicke wächst, muß diese Zuleitungsbahn sich strecken. Reißt sie ab, stirbt die Knospe. Die Bahn führt jedoch nicht so viel Saft herbei, daß die Knospe treiben könnte; sie wird nur soeben am Leben erhalten, sie „schläft".

Wenn die Krone sich durch Windbruch lichtet oder wenn Äste herausgesägt werden, wird der aufsteigende Saft nicht ganz verbraucht, er staut sich und tritt dann stärker in die Zuleitungsbahn zu dem schlafenden Auge, das nun „erwacht": es treibt ein Wasserreis. Oft kommen solche Wasserreiser noch aus gebrochenen oder gefällten Stämmen hervor; sie sind dann der letzte Rest des erlöschenden Lebens.

Wasserreiser (Wasserschosse, Wasserloden, Räuber) tragen nur Laubblätter, sie sind unfruchtbare Triebe, entziehen dem Baume zu ihrem eigenen Aufbau die Nahrung und sind daher an Obstbäumen nicht zu dulden.

10. Grüner Belag an Baumstämmen

1. Beobachtung: An Baumstämmen, Bretterwänden, Zaunlatten, Weidepfählen, feuchten Mauern zeigt sich ein dünner, grüner Belag. Oft sieht eine alte Zaunlatte aus, als sei sie mit grüner Farbe angestrichen. Was ist das?
2. Untersuchung: Kratze etwas von dem Belag ab (eine Prise genügt) und untersuche ihn in einem Wassertropfen unter dem Mikroskop. — Die grüne Masse löst sich auf in zahlreiche kleine, grüne Kugeln. — Jede Kugel besteht aus nur einer Zelle. **Algen.** *Pleurocóccus.*
3. Wie entsteht der Belag? Wir sehen ihn bereits an sehr jungen Obstbäumen. Bei trockenem Wetter lockert sich der Belag, der Wind reißt einzelne Algenkugeln aus der Masse heraus, nimmt sie mit und lagert sie überall ab. Gerät eine solche Kugel an einen geeigneten Platz, wo sie genügend Feuchtigkeit hat, so teilt sie sich in zwei Kugeln. Diese beiden Kugeln teilen sich abermals, und wenn die Witterung günstig ist, erfolgen schnell immer weitere Teilungen, so daß die Vermehrung in folgender Weise verläuft: 1, 2, 4, 8, 16, 32, 64, 128, 256, 512, 1024 usw. Der erste Anflug ist mit bloßem

Auge nicht wahrzunehmen, der Erfolg der ersten Teilungen auch noch nicht; sind durch die Teilungen aber erst Tausende von den kleinen Kugeln entstanden, so werden sie als grüne Fläche sichtbar. Bedenke: die erste Alge ist nicht gestorben, sie lebt in ihren Kindern, Enkeln, Urenkeln, Ururenkeln, Urururenkeln usw. usw. fort!

11. Moose an Baumstämmen

In rauher Borke der Feldbäume fängt sich der vom Winde mitgeführte Staub und bildet die Nährschicht für die Mooskeime, die vom Winde darauf geweht werden. Die sich daraus entwickelnden Moose überziehen oft den ganzen Stamm eines alten Feldbaumes.

I. Der Stengel ist einfach oder gabelig

A. Blätter an der Spitze in ein Glashaar ausgezogen (Vergrößerungsglas: das Haar ist gezähnelt). Stengel bis 7 cm hoch, büschelig beastet. **Glashaariges Goldhaar.** *Orthotrichum diáphanum.*

B. Blätter ohne Glashaar.

a) Dunkelgrüne, kleine, lockere, halbkugelige Polster. Blätter rauh, Blattrippe vor der Spitze verschwindend. Stiel der Kapsel kurz, Kapsel oval, länglich, mit deutlichem Hals. Haube (sitzt auf der Kapsel) mit steifen, goldgelben Haaren besetzt. (Daher der Name dieser Moose.) Mehrere Arten. Fruchten im Sommer. **Goldhaar.** *Orthotrichum.*

1. Lebhaft grüne, 1–3 cm hohe, lockere Polster. Stengel büschelästig. Blätter abstehend, verlängert lanzettlich, zugespitzt. Rand bis zur Spitze umgerollt. **Gemeines Goldhaar.** *O. áffine.*

2. Lebhaft grüne, 2–5 cm hohe Polster. Stengel locker beblättert, am Grunde braunfilzig. Blätter abstehend, zurückgekrümmt, bis 4 mm lang, lanzettlich, lang zugespitzt, gekielt, oben gefaltet, Rand bis vor die Spitze stark zurückgerollt. Rippe bis zur Spitze geführt. **Prächtiges Goldhaar.** *O. speciósum.*

b) Rasen breit, hell- oder gelbgrün, bis 2 cm hoch, schwach wurzelhaarig. Blätter trocken kraus, feucht geschlängelt abstehend, lineal lanzettlich, zugespitzt, ganzrandig, oben rinnig, in der Blattmitte zurückgeschlagen. Kapsel zylindrisch, gelbbraun. Fruchtstiel gelb. **Gabelzahn-Perlmoos.** *Dicranow'isia cirráta.*

II. Der Stengel ist durch seitliche Äste einfach oder mehrfach verzweigt, kriechend, aufsteigend oder aufrecht

A. Zweige flach, scheinbar zweizeilig.

a) Blätter zungenförmig.

1. Blätter mit starker Mittelrippe, in der Mitte schwindend. Rasen niederliegend-aufsteigend, blaßgrün oder gelblichgrün, glänzend. Zweige nur etwas gabelästig, etwa 2 mm breit. Fruchtstiel rot. Kapsel länglich, bräunlich; Deckel schief geschnäbelt. **Flachmoos.** *Homális trichomanóides.*

2. Blätter ohne Mittelrippe. Kriechende, platte Rasen mit gefiederten Zweigen, bis 2 mm breit, 5–20 cm lang. Bei mehreren Arten Blätter gerunzelt. **Ringmoos.** *Néckera.*

b) Blätter zugespitzt.

1. Blätter mit Mittelrippe. Rasen grün oder gelbgrün, stark glänzend. Stengel streckenweise dicht fiederig, niederliegend, mit oft breit gedrückten Ästen. Fruchtstiel purpurn, warzig. Kapsel geneigt bis waagrecht, rotbraun. Deckel kegelig. **Gemeines Federmoos.** *Brachythécium rutábulum.*

2. Blätter ohne Mittelrippe (aber meist mit sehr kurzer Doppelrippe an ihrem Grunde). Zweige meist auffällig flachgedrückt. Stengel 1–20 cm lang. **Flachmoos.** *Plagiothécium.*

B. Zweige gerundet.

a) Zweige mit hakig gekrümmter Spitze. Beblätterung einseitswendig.

1. Blätter längsfaltig. Stengel niederliegend bis aufsteigend, bis 10 cm lang. Rasen locker, glänzend, gelblich bis bräunlichgrün. Fruchtstiel bis 3 cm lang, purpurn. Kapsel gelbrot, walzlich, gekrümmt. Deckel orange, mit purpurnem Spitzchen. **Hakiges Schlafmoos.** *Drepanocládus uncinátus.*

2. Blätter faltenlos. Stengel bis 10 cm lang, kräftig bis fadendünn, bald kriechend, bald aufrecht. Rasen flach oder kissenförmig, bleichgrün bis dunkelgrün, glänzend. Blätter meist zweireihig, einseitswendig, sichelförmig bis hakenförmig. Fruchtstiel purpurn. Kapsel geneigt bis aufrecht, walzenförmig, gekrümmt. Deckel geschnäbelt. Formenreiches Moos, gemein. **Zypressenförmiges Schlafmoos.** *Hypnum cupressifórme.*

b) Zweige mit gerader Spitze.

α) Rasen und Blätter völlig glanzlos.

§ Zweige mit meist etwas verdickter, schopfblättriger Spitze. Rasen glanzlos, rauh, grün, braungrün oder gelblichgrün. Stengel kriechend. Kapsel aufrecht. Deckel geschnäbelt. **Trügzahnmoos.** *Anómodon.*

§§ Zweige gleichmäßig. Blätter sehr klein.

1. Kapsel aufrecht und gerade. Rasen zart, schmutziggrün oder bräunlichgrün, niedergedrückt, verworren. Stengel bis 10 cm lang, bei der anderen Art 2–4 cm lang. **Leske.** *Léskea.*

2. Kapsel etwas gekrümmt. Rasen zart und weich, niedergedrückt, hell gelbgrün. Stengel und Äste schlank, haardünn, meist hin und her gebogen, bis 6 cm lang. Blätter sehr klein, locker gestellt, feucht abstehend, lanzettlich, zugespitzt. Kapsel dünn und lang, meist gekrümmt. Deckel kegelig, stumpf, mit roter Warze. **Kriechendes Pfeifenkopfmoos.** *Amblystégium serpens.*

β) Rasen und Blätter wenig glänzend.

1. Blätter ohne Rippe. Lockere, dicke, dunkelgrüne, trocken schwarzgrüne, fast glanzlose Polster. Stengel kriechend mit schwänzchenförmig aufgebogenen Ästen. Kapsel eiförmig, schwarzbraun. Mundbesatz fast weißlich. **Weißzahnmoos.** *Léucodon sciuroídes.*

2. Blätter mit Rippe und mehreren kürzeren Nebenrippen. Rasen kräftig, locker, starr, gelblichgrün oder bräunlichgrün, wenig glänzend. Stengel kriechend, etwa 10 cm lang, mit fiederästiger Verzweigung. Blätter stark längsfaltig, mit umgeschlagenem Rande. Kapsel eiförmig, hell braunrot. Mundbesatz weißlich, nach der Entdecklung hängend. **Hängemoos.** *Antitríchia curtipéndula.*

γ) Rasen und Blätter deutlich glänzend. Blätter meist mit Mittelrippe. Kapsel meist geneigt und etwas gekrümmt.

§ Zweige mit glattknospig geschlossener und dünner Spitze. Blätter bauchig gedunsen, blaßgrün. Stengel kriechend, wurzelhaarig. Ästchen aufsteigend, oben büschelig oder bäumchenartig verzweigt. Kapsel aufrecht (nicht gekrümmt), rotbraun. Deckel kegelig, geschnäbelt. **Mäuschenschwanz.** *Isothécium vivíparum.*

§§ Zweige mit gelöster Spitze. Blätter ziemlich flach.

\+ Blattrippe nicht vorhanden. Zweigenden meist hakenförmig gekrümmt. Siehe oben unter II B. **Zypressenförmiges Schlafmoos.**

++ Blattrippe vorhanden.

1. Rasen sehr zart. Kapseln sehr schlank: 4–8 mal so lang wie breit, wenig geneigt. Siehe oben unter II B b. **Kriechendes Pfeifenkopfmoos.**

2. Rasen mehr oder weniger derb. Kapseln 2–3 mal so lang wie breit, fast waagrecht. Fruchtstiel warzig-rauh. Stengel kriechend. Rippe des Blattes gewöhnlich an der Spitze austretend. **Federmoos.** *Brachythécium.*

δ) Rasen und Blätter stark glänzend.

1. Stengel kriechend, bis 5 cm lang, reichlich wurzelnd, durch kurze aufsteigende Äste mehr oder weniger regelmäßig gefiedert. Rasen niedrig, meist locker, gelblichgrün bis dunkelgrün, seidenglänzend. Fruchtstiel purpurn. Kapsel aufrecht, zylindrisch, rotbraun. Deckel kegelig. **Pylaie.** *Pyláiea polyántha.*

2. Stengel kriechend, bis 8 cm lang, unregelmäßig gefiedert. Rasen flach, gelblichgrün, seidenglänzend. Fruchtstiel glatt oder unten etwas rauh. Kapsel aufrecht, länglich zylindrisch, gerade oder etwas gebogen. Deckel schief geschnäbelt. **Seidenmoos.** *Camptothécium sericeum.*

B. Tierleben

1. Wie mußt du dich im Winter auf einem Feldbegang verhalten, wenn du etwas beobachten willst?

Wenn du im Sommer durch das Feld gehst, hast du sehr viel Deckung — die Tiere aber auch. Du triffst daher meist nur zufällig auf ein Tier. Im Winter habt ihr beide keine Deckung, weder du noch das Tier. Wenn du jetzt Tiere beobachten willst, mußt du noch planmäßiger vorgehen als im Sommer.

1. Überschaue die weiten, kahlen Saatfelder! Die Tiere haben hier keine Deckung und bemerken dich oft viel früher als du sie. Saatgänse, die hier weiden, stellen Wachen aus, die dich bereits aus einer Entfernung von mehr als 1 km sehen. Wenn du sie in der Nähe beob-

achten willst, mußt du versuchen, sie unter Deckung anzuschleichen; doch es wird dir kaum gelingen, denn die wachsamen und klugen Gänse lieben eine weite Sicht. Nimm daher ein Fernglas mit!

2. Gehe gegen den Wind über das Feld! Rehe, Hasen, Füchse haben eine feine Nase und ein scharfes Gehör.

3. Achte auf die Weidenpfähle, ob große Vögel darauf sitzen: Bussard, Krähen, Elstern, großer Würger . . .

4. Achte auf hohe Grenzsteine, ob Tiere darauf sitzen oder sich daneben aufhalten: Bussard, Wiesel, Fuchs . . .

5. Vergiß die Telegrafenstangen und die Starkstromleitungen nicht: der große Würger hält sich hier gern auf.

6. Versäume nicht, den langen Ackerrain mit den Augen abzusuchen: es könnte ein Fuchs daran entlang schleichen, hier halten sich die Wiesel gern auf, die Rebhühner finden hier Schutz, Kleinvögel suchen hier nach Futter . . .

7. Nachdem du zunächst diese offenen Stellen in der Gemarkung abgesucht hast, achte auf Hecken und hohe Feldbäume, wo die Tiere Deckung haben und nicht so früh flüchten wie die Tiere ohne Deckung.

8. Erst wenn du die offene Gemarkung in dieser Weise überprüft hast, darfst du deinen Feldbegang antreten. Richte dabei deinen Blick aufmerksam vorwärts! Vergiß nicht, ab und zu den Himmel abzusuchen, und noch eins — schaue dich von Zeit zu Zeit um! Du wirst oft überrascht sein über das, was hinter dir vor sich geht.

2. Tierspuren im Schnee

Tierspuren im Schnee erregen in hervorragender Weise unsere Aufmerksamkeit. Sie sind die Schriftzeichen auf einem Blatt des Buches der Natur. Jede Spur stellt uns eine Frage, oft auch mehrere: Wer war hier? Wie heiße ich? Wohin wollte ich? Woher kam ich? Wer verfolgte mich? Wen verfolgte ich? Hatte ich Eile? Hatte ich Zeit? War ich gesund oder krank? War ich jung oder alt? War ich ein männliches oder ein weibliches Tier? War ich ein einheimisches Tier oder ein Wintergast?

Fast jede Spur erzählt eine Geschichte: eine alltägliche oder eine außerordentliche, eine heitere oder eine ernste, oft eine schaurige.

Um die Spuren deuten zu können, muß man zunächst wissen, welche Tiere sich im Winter auf freiem Felde aufhalten. Es sind die folgenden:

A. Säugetiere.
   a) Haustiere, die aufs Feld hinauslaufen: Hund, Katze.
   b) Feldtiere: Reh, Fuchs, Iltis, großes Wiesel, kleines Wiesel, Mäuse.

B. Vögel.
   a) Hausgeflügel: Gans, Hahn, Huhn, Taube.
   b) Feldvögel: Bussarde, Falken, Raben, Dohle, Elster, Saatgans, Rebhuhn, Fasan, Feldlerche, Haubenlerche, Finken, Sperlinge, Ammern.

3. Welches Tier hinterließ diese Fußspur — der Hund oder der Fuchs?

Hund und Fuchs sind verwandte Tiere. Sie haben sehr ähnliche Trittsiegel, die schwer zu unterscheiden sind. Das Trittsiegel eines großen Hundes ist sogleich als solches zu erkennen, das des Fuchses ist viel kleiner. Sind Hundepfote und Fuchspfote jedoch von gleicher Stärke, so sind ihre Trittsiegel schwer zu unterscheiden.

Beachte!

1. Beide Trittsiegel haben vier Zehenballen und vor jedem Ballen einen Nagelabdruck. Gut ansehen!

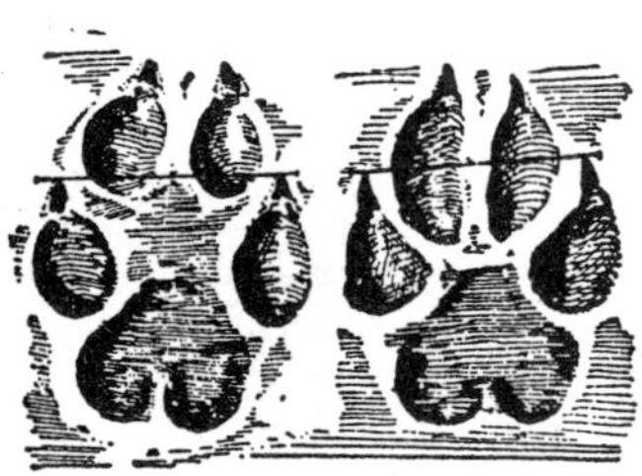

Fuchs. Hund.

2. Verbinde die Nagelabdrücke der beiden Außenzehen durch eine gerade Linie, indem du ein Streichholz quer hindurchlegst.
   a) Bei dem Trittsiegel des Hundes schneidet diese Linie die beiden Mittelballen.
   b) Bei dem Trittsiegel des Fuchses verläuft sie hinter den beiden Mittelballen.

4. Ein kleines, schlankes Tier läuft in Bogensprüngen über das Feld — ein Wiesel

Beobachtungen:

1. Im Winter sind die Wiesel leicht zu beobachten, wenn sie in Bogensprüngen über ein kahles Feld hinweglaufen.
   a) Das große Wiesel ist sofort an seinem weißen Winterpelz zu

erkennen. Die Schwanzspitze ist schwarz!

b) Das kleine Wiesel ist im Winter nur selten weiß gefärbt, es behält die Farbe seines Sommerkleides.

2. Beide Wiesel halten sich gern an Feldhecken auf. Denke daran, wenn du auf eine Hecke zugehst.
3. Beide Wiesel halten sich auch gern am Ufer der Gewässer auf.
4. Wenn du ein Wiesel siehst, gehe ihm nach und versuche festzustellen, was es treibt. Vielleicht hast du Glück und erlebst eine Überraschung.

Bestimmung:

1. Körperlänge bis 28 cm, Schwanz bis 6 cm. Körper weiß, Schwanzspitze schwarz. **Großes Wiesel, Hermelin.** *Mustéla ermínea.*
2. Körperlänge bis 17 cm, Schwanz bis 4 cm. Oberseite braunrot, Unterseite weiß. (Im Winter selten weiß.) **Kleines Wiesel, Heermännchen.** *Mustéla nivális.*

5. Wie der Hase sein Lager anlegt

(Ein Beispiel für bewußtes Wandern)

Beobachtungen:

1. Wer querfeldein geht, stößt gelegentlich auf einen Hasen im Lager. Man hätte fast den Fuß daraufgesetzt. Der Hase jedoch bleibt im „Pott“ sitzen und drückt sich fest an den Boden. Die graubraune Farbe seines Felles ist der Bodenfarbe gut angepaßt. Er weiß aus vielfacher Erfahrung, daß er in den meisten Fällen vor Gefahr geschützt ist, wenn er sitzenbleibt. Erst im letzten Augenblick „geht er hoch“.
2. Stelle am Hasenlager fest:

   a) Liegt es frei oder liegt es hinter Erdschollen oder Misthaufen gegen den Wind geschützt? (In dem kalten Winter 1928/29 fand ich auch bei sehr starkem Frost unter zahlreichen Lagern nicht ein einziges hinter Erd- oder Misthaufen.)

   b) Oft jedoch ist das Lager an Baumstämme oder Buschwerk angelehnt.

c) Das Lager liegt stets so, daß der Hase freien Absprung hat. Wenn möglich, liegt es hinter einer Bodenwelle, hinter der er beim Absprung verschwindet. Er nutzt das Gelände aus.

d) Das Lager ist an einem Ende breit, am andern schmal, am einen Ende tief, am andern flach. Wie sitzt der Hase darin?

e) Wie steht das Lager zur Windrichtung? Stößt der Wind seitlich, von vorn oder von hinten auf das Lager? (Überlege: Haare nach hinten gerichtet, ebenso die Federn der Vögel. Käme der Wind von hinten, so würde er in das Fell oder in das Gefieder hinein blasen und den Körper stark abkühlen.)

f) Der Hase setzt sich möglichst tief ins Lager, damit der Wind über ihn hinweg streicht und keine oder doch nur möglichst wenig Witterung mitnimmt (Fuchs!). Es kommt vor, daß er im Wind hoch liegt, im Sturm jedoch liegt er stets tief.

g) Die Löffel sind angelegt und nach hinten gerichtet.

Überlegungen:

1. Wollte der Hase sich vor dem Winde schützen, so könnte er sein Lager hinter einem hinreichend hohen Erdhaufen anlegen. Es wären dann drei Fälle möglich: Lager I, Lager II, Lager III.

2. Die Sinne des Hasen:

a) Der Hase ist ein „Ohrentier", d. h. von allen Sinnesorganen ist das Gehör am besten ausgebildet. Die Gehörgänge sind nach hinten gerichtet, er hört also nach hinten am schärfsten (Abb. *Hö*). Vergleiche: Iltis – Hase!

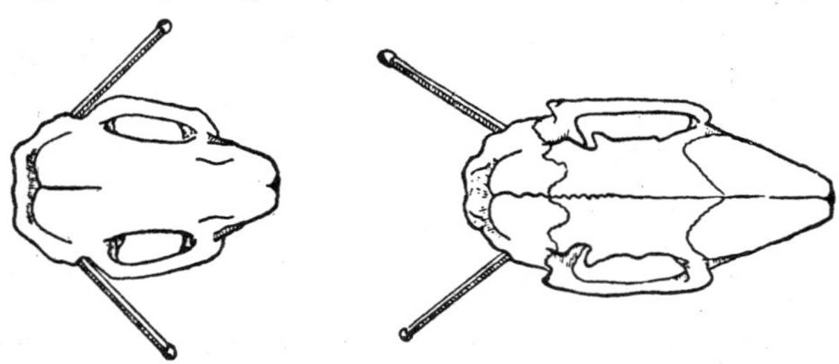

Iltis. Hase.

b) Auch der Geruchssinn ist gut. Der Hase „wittert“ seinen Feind schon von weitem. Dazu ist notwendig, daß der Wind von vorn kommt (Abb. *Wi*).

c) Der Gesichtssinn ist am schwächsten ausgebildet. Die Augen sind seitwärts gestellt und haben große Sehfelder, die sich vorn überschneiden (Abb. *Se*).

d) Die Sinnesfelder verteilen sich etwa so, wie die Abbildung zeigt. Der Hase ist von diesem Sinnes-Schutzmantel (Abb. *Si*) umgeben. Die Sicherung ist jedoch nicht überall gleichmäßig, die Sehfelder sind am schwächsten.

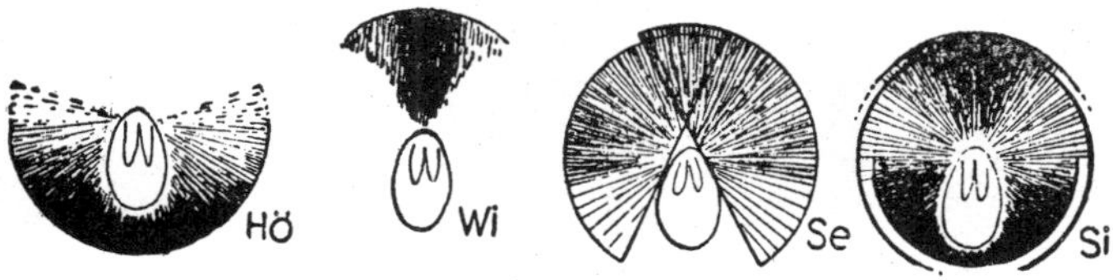

3. Man lege den Sinnes-Schutzmantel um den Hasen in Lager I, II und III.
   a) Wieviel Witterung erhält er in jedem Lager?
   b) Wie groß ist sein Hörfeld?
   c) Wie groß ist sein Sehfeld?

Ergebnis:

Der Hase verliert hinter einem warmen Erdhaufen so viel an Sicherheit, daß er sein Lager lieber im freien Felde anlegt.

6. Wie man unsere Raubvögel im Winter im Fluge erkennt

Wer unsere Raubvögel nicht kennt oder nicht sicher kennt, beginne mit den Beobachtungen im Winter, weil dann nur wenige Arten vorhanden sind. Auf dieser im Winter erworbenen Grundlage kann man dann vom Vorfrühling ab weiterbauen, wenn die abgewanderten Raubvögel zurückkehren.

Unsere häufigsten Raubvögel des Inlandes

Drei Bussarde: Mäusebussard — Rauhfußbussard — Wespenbussard.
Zwei Habichte: Habicht — Sperber.

Zwei Milane: Roter Milan — Schwarzer Milan.
Vier Falken: Turmfalk — Wanderfalk — Baumfalk — Merlin.
Drei Weihen: Rohrweihe — Kornweihe — Wiesenweihe.

Welche Raubvögel sind im Winter da?

Zwei Bussarde: Mäusebussard — Rauhfußbussard.
Zwei Habichte: Habicht — Sperber.
Drei Falken: Turmfalk — Wanderfalk — Merlin.

Wie unterscheiden sich Bussarde — Habichte — Falken?

Flugbild der Bussarde: Flügel breit — Schwanz breit.
Flugbild der Habichte: Flügel breit — Schwanz lang und schmal.
Flugbild der Falken: Flügel lang und spitz — Schwanz lang.

Wie unterscheiden sich Mäusebussard und Rauhfußbussard?

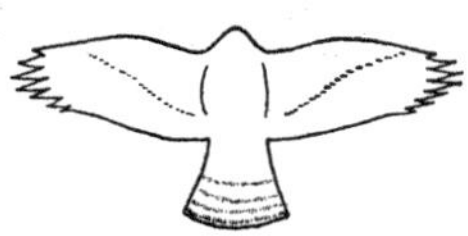

a) Beide sind zum Verwechseln ähnlich: Größe fast gleich — beide haben breite Flügel und breiten Schwanz — beide haben versteckten Kopf — beide rütteln im Fluge, doch der Rauhfuß häufiger.

b) Unterschiede: Mauser an der Unterseite matter gefärbt — Rauhfuß auf der Unterseite lebhafter gefärbt, Schwanz am Grundeweiß. Unter dem Flügel vorn am Daumengelenk ein großer dunkelbrauner Fleck!!! Mauser ruft sein hohes, langgedehntes „Hiäh" auch im Fluge — Rauhfuß ruft gerade so, jedoch nicht im Fluge.

Wie unterscheiden sich die beiden Habichte?

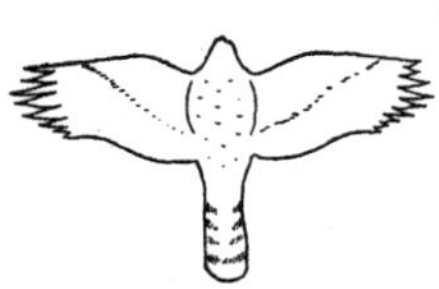

a) Habicht: Großer Vogel, Schwanz lang (mit 4 dunklen Binden), Flügel kurz, breit und stumpf. — Sehr fluggewandt, Flug oft niedrig und schußweise, dabei Nacken eingezogen. Im Fluge läuft der Schwanz nach der Spitze meist schmäler zu.

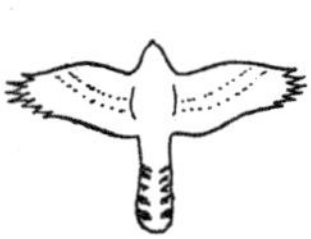

b) Sperber: Kleiner Raubvogel. Flugbild wie bei Habicht, nur wesentlich kleiner. Flug ungestüm, sehr schnell und reißend, oft dicht über der Erde hin.

Wie unterscheiden sich die drei Falken?

	Wanderfalk	Turmfalk	Merlin
Größe	Krähengröße	Dohlengröße	über Amselgröße
Flügel	lang und spitz	lang und spitz	lang und spitz
Schwanz	hinten gerundet	lang und schmal	hinten gerundet
Rütteln	nein	ja	nein
Farbe	Backen schwarz-weiß! (Auch im Fluge zu sehen.)	Schwanz mit dunkler, weißgesäumter Endbinde!	Schwanz mit schwarzer Endbinde.

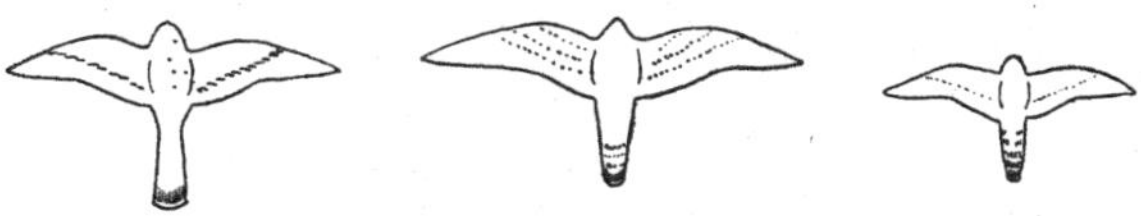

7. Wir finden einen toten Raubvogel

In sehr strengen Wintern und bei hohem Schnee leiden die überwinternden Raubvögel Not. Auf einem Feldbegang finden wir gelegentlich einen verhungerten Raubvogel und möchten wissen, wie er heißt.

Kennzeichen: Raubvögel haben einen abwärts gekrümmten Oberschnabel mit hakig übergreifender Spitze; die Nasenlöcher sind von einer Wachshaut umgeben; die Krallen sind stark, sehr spitz und gekrümmt.

Bestimme!

I. Die Befiederung der Beine reicht bis an die Zehenwurzel (Z). Körperlänge bis 60 cm. Gefieder wie beim Mäusebussard, sehr abändernd. Schwanz am Ende mit einer dunklen Binde, bei älteren mit mehreren. Nasenlöcher waagrecht. **Rauhfußbussard.**
Iris nußbraun. (Wintergast.) *Archibúteo lagópus.*

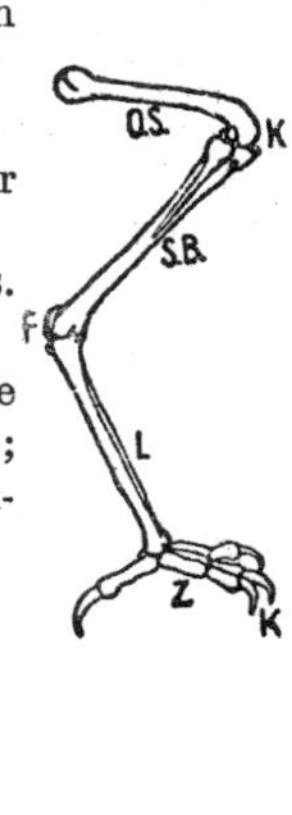

II. Die Befiederung der Beine reicht bis an das Fersengelenk (F). Der Lauf (L) ist fast ganz frei.

A. Die Flügelspitzen reichen nur bis zur Mitte des Schwanzes. Iris gelb. **Habichte.**

1. Körperlänge bis 40 cm. Oberseite schiefergrau, Unterseite weiß, dunkle Querwellen (Männchen: Querwellen braun; Weibchen: Querwellen schwarzgrau), Schwanz mit 5 dunklen Querbinden. **Sperber.**
Accipiter nisus.

2. Körperlänge über 50 cm. Alterskleid wie beim Sperber. Jugendkleid: Unterseite hell-gelbbraun mit dunklen Längsflecken. **Habicht.** *Accipiter gentilis.*

B. Die Flügelspitzen reichen bis an das Ende des Schwanzes.

a) Schnabel mit scharfem Zahn (Ausbuchtung im vorderen Teil des oberen Schnabelrandes). Iris braun. Füße und Wachshaut gelb. **Falken.**

α) Körperlänge über 40 cm.
Oberseite dunkelbraun, im Alter schieferblau. Unterseite hell mit dunklen Querwellen. Auf den weißen Wangen ein dunkler Backenstreif! **Wanderfalk.** *Falco peregrinus.*

β) Körperlänge unter 40 cm.

1. Oberseite rostrot mit schwarzgrauen Flecken. Unterseite gelbbraun mit rötlichem Anflug und dunklen Längsflecken. Oberkopf, Oberhals und Schwanz aschgrau. Unterseite der Flügel hell mit dunklen Querbinden. Schwanz mit einer breiten, dunklen, aber weißgesäumten Endbinde. **Rüttelfalk, Turmfalk.** *Falco tinnúnculus.*
2. Oberseite aschblau mit schwarzen Schaftstrichen. Unterseite rostgelb mit dunklen Längsflecken. Kehle weiß. Schwingen schwarz. Schwanz mit schwarzer Endbinde, weiß gesäumt. **Merlin.** *Falco régulus.*

b) Schnabel ohne scharfen Zahn. Lauf nicht befiedert.

1. Schwanz mit 10–12 schmalen, dunklen Querbinden. Färbung sehr veränderlich. Oberseite dunkelbraun. Unterseite braun mit hellen Querflecken oder hell mit dunklen Querbinden oder auch fast rein weiß. Iris braun, grau oder gelb. Körperlänge über ½ m. Spannweite der Flügel bis 1,30 m. **Mäusebussard.** *Búteo búteo.*
2. Schwanz mit 3–5 dunklen Binden. Oberseite blaugrau. Unterseite grau bis weiß. Körperlänge unter ½ m. **Kornweihe.** *Circus cyáneus.*

8. Wie hoch fliegt der Mäusebussard?

Unsere einheimischen Mäusebussarde bleiben im Winter bei uns und schreiten schon im März zur Brut. Vorher, also schon gegen Ausgang des Winters, treiben sie hoch in den Lüften ihre Flugspiele, oft so hoch, daß die großen Vögel dem Auge nur noch als dunkle Punkte erscheinen. Wie hoch fliegen die Bussarde dann?

Das Flugbild

Länge des ganzen Körpers	50 cm
Spannweite der Flügel	120 cm
Länge des Schwanzes	20 cm
a–b (Körperlänge)	2,5 cm
c–d (Spannweite)	6,0 cm
s–b (Schwanzlänge)	1,0 cm

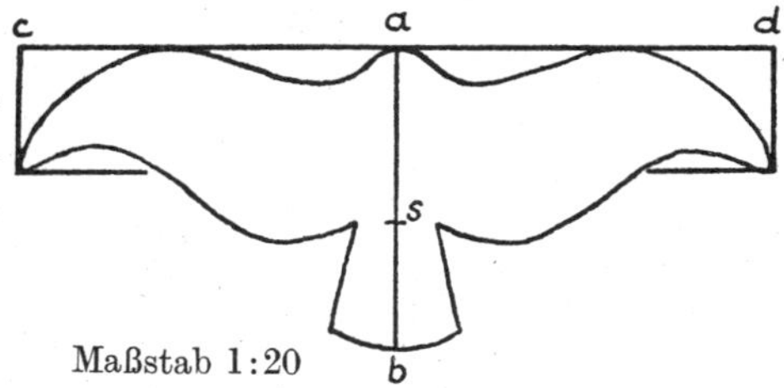

Du kannst die Flughöhe messen

1. Besorge dir eine dünne Holzplatte von 120 cm Länge und 50 cm Breite. Zeichne das Profil des Bussards hinein, säge es heraus und befestige es an einer langen Stange.
2. Bei der nun folgenden Messung muß dir dein Freund helfen. — Er stellt sich mit dem Flugbild auf die Kuppe einer Anhöhe und hält es so hoch, daß es sich deutlich gegen den klaren Himmel abhebt. Du gehst den Abhang hinab ins Tal und stellst fest, in welcher Entfernung das Flugbild vor dem Himmel als Punkt verschwindet. Sodann meßt ihr diese Strecke mit einem Bandmaß. — Ergebnis?

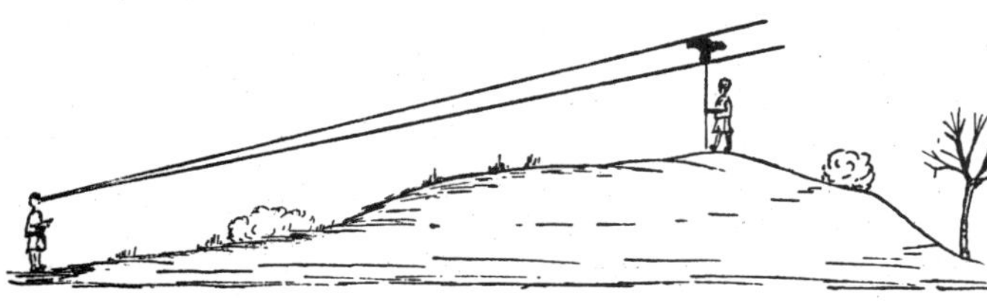

Ein Forscher hat die Flughöhen gemessen

Um die letzte Jahrhundertwende hat ein deutscher Forscher die Flughöhe mehrerer Vögel gemessen. Er befestigte die ausgestopften Vögel mit den ausgebreiteten Flügeln derart an einem aufsteigenden Fesselballon, daß das Flugbild vom Erdboden aus sichtbar war.

Bussard:	nur noch als Punkt sichtbar in	1500 m Höhe
	nicht mehr sichtbar in mehr als	1500 m Höhe

Saatkrähe:	nur noch als Punkt sichtbar in	800 m Höhe
	nicht mehr sichtbar in	1000 m Höhe
Sperber:	nur noch als Punkt sichtbar in	640 m Höhe
	nicht mehr sichtbar in	850 m Höhe

Übe das Entfernungsschätzen!

Stelle das ausgeschnittene Flugbild auf einer Anhöhe so auf, daß es sich möglichst hoch gegen den Himmel abhebt. Betrachte es in Abständen von 100 m, 200 m, 300 m usw. Das Flugbild wird von 100 zu 100 m kleiner. Präge dir die Größen in 500 m und 1000 m Entfernung ein; wenn du die Größe dieser beiden Flugbilder einigermaßen deutlich im Gedächtnis hast, kannst du die Zwischenhöhen schätzen.

Für eine Wiederholung dieser Aufgabe bei einer Feldlerche benutze als Maße für die Körperlänge 17 cm, für die Spannweite 35 cm und für die Schwanzlänge 7 cm.

9. Wie man die Kleinvögel des Feldes am Fluge erkennt

I. Die Vögel fliegen einzeln über das Feld

1. Flugbahn mit langen weiten Bogenlinien.
   Kräftig ausholender Flügelschlag; Flug reißend schnell.
   Fluglaute: trieh oder tiditrieh.
   Schwanz weiß gesäumt! Körper schlank; größer als Sperling. — **Feldlerche.** *Aláuda arvénsis.*
2. Flugbahn mit langen tiefen Bogenlinien.
   Fluglaute: ziziss oder zütit.
   Vogel sehr schlank, mit langem Schwanz! — **Weiße Bachstelze.** *Motacilla álba.*

II. Die Vögel fliegen in Scharen über das Feld

Vom Spätherbst den ganzen Winter hindurch bis in den Frühling hinein streichen Finken, Ammern und Sperlinge in kleineren oder größeren Scharen durch die Gemarkung. Sie suchen Stoppelfelder, Grabenränder, Feldwege und Landstraßen nach Nahrung ab. Bei strenger

Kälte und hohem Schnee kommen sie in die Dörfer bis vor das Scheunentor. Oft sind die Schwärme rein, ebenso häufig aber auch gemischt.

A. Flugbahn mit sehr flachen Bogen.

Flügelschlag schwirrend; Flug schwerfällig und geradeaus gerichtet; die einzelnen Vögel halten gut Abstand.

1. Fluglaute: djieb djieb.
   Eine weiße Flügelbinde! — **Haussperling.** *Passer domésticus.*
2. Fluglaute: kurze ge ge oder teck oder gä.
   Zwei weiße Flügelbinden, Kopfplatte rostrot! — **Feldsperling.** *Passer montánus.*

B. Flugbahn mit mittellangen, kräftig ziehenden Bogen.

a) Der Vogel fliegt mit gefächertem Schwanz.

1. Fluglaute: zitz zürr oder zitz zärr.
   Kopf, Hals und Unterseite gelb. — **Goldammer.** *Emberiza citrinélla.*
2. Fluglaute: geckgeckgeck oder gegege.
   Flug schnell; Flugbahn in großen Schlangenlinien.
   Roter Scheitel und rote Brust des Männchens im Winter grau. Flügel und Schwanz weiß gesäumt. (Abb.) — **Bluthänfling.** *Carduélis cannábina.*

b) Der Vogel fliegt mit ungefächertem Schwanz.

1. Fluglaute: jüb jüb, weich.
   Zwei weiße Flügelbinden! — **Buchfink.** *Fringílla cóelebs.*
2. Fluglaute: didlit didlit.
   Unser buntester Kleinvogel: schwarz-weiß-rot-gelb.
   Trupps von 10 bis 20 Stück fliegen im Winter auf freiem Felde gewöhnlich niedrig, oft dicht über dem Erdboden. — **Distelfink, Stieglitz.** *Carduélis carduélis.*

10. Wie man die Kleinvögel des Feldes am Gange erkennt

I. Beobachte auf einem Bauernhofe:

1. Gehen, laufen: Weite Schritte, Fußtritte hintereinander. **Huhn.**
2. Trippeln: Kurze Schritte, Fußtritte hintereinander. **Taube.**
3. Hüpfen: Kurze oder weitere Sätze, Fußtritte nebeneinander. **Sperling.**

II. Beobachte im Felde:

A. Laufen.

1. Schneller Lauf. Gefieder lerchenfarbig. Kopf mit spitzer Federhaube! (Abb.) **Haubenlerche.** *Galerida cristáta.*

2. Schneller Lauf. Lerchenfarbe. Schwanz weiß gesäumt! **Feldlerche.** *Aláuda arvénsis.*
3. Schneller Lauf. Gefieder schwarzweiß. Langer Schwanz! **Weiße Bachstelze.** *Motacilla alba.*

B. Trippeln.

Kopf graublau, Rücken rötlichbraun, Unterseite braunrot. Flügel mit 2 weißen Binden! **Buchfink.** *Fringilla coelebs.*

C. Hüpfen.

1. Schnell. Gefieder grau. **Sperlinge.**
2. Schnell. Gefieder recht bunt. **Stieglitz.**
3. Schnell, mit Schwanzzucken! Gefieder gelblich. **Goldammer.**

11. Kleinvögel halten sich an hochstengeligen, dürren Pflanzen auf

Über die verschneiten Felder schleicht der Hunger heran. Aufgeplustert sitzen die Krähen im kahlen Geäst eines Feldbaumes, hier und da kauert eine alte Saatkrähe hinter einem schützenden Strauch oder hinter einer Hecke. Auf dem Pfosten einer Weideeinfassung hockt regungslos ein Bussard. Es scheint, als hätten sie alle Hoffnung aufgegeben, in der nahrungsleeren Gemarkung den nagenden Hunger noch stillen zu können. In Wirklichkeit spähen sie voll höchster Aufmerksamkeit nach Beute.

Die Kleinvögel des Feldes leiden weniger Not. An Ackerrainen und Wegrändern ragen überall die vorjährigen Fruchtstände der Wegericharten, Flockenblumen, Johanniskräuter, Disteln, Ampferarten und anderer hochstengeliger Pflanzen über die Schneedecke hinaus

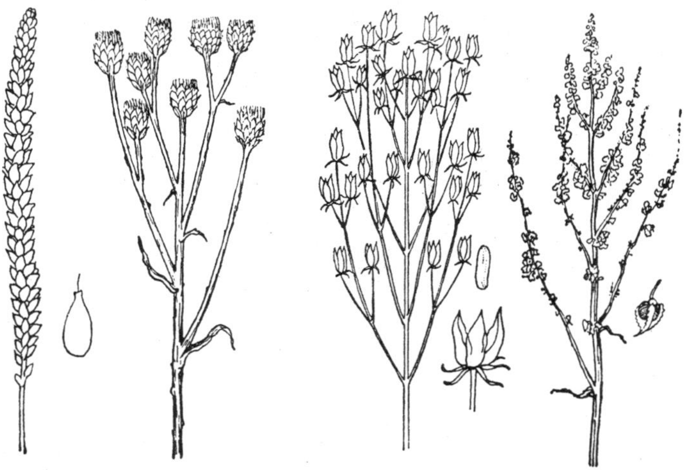

Hier sind die Futterplätze, die immer wieder von den Kleinvögeln aufgesucht werden. Untersuchen wir die Fruchtstände dieser Pflanzen, so stellen wir fest, daß manche bereits völlig leergefressen sind, andere aber noch in voller Tracht stehen. Wo ein Schwarm Kleinvögel sich gesättigt hat, liegt der Samen überall verstreut umher — Sorgfalt und Sparsamkeit an der jetzt so kärglich besetzten Tafel kennt das kleine, sorglose Völkchen nicht.

12. Die Speisekarte des Distelfinken im Winter

In den Büchern über Vogelkunde wird die Speisekarte jeder Vogelart mitgeteilt. Woher weiß man, was der Vogel frißt? Antwort: Aus sorgfältigen Beobachtungen.

Der Distelfink ist leicht zu beobachten. Stelle fest, wovon er sich ernährt!

Erkennungsmerkmale

Größe: Kleiner und schlanker als Sperling.

Färbung: Kopf rot-weiß-schwarz. Flügel schwarz, mit einem breiten gelben Band.

Wesen: Lebhaft. Sitzt gern auf hohen Baumspitzen. Hält sich aber nicht lange an einem Platz auf.

Stimme: Lockruf ein hastiges, oft wiederholtes „Digelitt digelitt“. Auch im Fluge zu hören.

Beobachtungen im August

Von August ab kann man die Distelfinken auffällig viel in den Kronen der Birken sehen. Warum? Dann sind die Birkensamen reif.

Beobachtungen ab Oktober

Von Oktober ab halten sich die Distelfinken viel in den Kronen der Erlen auf. Warum? In diesem Monat reifen die Erlensamen.

Beobachtungen im Winter

1. Birken und Erlen werden auch im Winter gern angeflogen, so lange noch Samen vorhanden sind.

2. An Ackerrainen, Hecken, Waldrändern und im Ufergebüsch der Gewässer kann man im Winter oft kleine Trupps Distelfinken sehen. Warum? Das sind die Plätze, wo hohe Disteln stehen, deren Samen von den Finken mit Vorliebe genommen werden.
3. Oft sieht man ein Pärchen oder einen Trupp Distelfinken auf einem grünen Acker. Sie suchen hier kurze Zeit nach Futter, fliegen der nahen Hecke zu oder auf einen Feldbaum und lassen sich bald wieder auf dem Acker nieder. Man sieht deutlich, daß sie hier fressen. Was fressen sie? Schau nach! — Die Knospen der Vogelmiere.

13. Wie man die großen Vögel des Feldes an ihren Geläufen erkennt

I. Die Trittsiegel stehen hintereinander: die Vögel gehen, schreiten, trippeln, laufen.

A. Im Trittsiegel ist der Vorderrand der Schwimmhaut mit abgedrückt. Größe: etwa so groß wie das der Hausgans. Die Vögel haben an der Saat gefressen! Gänsekot! Nordischer Wintergast. (S. 40) **Saatgans.** *Anser fabális.*

B. Trittsiegel ohne Abdruck einer Schwimmhaut.

a) Alle 4 Zehenabdrücke ziemlich gleich lang: 3 vorn, 1 hinten.

α) Schritte weit: die Vögel schreiten.

1. Größere Trittsiegel. **Rabenkrähe u. Saatkrähe.**
2. Kleinere Trittsiegel. **Dohle u. Elster.**

β) Schritte eng.

1. Zehenabdrücke sehr schmal. **Star.**
2. Zehenabdrücke breiter. **Haustaube.**

b) Die 3 vorderen Zehenabdrücke lang, der hintere sehr kurz (Hinterzehe sitzt hoch). **Rebhuhn.** So wie bei Haushuhn, aber kleiner. *Perdix perdix.*

c) Nur 3 Zehenabdrücke nach vorn, nach hinten keiner. Trittsiegel sehr groß, Schritte sehr weit. Im Winter besonders auf großen Rapsfeldern. Auf weitem Ackergelände Ostdeutschlands. **Großtrappe.** *Otis tárda.*

II. Die Trittsiegel stehen nebeneinander: die Vögel hüpfen.

A. 3 Zehenabdrücke stehen nach vorn, 1 Abdruck nach hinten.

1. Große Trittsiegel. Große Sätze. Da die Vögel dabei meist ihre Schwingen zu Hilfe nehmen, entstehen neben den Trittsiegeln häufig Wischer im Schnee. **Raubvögel.**
2. Kleinere Trittsiegel, aber meist in großen Sätzen. **Eichelhäher.**

B. 2 Zehenabdrücke stehen nach vorn, 2 nach hinten. Breitspurig und in weiten Sätzen. In der Nähe eines Waldes oder Landstraße, die Vögel sind ein Stück aufs Feld hinausgeflogen. **Grauspecht und Grünspecht.**

Beobachte: Wohin führen die Geläufe? Woher kommen sie? Hat der Vogel seine vermutliche Absicht erreicht oder nicht? Sind Blutspuren im Schnee zu sehen? Hat ein Kampf stattgefunden? Sind Überreste des Beutetieres zurückgeblieben? Ist aus dem Ende des

Geläufes zu erkennen, weshalb der Vogel aufflog? Ist aus dem Beginn des Geläufes zu erkennen, weshalb der Vogel sich auf den Erdboden niederließ?

14. Wie man die Kleinvögel des Feldes an ihren Geläufen erkennt

Wer die Kleinvögel an ihrer Gangart erkennt, kann ihr Geläufe leicht deuten.

A. Die Trittsiegel stehen hintereinander. — Sie stammen von Vögeln, die gehen oder laufen, die sich nach jedem Flug auf einer ebenen Fläche (Erdboden, Hausdach) niederlassen, niemals aber auf Zweigen oder Drähten. — Bodenvögel.

1. Im Trittsiegel der Abdruck der sehr langen Hinterzehe. Hält sich gern an Straßen und in Ortschaften auf. Standvogel. **Haubenlerche.** *Galerída cristáta.*
2. Ebensolche Trittsiegel. Beide Vögel bleiben nur in milden Wintern und vereinzelt bei uns. Zugvögel.

Feldlerche und **Weiße Bachstelze.**
Aláuda arvénsis. *Motacílla álba.*

B. Die Trittsiegel stehen nebeneinander. — Sie stammen von Vögeln, die hüpfen und gewohnt sind, sich auf Zweigen niederzulassen und dabei mit beiden Füßen zugleich zugreifen müssen. — Baumvögel. **Ammern, Sperlinge, Finken.**

15. Wischer im Schnee

Eine Krähe hat auf einem Bauernhof einen Knochen gefunden und ihn mitgenommen. Mitten im Felde mußte sie ihn fallen lassen. Da lag er nun, als dunkler Punkt auf der weißen Schneefläche weithin sichtbar. Hungrige Krähen kamen von allen Seiten herbei. Die eine sah aus der Ferne, wie die andere sich niederließ. Bald stritt sich ein Dutzend und mehr um den einen fleischlosen Knochen. Beim Anflug ließen die Vorsichtigen sich in einiger Entfernung nieder und schritten das letzte Wegstück durch den lockeren Schnee. Die Draufgänger dagegen flogen geradeswegs auf den Knochen zu. Im Niederlassen streiften die Flügelspitzen den Schnee und zeichneten Wischer hinein.

Solche Wischer findet man in den mannigfachsten Zeichnungen. Man kann daraus ablesen, wie eine Krähe angeflogen und abgeflogen ist, von welcher Seite der Wind kam, ja sogar, ob sie beim Niederlassen eine Enttäuschung erlebte.

Aus der nach einem Lichtbild angefertigten Zeichnung läßt sich folgendes herauslesen. Eine Krähe flog auf den dunklen Fleck zu, sie vermutete etwas Genießbares. Beim Niederlassen wischten die starken Steuerfedern des Schwanzes und die Schwungfedern der Flügel durch den Schnee — den Aufstoß mildernd. Die linke Körperseite stand dabei tiefer als die rechte. Gleichzeitig traten die Füße auf. Der Körper federte mit drei Sätzen weiter: einem langen, einem etwas kürzeren und einem sehr kurzen. Den dritten Aufstoß mit den Füßen benutzte sie zugleich als Abstoß zum Weiterflug. Warum? Weil sie erst jetzt erkannte daß die Mühe sich nicht gelohnt hatte — der vermeintliche Bissen war ein Erdhaufen. Es hätte etwas sein können — aber es war nichts.

Aufgabe: Wenn du solche Wischer im Schnee findest, so lauf nicht gleichgültig daran vorüber, sondern versuche sie zu deuten. Sie erzählen dir oft eine Geschichte aus dem Leben der Krähen. Es ist für die Krähe eine ernste Sache, wenn sie bei großer Kälte hungrig über die verschneiten Felder fliegt, nach Nahrung sucht und dann eine solche Enttäuschung erlebt.

16. Welcher große Vogel wurde hier gerupft?

Hunger tut weh. Im Winter finden wir an Feldhecken und Waldrändern, in kleinen Feldgehölzen und auf Waldwegen, auf Wiesen, an den Ufern der Gewässer, auf Felsen, in Gartengeländen und Parks manchmal eine kleinere oder größere Anzahl Federn, die beisammenliegen. Hier wurde ein Vogel gerupft. Die Federn nennen wir Rupfung oder auch „Federkranz“.

Wir betrachten die Großfedern. Ist der Kiel wie mit einer Schere abgeschnitten, so biß ein Raubtier seinem Opfer die Federn ab, um es besser verzehren zu können. — Sind dagegen die Federn alle ausgerupft, so bereitete ein Raubvogel seine Beute zum Mahle zu. Wird er dabei nicht gestört, so entfernt er das gesamte Gefieder, das dann als Rupfung oder Federkranz zusammenliegt.

Findet man solche Rupfungen an stillen, versteckten Plätzen, so waren meistens Sperber und Habicht die Täter; liegen sie aber auf freistehenden Felsen, so wird es der Wanderfalk gewesen sein. Gelegentlich überrascht man auch einen Raubvogel, wenn er seine Beute schlägt oder rupft. In solchen Fällen soll man ihn nicht stören, denn dem toten oder schwer verletzten Vogel ist doch nicht mehr zu helfen; wird der Raubvogel aber gestört, so stillt er seinen Hunger an einem anderen Vogel.

Beachte!

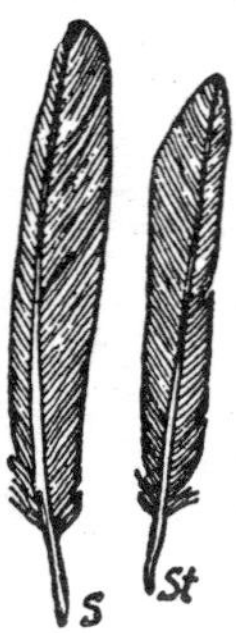

Die großen Flügelfedern – (Schwungfedern oder Schwingen (S) – sind alle mehr oder weniger gebogen und ziemlich fest; im allgemeinen nehmen sie von außen nach innen an Länge ab. Doch ist manchmal die 3. S die längste bzw. die 1. S sehr klein. Bei Piepern, Stelzen und Lerchen sind die innersten S verlängert. Doch sind diese an den breiten, helleren Säumen gut kenntlich. Die äußere S ist an der schmalen, gleichmäßigen Außenfahne leicht erkennbar. Die Außenfahne ist immer schmäler als die Innenfahne.

Die Schwanz- oder Steuerfedern (St) sind durchweg gerade und weicher. Die äußersten sind an ihrer geschwungenen Form und dem etwas gebogenen Spulenteil gut zu erkennen.

Zum Bestimmen ordne man die Schwungfedern hintereinander und lege jede so, daß die Spule nach innen und die Biegung nach vorn zeigt.

Bestimme!

Als große Vögel sollen solche gelten, deren Steuerfedern über 15 cm lang sind.

I. Steuerfedern alle einfarbig.

A. Steuerfedern alle schwarz.

a) Gesamtgefieder schwarz.

1. Steuerfedern fast alle gleich lang. **Rabenkrähe.**

2. Äußerste Steuerfedern bedeutend (über 2 cm) kürzer als die inneren. **Saatkrähe.**

b) Kleingefieder aschgrau. **Nebelkrähe.**

c) Kleingefieder zum größten Teil weinrot. Steuerfedern am Anfang heller, öfter noch schmale Binden in dem Teil. Deckfedern der vorderen großen Schwingen mit schwarzen blauen und weißen Querbinden. **Eichelhäher.**

B. Steuerfedern alle weiß: Weißes Hausgeflügel (Gans, Huhn, Taube).

II. Steuerfedern nicht alle einfarbig.

1. Steuerfeder mit dunkler Endbinde. Grundfarbe aschgraublau, mit hellem Band vor der dunklen Endbinde, am deutlichsten an der Unterseite. **Ringeltaube.**
(Die Haustauben zeigen große Färbungsunterschiede. Die wildfarbene Haustaube hat graue Steuerfedern mit schwarzer Endbinde, die äußerste Steuerfeder ist bis zur Endbinde weiß gesäumt.)
2. Steuerfeder gelbbraun mit dunklen Querbinden, mittlere sehr lang. Kleingefieder mit glänzenden Farben: Hahn; ohne glänzende Farben: Henne. **Jagdfasan.**

17. Welcher kleine Vogel wurde hier gerupft?

Als kleine Vögel sollen solche gelten, deren Steuerfedern (S. 80) weniger als 15 cm lang sind.

I. Steuerfedern alle einfarbig.

A. Steuerfedern alle schwarz.

a) Über 10 cm lang.

1. Gesamtgefieder schwarz. **Amsel.** ♂
2. Gesamtgefieder schwarzbraun, hauptsächlich im Kleingefieder. **Amsel.** ♀
3. Gesamtgefieder braun. Im Kleingefieder aschgraue, rostfarbene und dunkelbraune Federn. Steuerfedern braunschwarz, die Außenseite mit einem feinen weißlichen Saum. **Wacholderdrossel.**

b) Unter 10 cm lang, schön stahlblau glänzend. Kleingefieder schwarz, weiß, rot, blaugrau. **Dompfaff.**

B. Steuerfedern braun.

a) Länge der St. über 10 cm, an den Spitzen mit schmalen, die äußerste mit breiteren, trübweißen Säumen. **Misteldrossel.**

b) Länge über 9 cm, hellbraun. Innenfahne der meisten Armschwingen gelbbraun. **Singdrossel.**

c) Länge der St. 8–9 cm. Innenfahne der meisten Armschwingen hellgraubraun. (Wintergast.) **Rotdrossel.**

d) Länge der St. etwa 6 cm.

α) Federn breit, dunkel, mit hellbraunen Säumen. **Star.**

β) Federn schmal.

1. Dunkelbraun (schwärzlich scheinend). Am Beginn der Außenfahne der äußeren Schwingen ein dunkel-rostbrauner Fleck. Die Innenfahne der Schwingen grauweiß, nach innen zu allmählich heller werdend. **Haussperling.**
2. Hellbraun. Der helle Teil der Schwingen deutlich abgesetzt (vergleiche Haussperling). **Feldsperling.**
3. Hellbraun, mit olivfarbenen Rändern. Innenfahne der Schwingen mit gelblichgrauen Säumen, Außenfahne mit olivfarbenen Säumen. **Rotkehlchen.**

C. Steuerfedern blau. Außenfahne der Steuerfedern und Schwingen leuchtend blau. **Blaumeise.**

D. Steuerfedern rostrot (nur die 4 mittleren der 16–18 St. dunkelbraun, gesprenkelt). Länge etwa 7½ cm. Schwingen graubraun mit helleren Querbinden. **Rebhuhn.**

II. Steuerfedern nicht alle einfarbig.

A. Alle Steuerfedern schwarz mit weißen Spitzen. Schwingen schwarz mit breiter gelber Binde. Kleingefieder schwarz, weiß, rot. **Stieglitz, Distelfink.**

B. Alle Steuerfedern deutlich ganz gesäumt. Säume weiß, bei den mittleren St. bräunlich überhaucht. **Hänfling.**

C. Äußerste Steuerfeder außen mit breitem, weißem Saum.

a) Grundfarbe aller Steuerfedern schwarz. Die innersten, stark verlängerten Schwingen mit breitem, weißem Saum an der Außenfahne. **Weiße Bachstelze.**

b) Grundfarbe aller Steuerfedern dunkelbraun. Die inneren, verlängerten Schwingen hellbraun gesäumt. **Feldlerche.**

c) Grundfarbe aller Steuerfedern schieferfarben. Außenfahne aller inneren St. blaugrau. **Kohlmeise.**

D. Äußerste Steuerfeder mit schrägem, weißem Band. (Dadurch ist der größte Teil der Außenfahne und der kleinere Teil der Innenfahne weiß.) Die 2. Steuerfeder mit weißem Keilfleck an der Spitze.

a) Grundfarbe der Steuerfedern schwarz, nach der Mitte zu gelb gerandet. Schwingen mit auffälligem, weißem Fleck am Anfang der Außenfahne. Im Kleingefieder graublaue, rötlichbraune, gelbgrüne, braunrote Federn.
Buchfink.

b) Grundfarbe der Steuerfedern schwarzbraun, St. länger als 7,5 cm. Im Kleingefieder bräunliche und sehr viele gelbe Federn. **Goldammer.**

E. Wurzel- und Spitzenhälfte der Steuerfedern verschieden gefärbt. Wurzelhälfte gelb (mit Ausnahme der mittleren Federn). Das Schwarz der Spitzenhälfte oft am Schaft emporziehend.

1. Steuerfedern über 5 cm lang, bei den Weibchen die Federn mehr schwarz. **Grünfink.**
2. Steuerfedern unter 5 cm lang, bei den Weibchen die Federn mehr schwarz. **Erlenzeisig.**

18. Große Nester auf hohen Feldbäumen

Schon aus weiter Entfernung fällt in dem hohen, unbelaubten Feldbaum ein großes Nest auf. Im Sommer hat niemand etwas davon wahrgenommen, obwohl in der Nähe dauernd gearbeitet wurde. Welcher Vogel brütete hier?

Nest der Rabenkrähe

Nistplatz: In Feldgehölzen, Baumgruppen, an Bach- und Flußläufen, auf hohen Alleebäumen, auch inmitten der Dörfer und Städte.

Nest: Niemals benutzen zwei Pärchen einen Baum. Aus dürren Reisern, Wurzeln und Krautstengeln; innen mit Wolle, Federn, Haaren und Moos gut ausgepolstert. — Östlich der Elbe, im Brutgebiet der Nebelkrähe, kann es sich auch um das Nest dieses grauen Raben handeln, der ebenfalls in hohen Bäumen nistet und die gleichen Baustoffe benutzt wie sein schwarzer Vetter.

Nest der Saatkrähe

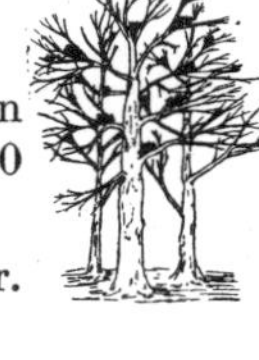

Nistplatz: Auf Feld-, Wald-, Allee- und Parkbäumen, auch mitten in Städten und Dörfern. Immer in Kolonien zusammen, oft 10–20 Nester auf einem Baum; selten allein.

Nest: Wie das der Rabenkrähen, jedoch viel lockerer und schlechter.

Nest der Elster

Nistplatz: Am Rande der Waldungen, in kleinen Feldgehölzen, in Park und Anlagen, auf Friedhöfen, in Baumgärten, in hohen Straßenbäumen, in Schwarz- und Weißdornhecken.

Nest: Eine große Reisigkugel, innen hohl, mit Lehm ausgeschmiert, mit zwei Eingängen.

19. Alte Nester in Feldhecken

In Feldhecken brüten nur einige Vögel: Neuntöter, Dorngrasmücke, Goldammer, Hänfling, Zaunkönig, oft auch die Elster. Meist sind die Nester im Winter so sehr beschädigt, daß nur geringe Reste übriggeblieben sind.

Elster

Auffällig durch seine Größe. Überdachter Bau aus Reisig, innen mit Lehm ausgeschmiert, mit zwei seitlichen Eingängen, Dach meist aus Dornen.

Neuntöter

Dickwandig (selten dünnwandig), groß, außen Wurzeln, Quecken, Halme, Gras, Moos; innen feine Hälmchen und Pflanzenwolle. ½–2 m hoch.

Hänfling

Dickwandig, außen Halme, Quecken, Ranken, Würzelchen, Heidekraut, Moos; innen viel Tier- und Pflanzenwolle (zuweilen Federn). ½–2 m hoch.

Goldammer

Dickwandig, außen eine Menge groben Materials: Halme, Ranken, Heu, Strohhalme; innen fein verflochten mit Grasblättern, Würzelchen, einigen Roßhaaren (nie mit Federn). Dicht über dem Boden.

Dorngrasmücke

Dünnwandig, außen oft mit Gespinsten, Weiden- und Pappelwolle; innen tiefer Napf mit feinen Hälmchen und meist mit Pferdehaaren ausgelegt. Dicht über dem Boden.

Zaunkönig

Dicke Kugel aus Moos und Laub. Am unteren Rande vor dem Eingang einige quergelegte Reiserchen eingebaut als Sitzstange beim Einschlüpfen. Innen mit vielen Federn ausgepolstert. – Außerdem noch Schlaf- und Spielnester: nur aus Moos innen ohne Federn. Am Boden, im Gestrüpp.

III. IM WALDE

A. Pflanzenleben

1. Wenn der Wald sich entlaubt, beginnt der Winter

Der Kalendermann sagt: „Der Winter beginnt am 22. Dezember.“
Der Wald sagt: „Der Winter beginnt, wenn ich mich entlaube.“

Die waldbildenden Laubbäume sind: Buche, Eiche, Hainbuche, Birke. Achte auf die Entlaubung dieser vier Baumarten.

	In Frankfurt a. M.			In deiner Heimat			
	frühester Tag	spätester Tag	mittlere Zeit	1954	1955	1956	1957
Buche	14. X. 1889	13. XI. 1886	31. Okt.				
Stieleiche	22. X. 1889	16. XI. 1886	1. Nov.				
Hainbuche	14. X. 1889	11. XI. 1886	28. Okt.				
Birke	16. X. 1889	6. XI. 1886	29. Okt.				

Ergebnis:

Der Wald entlaubt sich frühestens Mitte Oktober, spätestens Mitte November, im allgemeinen Ende Oktober-Anfang November.

2. Bäume, die sich nicht völlig entlauben

Oft sieht man mitten im Winter auf Waldblößen junge Buchen- und Eichenbüsche mit vertrocknetem Laub, auch ganze Bestände mit Buchen-Stangenholz haben zuweilen ihr dürres Laub nicht abgeworfen. Im Vorfrühling wird es durch den aufsteigenden Saftstrom abgestoßen.

Gehe an solchen Beständen nicht achtlos vorüber! In der Abenddämmerung suchen viele Vögel hier ihre Schlafplätze auf. Namentlich Bergfinken kann man hier vor Einbruch der Dunkelheit zu vielen Tausenden antreffen.

3. Wie man unsere Nadelbäume erkennt

In unseren Wäldern werden oft ausländische Nadelhölzer angepflanzt. Wo die nachfolgende Tabelle nicht reicht, nehme man: Nadelhölzer der Parks, Anlagen und Friedhöfe S. 2.

1. Nadeln quirlständig oder gegenständig

1. Nadeln zu 3 quirlständig, abstehend, stechend. Beeren schwarz, bläulich bereift. Strauch, in der Ebene bis 10 m hoch. **Gemeiner Wacholder.** *Juniperus commúnis.*
2. Nadeln wie vorher, Beeren desgleichen. Aus der hochwüchsigen Talform ist beim Aufstieg ins Hochgebirge ein niederliegender, weichnadeliger Zwergstrauch geworden (Abart, Varietät, keine andere Art). Steigt von allen Holzpflanzen Europas am höchsten. **Zwergwacholder.** *J. comm. var. nana.*

2. Nadeln in Büscheln

Nadeln an älteren Zweigen in Büscheln von 5–40, 2–3 cm lang, nur sommergrün, im Herbste abfallend, nicht stechend und starr wie bei den übrigen Nadelhölzern. Zapfen 3 cm lang. Bis 54 m hoch. Krone hoch angesetzt, licht, pyramidenförmig; Borke dick, braunrot. (Siehe auch S. 7.) **Lärche.** *Larix decidua.*

3. Nadeln zu 2 oder 5 in einer Scheide

1. Nadeln zu 2. Nadeln 4–5 cm lang, zweifarbig, auf der ebenen Fläche blaugrün, auf der gewölbten dunkelgrün, Baum daher von weitem bläulich schimmernd. Zapfen 3–7 cm lang, hängend, glanzlos. Rinde im oberen Teil des Baumes rötlich. Bis 48 m hoch, anfangs mit kegelförmiger, zuletzt mit schirmförmiger Krone. Ebene, Bergland, in den Alpen in höheren Lagen vereinzelt. (S. Tafel S. 5, Abb. 4) **Föhre, Gemeine Kiefer.** *Pinus silvéstris.*
2. Nadeln zu 2. Nadeln beiderseits dunkelgrün, Baum daher von düsterem Aussehen. Zapfen aufrecht, waagrecht oder schief abwärts gerichtet, glänzend. Baum bis 10 m hoch. Rinde überall schwarz, Krone kegelförmig, niemals schirmförmig. In höheren Gebirgslagen. **Bergkiefer.** *Pinus montána.*

Im Hochgebirge tritt die Bergkiefer als niederliegende Krummholzform auf und heißt dann: Latsche, Legföhre, Krummholzkiefer, Knieholz.

3. Nadeln zu 5. Nadeln 4–8 cm lang, dreikantig, an der Innenseite bläulichgrün. Zapfen aufrecht oder abstehend, nicht ganz doppelt so lang als dick. Samen flügellos, groß, eßbar. Baum bis 20 m hoch, Krone oben abgewölbt, Rinde rissig, dunkel. In den höheren Lagen der Alpen, steigt mit der Lärche am höchsten. **Zirbelkiefer, Arve.** *Pinus cembra.*

4. Nadeln spiralig gestellt

1. Borke grauweiß. Nadeln flach, unterseits mit 2 weißen Längsstreifen, an der Spitze stumpf oder ausgerandet (ähnlich wie bei Eibe zweireihig gestellt). Zapfen walzig, steif aufrecht gestellt. Bis 60 m hoch. Krone pyramidenförmig, zuletzt oben abgewölbt. Mittelgebirge. (S. Tafel S. 5, Abb. 2) **Edeltanne. Weißtanne.** *Ábies alba.*

2. Borke rötlich. Nadeln vierseitig, spitz. Zapfen walzig, hängend. Bis 60 m hoch. In der Ebene meist in Ostpreußen, Mittelgebirge, im Hochgebirge bis an die Baumgrenze. (S. Tafel S. 5, Abb. 3) **Fichte.** *Pícea excélsa.*

5. Nadeln zweireihig gestellt

Nadeln sind durch Drehung zweiteilig in eine waagrechte Ebene gerichtet, beiderseits dunkelgrün, glänzend, unterseits hellgrün, matt, kurz-stachelspitzig. (Tanne: Unterseite der Nadel 2 weiße Längsstreifen! Eibe: keine Längsstreifen!) Beere rot, Samenmantel nicht giftig, Samen giftig! Baum oder Strauch, meist mehrgipfelig. Rinde braun, abblätternd. Zerstreut, an felsigen Hängen. (S. Tafel S. 5, Abb. 1) **Eibe.** *Taxus baccáta.*

Eibe

Das Alter der Nadeln

Kiefer: 3–4 Jahre. Die einjährigen, zweijährigen und dreijährigen Triebe tragen Nadeln (in Heidegegenden die dreijährigen Triebe nicht mehr). Fichte: 8–13 Jahre. Lärche: 1 Sommer.

4. Mißbildungen an Nadelbäumen

Jede Pflanze zeigt bestimmte, nur ihr zukommende Merkmale, durch die sie sich von anderen Pflanzen derselben Art unterscheidet. Veränderungen, die so stark sind, daß die Pflanze sich von dem Typus der Art auffällig entfernt, heißen Mißbildungen. Die Ursachen der

Veränderung können äußere und innere sein. Wir nennen hier einige Mißbildungen, die durch äußere Ursachen hervorgerufen sind.

1. Zwieselbildung. Der Leittrieb des obersten Astquirls wurde zerstört. Zwei gegenüberstehende Seitentriebe übernahmen die Führung, von denen keiner die Oberhand zu gewinnen vermochte. Es entstand die in Nadelwäldern häufig zu sehende Zwillings- oder Zwieselbildung.

2. Bajonettwuchs. Der Leittrieb des obersten Astquirls wurde zerstört. Einer der Seitentriebe übernahm die Führung und wuchs unter einer bajonettförmigen Ausbuchtung in die Stammrichtung hinein.

3. Verbißfichten. Junge Fichten im Freistand werden vom Wild oder von Weidevieh häufig sehr stark verbissen. Die nachwachsenden jüngsten Triebe sind zart und werden immer erneut geäst. Die Fichte geht dann unten meist sehr in die Breite und bildet einen Kegel mit breiter Grundfläche.

5. Wie alt ist dieser gefällte Baum?

Im Walde liegt ein gefällter Stamm. Auf der Schnittfläche sieht man helle und dunkle Ringe. Sie heißen Jahresringe. Je zwei, ein heller und ein dunkler Ring, gehören zusammen, sie sind der Holzzuwachs eines Jahres. Im Frühjahr entsteht der helle Ring mit weicherem, großporigem Holz: Frühholz oder Frühlingsholz. Späterhin entsteht der dunkle Ring mit festerem, engporigem Holz: Spätholz oder Herbstholz. (Siehe Abb.)

Aus dem Querschnitt kann man die Lebensgeschichte eines Baumes ablesen:

1. Ungefähres Alter. (Warum nicht auf ein Jahr genau?)
2. Standort: ob am Rande des Waldes, in dichtem Bestand oder ganz allein stehend.
3. Das Wetter in den verschiedenen Jahren, ob günstig oder ungünstig.
4. Oft liegt das Mark des Stammes nicht im Mittelpunkt des Querschnittes. Der Volksglaube meint, die kleinere Seite mit den engeren Jahresringen läge nach Norden und die größere Seite mit den weiten Ringen nach Süden, das Wachstum habe sich in die Nord-

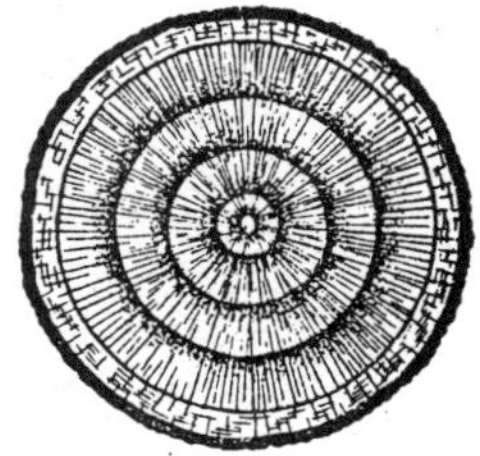

Süd-Richtung eingestellt. Darum werden in manchen Gegenden die umzupflanzenden Obstbäume vor dem Verpflanzen gezeichnet und gerade so gesetzt, daß die Nordseite wieder nach Norden gerichtet ist. Genauere Untersuchungen haben seither ergeben, daß eine solche Nord-Süd-Orientierung nicht zutrifft.

5. Ein alter Baum, eine vielhundertjährige Eiche z. B., hat alte und junge Teile. Alles, was wir an ihr lebendig sehen, ist jung: Blätter, Triebe und Rinde. Die alten Teile sind zum Teil abgestoßen, wie die erste Rinde, oder abgestorben, wie die Borke, oder liegen im Inneren des Stammes versteckt, wie Mark und Kernholz. Nur die Wachstumszellen (embryonale Zellen) der ursprünglichen Wachstumspunkte bleiben lebendig, alle Körperzellen (somatische Zellen) des Dauergewebes sterben ab.

6. Wie alt ist diese Fichtenschonung?

Wir stehen vor einer Fichtenschonung und möchten wissen, wie alt sie ist.

Eine Beobachtung im Frühling zeigt, daß die Fichte nicht nur an der Spitze, sondern auch am Ende eines jeden Zweiges neuen Zuwachs bekommt, der durch seine hellgrüne Farbe sogleich kenntlich ist. In jedem Jahre bildet sich ein neuer Astquirl. Die Zahl dieser Astquirle gibt also das Alter der Fichte an. Man zählt dabei am besten von der Spitze des Stammes abwärts. Man kann jedoch auch an irgendeiner erreichbaren Zweigspitze beginnen, indem man auf dem kürzesten Wege nach der Erde hin zählt.

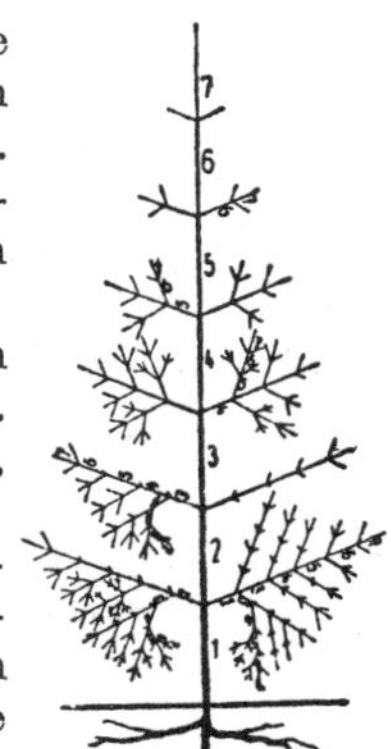

Kurz vor dem Ausbruch der Frühjahrstriebe kann man den äußersten Astquirl mitzählen, weil er ein Jahr alt ist. In den Frühlings- und Sommermonaten ist er noch so jung, daß man ihn nicht mitzählt.

Wer eine Reihe solcher Durchzählungen an einer regelmäßig gewachsenen Fichte vornimmt und dann die Ergebnisse in einer Zeichnung festlegt, gewinnt einen Einblick in den Bauplan des Baumes, der quirlige Stand der Äste bewirkt eine gleichmäßige Gewichtsverteilung.

Diese Altersbestimmung gelingt aber nur bis zu einem gewissen Alter der Fichte. Wenn der Fichtenstamm im geschlossenen Bestand sich entlastet hat, ist die Zählung am untersten Stammteil nicht mehr möglich, und die Zweige sind nicht mehr erreichbar.

Diese Altersbestimmung läßt sich an einer Kiefernschonung geradeso durchführen.

7. Auf einer Waldblöße stehen einzelne hohe Bäume

Beim Abtrieb eines Waldschlages läßt der Forstmann oft einzelne ältere Bäume als Samenbäume stehen. Er nennt sie „Überhälter". Durch den Überhälterbetrieb sucht man besonders starke Hölzer zu erziehen.

Dazu eignen sich in erster Linie Lichthölzer: Eiche, Kiefer, Lärche. Man wählt dazu gesunde Bäume mit guter Form, die allmählich an die Lichtstellung gewöhnt werden. Setzt man sie plötzlich der vollen Belichtung aus, so bedeckt sich der Stamm leicht mit Wasserreisern, namentlich bei schwacher Krone.

Beobachte:

1. Der Jungwuchs unter den Überhältern kommt meist nur schlecht vorwärts. Oft halten sie auch nicht bis zur zweiten Umtriebszeit aus und müssen vorher entfernt werden, wobei der Jungwuchs beschädigt wird.
2. Die einzeln stehenden hohen Bäume ziehen die verschiedenen Vogelarten an, die hier gut zu beobachten sind: Raubvögel, Krähen, Elster, Großer Würger, Ringeltaube, Heidelerche, Baumpieper . . .
3. Das Landschaftsbild erhält durch den Überhälterbetrieb ein besonderes Gepräge.

8. Immergrüne Pflanzen

Tafel S. 94

Wer an schneefreien Wintertagen Laub- und Nadelwald nacheinander durchquert, kann deutlich beobachten, daß der Nadelwald viel mehr immergrüne Pflanzen aufweist als der Laubwald. Nicht nur verschiedene Sträucher und Halbsträucher haben ihre Blätter behalten, sondern auch eine ganze Reihe von Kräutern, die den Waldboden überziehen. Meist sind sie grün, oft jedoch auch durch die Kälte rot gefärbt. Das wintergrüne Blatt ist lederartig, zäh und derb (S. 10). Als Erklärung für diese Erscheinungen nimmt man die gleichmäßige, dauernde Beschattung des Waldbodens in Nadelwäldern an.

I. Immergrüne Holzgewächse

A. Blätter nadelförmig oder schuppenförmig.

1. Blätter nadelförmig: einzeln, zu 2, zu 3 im Quirl oder zu 5. (S. 2.) — **Nadelhölzer.** *Coniferen.*
2. Blätter lanzettlich-lineal, scharf stachelspitzig, weich behaart. (St.) — **Stechginster.** *Ulex europáeus.*
3. Blätter klein, schuppenförmig, mit pfeilförmigem Grunde. — **Heidekraut.** *Callúna vulgáris.*

St.

B. Blätter laubförmig.

a) Blätter zusammengesetzt.

1. Blätter 3zählig. Äste rutenförmig, kantig. (Be.) — **Besenginster.** *Sarothámnus scopárius.*
2. Blätter 3–7zählig. Blättchen gesägt (Abb. 3). Stengel mit langen Schößlingen, meist mit kräftigen Stacheln besetzt. — **Brombeere.** *Rubus.*

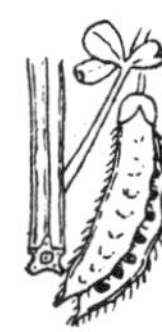
Be.

b) Blätter einfach.

α) Blätter stachelspitzig gezähnt, wellig, glänzend, lederartig. (Abb. 1.) — **Stechpalme.** *Ilex aquifólium.*

β) Blätter nicht stachelspitzig gezähnt.

◉ Stengel niederliegend.

1. Blätter wechselständig, lederartig, 5lappig, die oberen eirundlich. (Abb. 7a und 7b.) — **Efeu.** *Hédera helix.*
2. Blätter fast quirlständig, lederartig, lineal, am Rande zurückgerollt. Stengel dicht beblättert, bis 50 cm lang. Moorige Wälder und Torfmoore. (Kr.b.) — **Krähenbeere, Rauschbeere.** *Émpetrum nigrum.*
3. Blätter gegenständig, verkehrt-eiförmig, ganzrandig, netzaderig, unterseits blaßgrün. Stengel bis 60 cm lang. — **Bärentraube.** *Arctostáphylos uva ursi.*

Kr. b.

Bärentr.

◉◉ Stengel aufrecht.

1. Blätter wechselständig, länglich-rund, oberseits dunkel-, unterseits hellgrün, dunkel punktiert. Zweige stielrund. Bis 15 cm hoch. (Pr.) — **Preißelbeere.** *Vaccinium vitis idáea.*

Pr.

Porst

2. Blätter wechselständig, lineal, am Rande stark umgerollt, unterseits rostrotfilzig. Bis $1\frac{1}{4}$ m hoch. **Porst.** *Ledum palústre.*

3. Blätter gegenständig, länglich-lanzettlich, ganzrandig, kahl. **Rainweide, Liguster.** *Ligústrum vulgáre.*

II. Immergrüne Krautgewächse

A. Moose und moosähnliche Pflanzen. (S. 117.) (5 u. 6) **Moose und Bärlapp.**

B. Farne.

1. Wedel 20–60 cm lang, lanzettförmig, fiederspaltig, lederartig, kahl. (1) **Rippenfarn.** *Blechnum spícant.*
2. Wedel 2–3fach gegliedert, langgestielt, bis 60 cm hoch. (2) **Dorniger Schildfarn.** *Aspídium spinulósum.*
3. Wedel einfach fiederteilig, im Umriß lanzettlich. Fiederchen länglich, mit breitem Grunde sitzend. (3) **Tüpfelfarn oder Engelsüß.** *Polypódium vulgáre.*

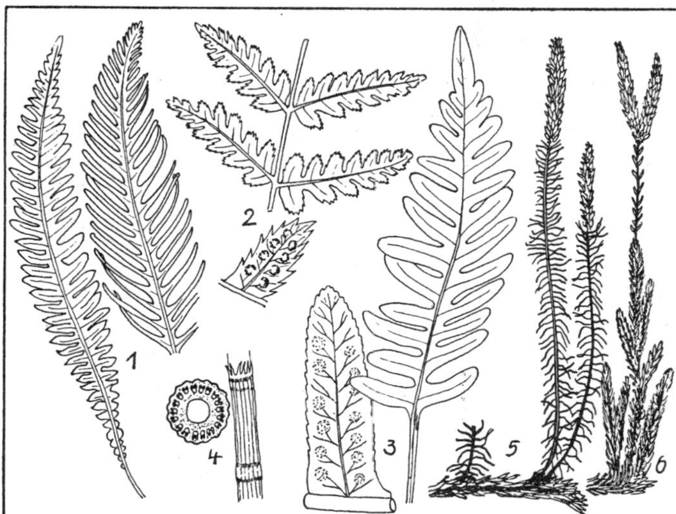

C. Schachtelhalm.
Stengel mit 15–25 Längsriefen, Rippen flach, rauh. Scheiden eng anliegend, vielzähnig, mit schwärzlichen, abfallenden Spitzen und mit schwärzlicher Querbinde. Stengel fast stets astlos, bis $1^1/_3$ m hoch. (4) — **Winter-Schachtelhalm.** *Equisétum hiemále.*

D. Gräser und grasartige Pflanzen.

a) Stengel durch Knoten in Abschnitte gegliedert, hohl, ohne Mark (Halm). — **Gräser.** *Gramineen.*
b) Stengel ohne Knoten, rund.
1. Stengel mit Blättern. Blätter grasartig, mit langen Wimperhaaren. — **Simse.** *Lúzula.*
2. Stengel ohne Blätter, markig. — **Binse.** *Juncus.*
c) Stengel ohne Knoten, 3kantig. Blätter sehr lang und schmal. — **Segge.** *Carex.*

E. Kräuter.

a) Blätter zusammengesetzt.
1. Blätter 3zählig. — **Kleearten.** *Trifólium.*
2. Blätter doppelt-3zählig. Blättchen schief-herzförmig, wimperig gesägt. Bis 30 cm hoch. (So) — **Sockenblume.** *Epimédium alpinum.*

So.

b) Blätter einfach.
α) Blätter stachelig gezähnt. — **Disteln.**
β) Blätter nicht stachelig gezähnt.
. Blätter 3lappig, Lappen eiförmig, ganzrandig. (Abb. 2) — **Leberblümchen.** *Anemóne hepática.*
.. Blätter nierenförmig, zu zwei. Stengel sehr kurz. (Abb. 5) — **Haselwurz.** *Ásarum europäeum.*
∴ Blätter länglich, eiförmig, herz-eiförmig oder elliptisch.
1. Blätter grundständig.
Blätter groß, stark wollig behaart, rosettig. — **Königskerze und Fingerhut.**
Blätter klein, rundlich, lederartig, glänzend. (W) — **Wintergrün.** *Pírola.*

W

2. Blätter quirlständig.
Blätter dick, glänzend, keilförmig, scharf gesägt. Bis 15 cm hoch. — **Winterlieb.** *Chimáphila umbelláta.*

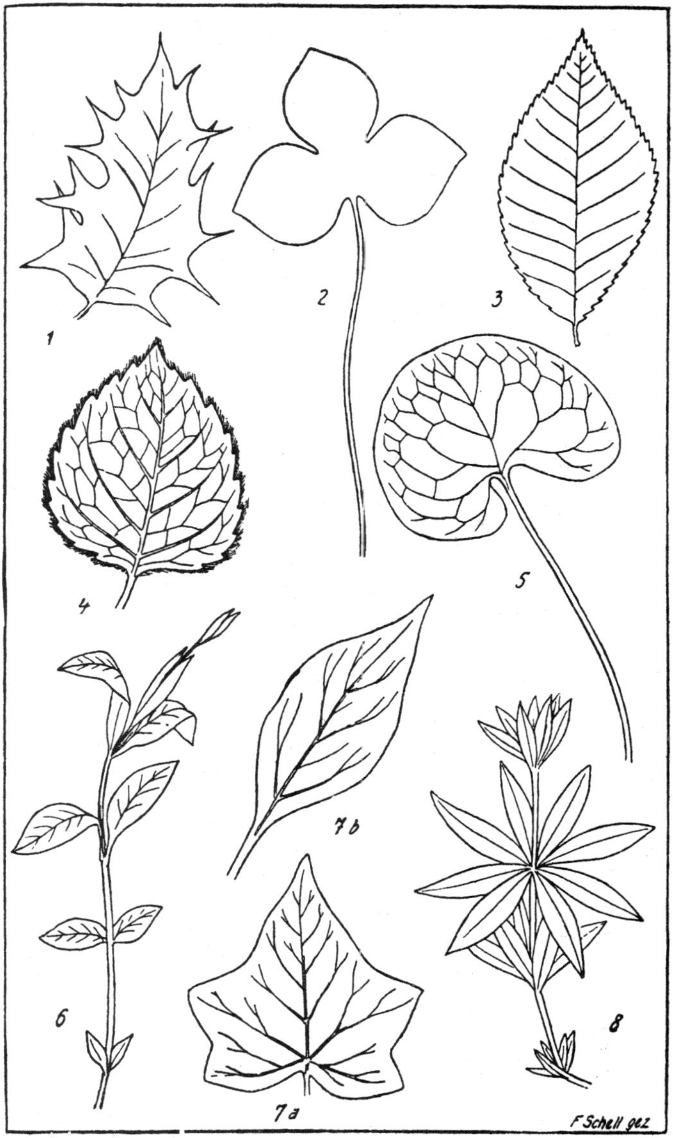
1
2
3
4
5
6
7 b
7 a
8
F Schell gez

Blätter zu 6 oder 8 im Quirl, lanzettlich, am Rande rauh, mit Stachelspitze. Stengel 4kantig, bis 30 cm hoch. (Abb. 8) **Waldmeister.** *Aspérula odoráta.*

3. Blätter gegenständig.
Blätter elliptisch, lederartig, ganzrandig. Stengel kriechend, bis 60 cm lang. (Abb. 6) **Immergrün.** *Vinca minor.*

Blätter herz-eiförmig, ungleich grob gesägt. Stengel 4kantig. **Taubnessel.** *Lámium.*

Blätter eirund, schwach herzförmig, ungleich gekerbt-gezähnt. Stengel 4kantig. (Abb. 4) **Goldnessel.** *Lámium lúteum.*

Blätter eiförmig, gekerbt-gesägt, fast sitzend. **Ehrenpreis.** *Verónica.*

4. Blätter wechselständig, eiförmig, weichborstig. Bis 30 cm hoch. **Lungenkraut.** *Pulmonária.*

9. Wie man unbelaubte Bäume an den Knospen erkennt

Tafel S. 96

1. Seitenknospen gegenständig

1. Mit einer einzelnen Gipfelknospe. Viele kahle, gelbgrüne Knospenschuppen mit schwarzbraunem Saum. Blattstielnarben hufeisenförmig, berühren sich nur wenig. (Abb. 4.) **Bergahorn.** *Acer pseudoplátanus.*
2. Mit einer größeren Gipfelknospe, die von mehreren kleinen umstellt ist. Viele kahle gelb- bis rotbraune Knospenschuppen. Blattstielnarben hufeisenförmig, stoßen deutlich zusammen. (Abb. 3.) **Spitzahorn.** *Acer platanoídes.*
3. Mit einer sehr großen Endknospe und dicken Seitenknospen. Alle schwarz, wie verbrannt. (Mit dem Finger darüberstreichen!) (Abb. 9.) **Esche.** *Fráxinus excélsior.*

2. Seitenknospen nicht gegenständig

A. Mit einer einzelnen Gipfelknospe.
a) Seitenknospen vom Zweige abstehend.
1. Mit einer Knospenschuppe.
Gipfelknospe kegelförmig, zusammengedrückt, mittelgroß.

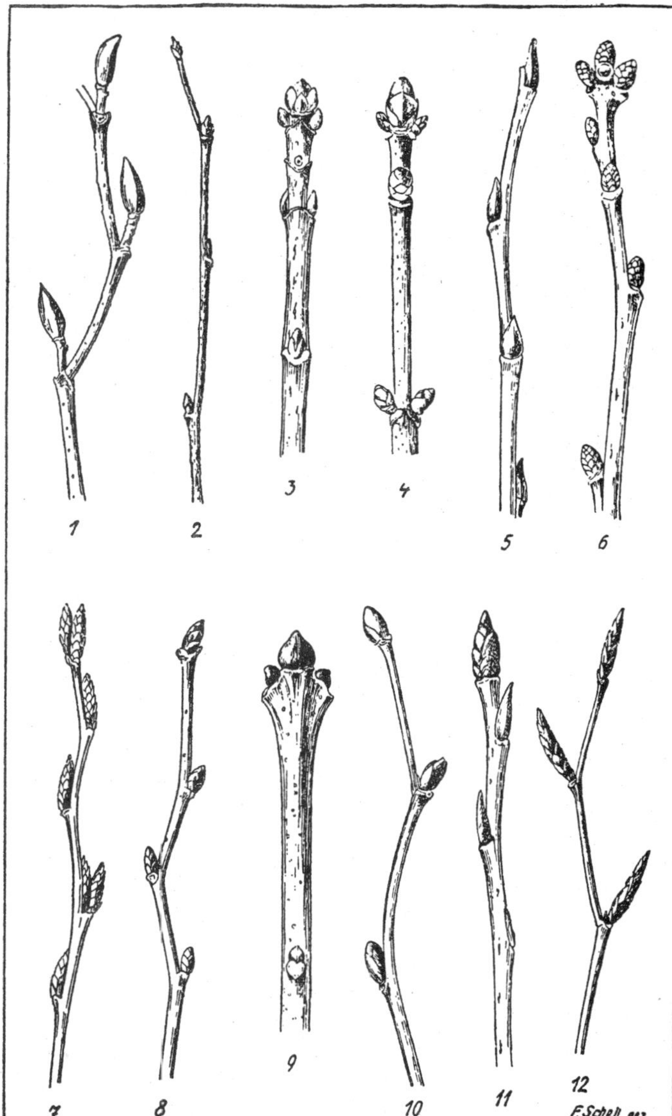
1
2
3
4
5
6
7
8
9
10
11
12
F. Schell gez

Knospenschuppe rotbraun, glänzend, kahl, kapuzenförmig. Blattstielnarbe halbmondförmig, mit 3 Gefäßbündeln. (Abb. 5.) **Salweide.** *Sálix cáprea.*

2. Mit 2 Knospenschuppen.
Große Schuppe 2lappig. Grünbraun oder rotbraun, kahl. Blattstielnarbe groß, herzförmig, mit 3 Gefäßbündeln. (Abb. 10.) **Winterlinde.** *Tília ulmifólia.*

3. Mit 3 Knospenschuppen.
Schuppen dunkelbraun, violett, bläulichweiß bereift, oft klebrig. Gipfelknospe verkehrt eiförmig. (Abb. 1.) **Schwarzerle.** *Alnus glutinósa.*

4. Mit vielen Knospenschuppen.

α) Knospen spindelförmig, sehr spitz, stechend, weit vom Zweige abstehend. Schuppen zimtbraun, mit feinem Filz. (Abb. 12.) **Rotbuche.** *Fagus silvática.*

β) Knospen eirund, zugespitzt. Knospenschuppen schwarzbraun, mit feinem Flaum, etwas ausgerandet. Blattstielnarbe groß, herzförmig, mit 3 Gefäßbündeln. (Abb. 8.) **Ulme.** *Ulmus.*

γ) Knospen eirund, klein. Knospenschuppen grünbraun oder rotbraun, lederartig, klebrig. Blattstielnarbe klein, rund mit 3 Gefäßbündeln. (Abb. 2.) **Weißbirke.** *Bétula verrucósa.*

b) Seitenknospen an den Zweig angedrückt.

1. Knospenschuppen schwarzviolett, lederartig, mit weißseidigem Flaum. Blattstielnarbe dreieckig, mit 5 Gefäßbündeln. **Vogelbeere, Eberesche.** *Pirus aucupária.*

2. Knospenschuppen hellbraun, glänzend, mit klebrigem Überzug. Blattstielnarbe groß und herzförmig, mit 3 Gefäßbündeln. (Abb. 11.) **Espe, Zitterpappel.** *Pópulus trémula.*

3. Knospenschuppen hellbraun, viele Knospen etwas nach innen gekrümmt, zuweilen zwei zusammen. Blattstielnarben klein, halbkreisförmig, mit 3 Gefäßbündeln. (Abb. 7.) **Hainbuche, Weißbuche.** *Carpinus bétulus.*

B. Mit einer großen Gipfelknospe, die von mehreren kleinen umstellt ist.

Viele Knospenschuppen, hellbraun, kahl. Blattstielnarbe herzförmig, mit vielen Gefäßbündeln, die in 3 Gruppen stehen. (Abb. 6.) **Stieleiche.** *Quércus róbur.*

10. Wie man unsere einheimischen Laubbäume an der Rinde und Borke erkennen kann

Was ist Rinde? — Was ist Borke?

1. Wenn im Frühjahr der Saft in den Bäumen steigt, machen die Kinder Weidenpfeifen. Durch das Beklopfen des Zweigstückes wird die dünne Zellschicht zerstört, die zwischen Holz und Rinde liegt. Der Rindenmantel löst sich und kann abgezogen werden. Diese saftführende Zellschicht zieht sich von den Wurzeln durch den Stamm bis in die Äste und in die feinsten Zweigspitzen hinein. Sie ist die Wachstumsschicht und heißt Kambium.
2. Die Zellen des Kambiums teilen sich und setzen nach innen Holz ab und nach außen die Rinde. So entstehen nach beiden Seiten Jahresringe. Da das Kambium aber viel mehr Holz als Rinde bildet, sind die Jahresringe im Holz viel kräftiger als in der Rinde.
3. Bei dem Dickenwachstum des jungen Zweiges wachsen die Rindenschichten zunächst mit und erweitern sich. Doch bald können sie den Druck von innen her nicht mehr aushalten, die äußeren Rindenschichten reißen auf und sterben ab. Die Rinde kann nun das Innere des Zweiges nicht mehr schützen.
4. Nun entsteht in der äußersten Rindenschicht ein neues Kambium: das Korkkambium. Der Zweig hat von nun an also zwei Wachstumsschichten: eine innere, die nach innen Holz und nach außen Rinde bildet, und eine äußere, die nach außen hin eine Korkschicht abgliedert, deren Zellen aber bald absterben. Dieser abgestorbene Korkmantel heißt Borke. Da sie von der Rinde gebildet wird, muß man sie auch als Teil der Rinde bezeichnen.
5. Bei frisch gefällten alten Bäumen kann man die eigentliche Rinde (innen) und die Borke (außen) deutlich als zwei Schichten erkennen.
6. Rotbuche, Weißbuche (Hainbuche) und Haselnußstrauch bilden nur eine sehr dünne Korkschicht, die außen ständig abschülfert; der Stamm dieser Gehölze hat daher eine glatte Oberfläche.

Bestimmungstabelle

1. Die Rinde bildet keine Borke

A. Rinde auch im Alter noch glatt.

1. Rinde perlmutterglänzend grau, meist auch im Alter noch glatt, sehr dünn, das Korkbildungsgewebe bleibt jahrzehntelang am Leben. — Knospen zimmetbraun, spitz, seitlich weit abstehend. **Rotbuche.** *Fágus silvática.*

2. Rinde graubraun, mit zahlreichen kleinen Warzen (Lentizellen-Atemöffnungen). Knospen klein, eiförmig, zugespitzt, mehrschuppig, braun, Kätzchen überwintern! **Haselnußstrauch.** *Córylus avellána.*

B. Rinde im Alter rissig.

1. Rinde perlmuttergrau, im Alter unregelmäßig längsrissig. — Knospenschuppen hellbraun, viele Knospen nach innen etwas gekrümmt, zuweilen zwei zusammen. **Weißbuche, Hainbuche.** *Carpinus bétulus.*
2. Rinde glänzend silbergrau, im Alter etwas aufgerissen. — Knospen gestielt und behaart. **Grauerle, Weißerle.** *Alnus incána.*
3. Rinde hellgrau, glänzend, glatt, im Alter etwas rissig. — Knospenschuppen schwarzviolett, lederartig, mit weißseidigem Flaum, Seitenknospen an den Zweig angedrückt. **Vogelbeere, Eberesche.** *Pirus aucupária.*

2. Die Rinde bildet Borke

I. Der Stamm ist glänzend weiß.

Der weiße Kork schülfert in dünnen Blättern ab; im Alter mit dicker, tiefrissiger, schwärzlicher Borke, die bis zu den Ästen hinaufreicht. — Knospen eirund, klein, Schuppen grünbraun oder rotbraun, lederartig, klebrig. **Weiß-Birke.** *Bétula verrucósa.*

II. Der Stamm und die Äste sind gelbscheckig.

Die Blätterborke schülfert in dünnen Blättern ab, so daß die gelbgrüne Innenrinde sichtbar wird. — Oft noch die langgestielten, kugeligen Fruchtstände in der Krone!

1. Borke in kleinen Schuppen abblätternd. **Amerikanische Platane.** *Plátanus occidentális.*
2. Borke in großen Platten abblätternd. **Morgenländische Platane.** *Plátanus orientális.*

III. Der Stamm ist einfarbig grau oder graubraun.

A. Die Rinde löst sich ringförmig in bandartigen Lappen ab.

Rinde in der Jugend glatt, glänzend, rötlichgrau; im Alter mit flachrissiger, dunkler Borke. Alle **Steinobstarten.** *Prunus.*

B. Die Borke blättert in Schuppen ab.

a) Schuppen klein und breit, sehr derb, oft daumendick. — Knospen gegenständig; Endknospe sehr groß, Seitenknospen kleiner, alle braunglänzend, Schuppen durch ein klebriges Harz verbunden. **Roßkastanie.**
Áesculus hippocástanum.

b) Schuppen (an älteren Bäumen) flach und breit. — Knospen gegenständig, Endknospe etwas größer als die Seitenknospen, Knospenschuppen zahlreich, kahl, gelbgrün, mit schwarzbraunem Saum. **Bergahorn.**
Acer pseudoplátanus.

c) Schuppen (an älteren Bäumen) dünn und klein. Stämme daher rauh.

1. Knospen behaart. Blätter (meist hängen im Winter noch einzelne in der Krone, abgefallenes Laub liegt am Boden) eiförmig oder elliptisch, kerbig-klein-gesägt, doppelt so lang wie ihr Stiel. **Apfelbaum.**
Pirus malus.

2. Die wilde Form mit dornigen Zweigen. **Holzapfel.**

3. Knospen kahl. Blätter gelappt, Lappen ungleich gesägt, zugespitzt, am Grunde oft herzförmig. Bis tief in den Winter mit Früchten: lederbraun, lange hart bleibend, mit harten Kernen. **Elsbeere.**
Pirus torminális.

C. Die Borke löst sich nicht ab.

a) Die Borke ist längsrissig.

α) Die Risse sind tief, im unteren Stammteil alter Bäume sehr tief- und breitfurchig.

1. Rinde anfangs grünlichgrau, perlmutterglänzend, reißt zwischen dem 10. und 25. Jahre unregelmäßig längsrissig auf und bildet eine derbe, tiefrissige, graubraune Borke. — Große Endknospe von mehreren kleinen umstellt, ihre Schuppen hellbraun. – Fruchtstiel lang, Blattstiel kurz (2–8 mm). **Stieleiche, Sommereiche.**
Quercus robur.

2. Borke fast schuppig, mit flacheren Rissen. — Fruchtstiel kurz, Blattstiel lang (1–3 cm). **Traubeneiche, Wintereiche.**
Quercus sessilis.

3. Rinde lange glatt, weißgrau, reißt später rhombisch auf, wird dann sehr tiefrissig mit seitlich zusammenfließenden

derben Wülsten. Stamm älterer Bäume eichenähnlich gefurcht. — Blattstiele seitlich zusammengedrückt. **Pappeln.** *Populus.*

4. Rinde glatt, grüngrau; Borke älterer Bäume tiefrissig und bräunlichgrau. — Blätter meist länglich-lanzettlich. **Weiden.** *Salix.*

5. Borke vorwiegend tief längsrissig, in rechteckige Stücke zerklüftet. — Knospen an den Längstrieben zweizeilig angeordnet, Schuppen schwarzbraun mit feinem Flaum, etwas ausgerandet. **Ulme, Rüster.** *Ulmus.*

6. Borke sehr tiefrissig, die Wülste durch Querleisten verbunden. — Äste meist dornig, Blätter gefiedert, Früchte erbsenartige Hülsen. **Robinie.** *Robinia pseudacácia.*

β) Die Risse sind weniger tief, oft flach.

1. Borke unten am Stamm tiefer gefurcht, oben flacher, dunkelfarbig. — Knospen mit 2 Schuppen, große Schuppe 2lappig, grünbraun oder rotbraun, kahl. Fruchtstände: mehrere kleine kugelförmige Früchte an einem gemeinsamen Stiel mit langem, zungenförmigem Blättchen. **Linde.** *Tilia.*

2. Borke schwach gefurcht, schwärzlich. — Knospen gegenständig, Endknospe größer als die Seitenknospen, Schuppen gelbbraun bis rotbraun, kahl, Flügel der Frucht stoßen mit stumpfem Winkel zusammen. Blätter buchtig, 5–7lappig. **Spitzahorn.** *Acer platanoídes.*

3. Rinde in der Jugend lebhaft braun und glänzend, junge Triebe ringsum korkflügelig; Borke hell graubraun, erst flachrissig, später netzartig aufgerissen, sehr korkreich. — Flügel der Frucht fast waagrecht abstehend. Blätter 3–5lappig. **Feldahorn.** *Acer campéstre.*

4. Rinde der jungen Zweige mit zahlreichen Wärzchen besetzt (Atemöffnungen), Markstrang dick und weiß; Borke rauh. — Blätter unpaarig gefiedert. **Holunder.** *Sambúcus niger.*

5. Junge Rinde grüngrau, glatt, feinrissig; im höheren Alter mit hellgrauer, breit aufreißender Borke. — Knospe mit

1 Schuppe, rotbraun, glänzend, kahl, kapuzenförmig; Endknospe kegelförmig, zusammengedrückt, mittelgroß. **Salweide.** *Sálix cáprea.*

b) Die Borke ist längs- und querrissig, also gefeldert, netzförmig.

1. Borke schwarzgrau, in würfelförmige kleine Stücke aufgerissen. — Krone pyramidenförmig. **Birnbaum.** *Pirus commúnis.*
2. Borke unten am Stamm tiefrissig, oben flachrissig. — Knospen schwarz! Krone weit. **Esche.** *Fráxinus excélsior.*
3. Borke unten am Stamm tiefrissig, hellgrau, oben flachrissig. — Junge Äste braun. — Blätter gefiedert, mit 5–9 Blättchen. Krone breit. **Walnußbaum.** *Júglans régia.*
4. Rinde dunkel, schokoladenbraun; Borke schwarzbraun, im Alter tiefrissig, tafelförmig gefeldert. — Knospen mit 3 Schuppen, dunkelbraun, violett, bläulich-weiß bereift, oft klebrig. In der Krone auch im Winter noch viele kleine schwarze Zapfen. **Schwarz-Erle.** *Alnus glutinósa.*

11. „Drehwuchs"

1. Der Stamm der Hainbuche zeigt häufig auffällige Drehungen. Wie erklärt sich der Drehwuchs?

2. Erkennungsmerkmale der Hainbuche:
   a) Blätter: länglich-eiförmig, zugespitzt, am Grunde schief, doppelt-gesägt.
   b) Früchte: dichte hängende Büschel.
   c) Rinde: aschgrau, glatt.
3. Suche nach anderen Bäumen, die gleichfalls Drehwuchs zeigen! Die Erscheinung ist häufig: Birnbaum, Apfelbaum . . .
4. Wann ist Drehwuchs leicht zu erkennen? — Wenn die Bäume Längsrisse oder Längswülste besitzen, die dann spiralig um den Stamm verlaufen.
5. Der Drehwuchs kann verschiedene Ursachen haben:
   a) Der Wind hat ihn dadurch hervorgerufen, daß er die eine Seite der Baumkrone stärker traf als die andere.

b) Wenn an einer Seite des Baumes besonders kräftige Äste wachsen, so findet hier eine stärkere Saftzufuhr statt. Dafür aber sind mehr Leitungsbahnen notwendig, die ein stärkeres Wachstum an dieser Stelle zur Folge haben.

c) Unter der Rinde liegt die Zellschicht, in der das Wachstum vor sich geht. Die Zellen darin teilen sich in der Regel längs (von oben nach unten), so daß ein Dickenwachstum des Stammes erfolgt. Teilen sich die Zellen dieser Bildungsschicht aber gelegentlich quer, so erfolgt an der betreffenden Stelle ein starkes Längenwachstum mit vermehrter Holzbildung, die Faserstränge finden in der Längsrichtung nicht Platz, weichen aus und laufen schief.

6. Es ist schwer festzustellen, welche der drei Ursachen für den Drehwuchs der verschiedenen Bäume in Frage kommt!

7. Drehwuchs beeinträchtigt die Güte des Holzes als Nutzholz. Buchenklötze I. Klasse müssen auf eine Länge von 4 m, Eichenklötze I. Klasse auf eine Länge von 3 m ungedreht sein. Sind sie gedreht, so sortiert das Holz in einer niedrigeren Klasse und wird minder bezahlt.

12. Wie man die Laubbäume des Waldes im Winter an einem einzigen Merkmal erkennt

I. Der Baum ist am Wuchs zu erkennen

Hoher, schlanker Wuchs, Zweige stehen senkrecht. (Alle übrigen Laubbäume des Waldes haben breitwüchsige Kronen.) **Spitzpappel.** *Pópulus itálica.*

II. Der Baum ist am Stamm zu erkennen

A. An der Farbe des Stammes.

1. Rinde weiß, abblätternd. Zweige meist hängend. **Weißbirke.** *Bétula verrucósa.*
2. Stamm weißscheckig, Borke in Platten ablösend. (Der Baum kommt zuweilen im Walde vor.) **Platane.** *Plátanus.*

B. An der Form des Stammes.

1. Stamm drehwüchsig. Rinde glatt. **Hainbuche, Weißbuche.** *Carpinus bétulus.*
2. Stamm kurz und gedrungen, löst sich in starke, knorrige Äste auf und läuft nicht in die Krone hinein. Rinde derb, tief längsrissig. **Stieleiche.** *Quércus róbur.*

3. Stamm walzenförmig. Rinde glatt. **Rotbuche.** *Fágus silvática.*

III. Der Baum ist an den trockenen Früchten zu erkennen

A. Die Früchte sind Hülsen. (Abb. S. 11)

1. Hülsen bis 10 cm lang, kahl. Zweige mit Stacheln. **Robinie, Schotendorn.** *Robínia pseudacácia.*
2. Hülsen bis 30 cm lang, flach, lederartig, nicht aufspringend. Altes Holz mit Dornen. (Baum kommt zuweilen im Walde vor.) **Gleditschie, Lederhülsenbaum.** *Gledítschia.*

B. Die Fruchtstände sind kugelig. (Abb. S. 14)

1. Die Kugeln hängen an langen Fäden wie Bombeln herab. Stamm weiß oder gelblich gescheckt. (Baum kommt zuweilen im Walde vor.) **Platane.** *Platanus.*
2. Eirunde, schwarze Zapfen, kurz gestielt, stehend, meist zu mehreren. **Schwarzerle.** *Alnus glutinósa.*

C. Die Früchte sind geflügelt. (Abb. S. 13)

1. Frucht mit einem an der Spitze lang ausgezogenen Flügel. Früchte stehen in dichten Büscheln zusammen. **Gemeine Esche.** *Fráxinus excélsior.*
2. Flügel 3lappig. Frucht ein geripptes Nüßchen. Stamm gedreht. **Hainbuche, Weißbuche.** *Carpínus bétulus.*
3. Frucht aus 2 Flügelfrüchten zusammengesetzt (bricht in der Mitte auseinander).

α) Die beiden Flügel fast waagerecht abstehend. Borke längsrissig. **Spitzahorn.** *Acer platanoídes.*

β) Die beiden Flügel meist stumpfwinklig gespreizt. Borke blättert in Schuppen ab. **Bergahorn.** *Acer pseudoplátanus.*

γ) Frucht mit waagerecht abstehenden Flügeln. Zweige rissig, teils korkig! **Feldahorn.** *Acer campéstre.*

4. Mehrere kleine kugelige Früchte hängen an einem gemeinsamen Stiel, der an einem zungenförmigen, bleichen Blättchen angewachsen ist. **Linde.** *Tília.*

IV. Der Baum ist an dem dürren Laub zu erkennen

1. Junge Bäume, die fast ihr gesamtes (dürres, rotbraunes) Laub festhalten. Blätter elliptisch, 5–10 cm lang, mit 5–9 Nervenpaaren. **Rotbuche.** *Fagus silvática.*
2. Junge Bäume, die einen großen Teil ihres Laubes nicht abgeworfen haben. Blätter grau, gebuchtet. **Eiche.** *Quércus.*
3. In der Krone hängen noch einzelne Blätter mit silberheller Unterseite, 3–5lappig, Lappen 3eckig, grob gezähnt. Borke grauweiß. (Abb.) **Silberpappel.** *Pópulus álba.*

4. In der Krone hängen einzelne langgestielte, rundliche Blätter, die sich zitternd bewegen; Blattstiel zusammengedrückt. Borke glatt, graugelb, später rissig und schwarzgrau. **Zitterpappel, Espe.** *Pópulus trémula.*

13. Wie erkennt man die Sträucher des Waldes im Winter?

I. Im Winter grün.

1. Wacholder: Scharfe Nadeln, die in 3zähligen Quirlen stehen, jede Nadel oberseits mit bläulichweißem Mittelstreif. Erbsengroße, schwarze, blaubereifte Beeren mit 3 Samen.
2. Efeu: 5lappiges, lederartiges Blatt.
3. Stechginster: Äste gefurcht, mit stechender Spitze. Blätter lineal.
4. Besenginster: Blätter 3zählig. Zweige grün, kantig, rutenförmig.
5. Brombeere: Blätter 3-7zählig. Schößlinge mit Stacheln. (Abb.)

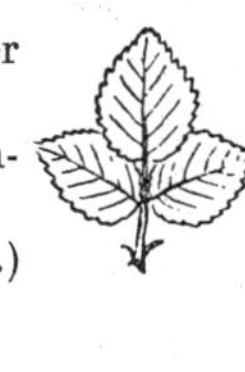

II. Im Winter entlaubt.

a) Ohne Stacheln und Dornen.

1. Haselstrauch: Knospen abwechselnd, vielschuppig. 5 Gefäßbündelspuren in 3 Gruppen. Mark rund. Junge Triebe behaart.
2. Weide: Knospen abwechselnd, nur 1 Knospenschuppe.
3. Holunder: Weites Mark. Warzen auf der Rinde. (Abb.)
4. Schneeball: Trägt oft den ganzen Winter hindurch die roten Beeren.
5. Faulbaum: Holz sehr brüchig, im Kern leuchtend gelbrot. Knospen ohne Knospenschuppen. Rinde junger Zweige weiß getüpfelt.

6. Pfaffenhütlein: Oft noch im Winter einige von den roten Früchten zu sehen. Vierkantige grüne Zweige.
7. Waldrebe: Stengel 5–6 m lang, kantig, daumendick. Früchte mit langer federartiger Granne.
8. Hartriegel: Rote Zweige.

b) Mit Stacheln oder Dornen.

1. Heckenrose: Früchte = Hagebutten. Stacheln.
2. Kreuzdorn: Dornige Zweigspitzen. Holz im Kern orangerot geflammt.
3. Berberitze: Dreiteilige Dornen. Holz gelb. (Abb.)
4. Weißdorn: Rote Früchte, weißliche Rinde.
5. Schwarzdorn: Schwarze Früchte, schwarze Rinde.
6. Robinie: mit einzelnen, trockenen erbsenartigen Hülsen.

14. Wie man die Waldgräser im Winter erkennt

Die grünen Horste der Gräser heben sich im Winter von dem braunen Waldboden auffällig ab. Sie sind auch in blütenlosem Zustand zu bestimmen.

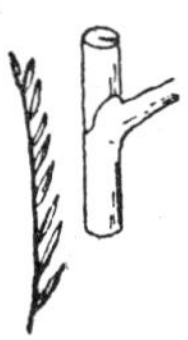

B. gr.

I. Die Blätter sind borstenartig schmal, ½–1 mm breit.

A. Horste brettartig in einer Richtung fortwachsend, dichtrasig, graugrün, Blätter borstenförmig, steif-aufrecht, die äußeren abstehend, sehr zähe (Zerreißen!), Blattrand gezähnt. Auf sauren Sandböden. **Borstengras.** *Nárdus stricta.*

B. Horste rund nach allen Seiten wachsend. Blattrand nicht gezähnt.

a) Blatt mit deutlichem Blatthäutchen.

1. Horste locker. Blatthäutchen kurz, derb, eingekerbt. Blattscheiden rötlichgelb. Lichte Wälder, Waldblößen. **Drahtschmiele.** *Deschámpsia flexuósa.*

2. Horste dichtrasig, igelartig, graugrün-silbergrau. Blatthäutchen lang, weiß, zart, spitz. Scheiden rötlich-grau. Auf trockenem Sandboden, in lichten Kiefernwäldern. **Keulenschmiele, Silbergras.** *Corynéphorus canéscens.*

b) Blatt ohne deutliches Blatthäutchen, mit 2 den Stengel umfassenden Öhrchen.

1. Scheiden verwachsen, in Fasern aufgelöst. Halmblätter flach, schmal (2–3 mm breit). Grundständige Blätter haardünn, 3kantig, borstlich. Pflanze grasgrün, dichtrasig, ohne Ausläufer. Lichte Wälder. **Verschiedenblättriger Schwingel.** *Festúca heterophýlla.*

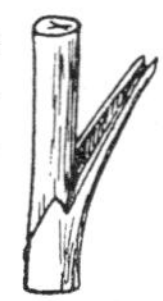

2. Scheiden offen, lange als strohgelbe bis braungelbe Hülle erhalten. Halmblätter borstlich zusammengefaltet. Grundständige Blätter walzlich. Blätter grün, graugrün, blaugrün, in schattigen Wäldern schlaff. **Schafschwingel.** *Festúca ovína.*

II. Die Blätter sind flach.

A. Hochwüchsige, derbe, schilfartige Gräser, mit Ausläufern, daher in dichten Beständen. Rispen auffällig groß. Blätter 15–60 cm lang, oberseits zerstreut behaart, am Rande scharf gezähnt.

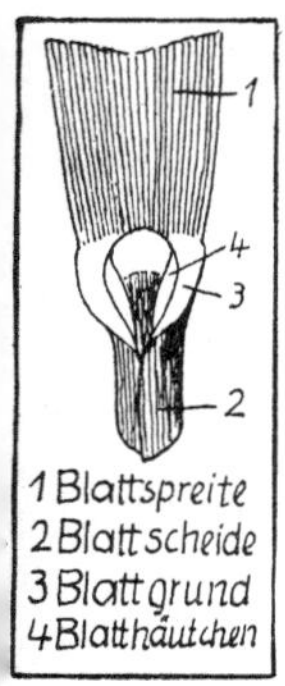

1. Blatt 8–15 mm breit, hart, sehr rauh, graugrün. Blatthäutchen 3–6 mm lang, derb, gelblich. Rispe 15–30 cm lang. Pflanze bis $1\frac{1}{2}$ m hoch. Sandige Orte in Wäldern und an Flußufern, steht meist über wasser- zügigen Schichten. **Sand-Reitgras, Landschilf.** *Calamagróstis epigéios.*
2. Blatt 4–8 mm breit, rauh, oberseits fein kurzhaarig. Blatthäutchen 2–5 mm lang, oft zerschlitzt. Rispe schmal, meist ziemlich locker. Pflanze bis $1\frac{1}{4}$ m hoch. Schattige Wälder, Waldmoore. **Rohr-Reitgras.** *Calamagróstis arundinácia.*

B. Gräser nicht schilfartig.

a) An Stelle des Blatthäutchens ein Haarkranz. Halm fast ganz ohne Knoten, nur dicht über der Wurzel 1–2 genäherte Knoten. Blätter 2–5 mm breit, oft rinnig gefaltet, mit Doppelrille längs der Mittellinie. Blattscheide, oft auch Spreite etwas bewimpert, oft blaubereift. Wurzel riecht nach Kuhstall, der einige Zeit leer gestanden hat. Horste allseitig ausgebreitet, oft massenweise. **Pfeifengras, Blaugras, Besenried.** *Molínia caerúlea.*

b) Blatthäutchen vorhanden oder fehlend, nie durch Haarkranz ersetzt.

α) Jüngste Blätter gefaltet.

1. Blätter mit Doppelrille (wie Eisenbahnschienen).

+ Halm stielrund. Blätter schmal, schlaff, oberstes Blatt waagrecht abstehend. Häufiges Horstgras in lichten Laubwäldern. **Hain-Rispengras.** *Poa nemorális.*

++ Halm nebst den Blattscheiden 2schneidig zusammengedrückt, rauh. Blätter ziemlich breit (5–10 mm), plötzlich in eine kappenförmige Spitze zusammengezogen, oft rötlichgrau, unterseits fein gerieft. In lichten Bergwäldern. **Berg-Rispengras.** *Poa Chaixi.*

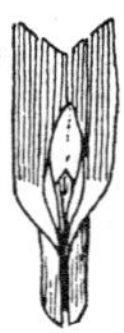

2. Blätter mit einer tiefen Mittelfurche, unterseits stark gekielt, breit, lang zugespitzt, gelblichgrün bis hellblaugrün, am Rande rauh. Blatthäutchen lang, weiß, dünn. Triebe umscheidet, Blattscheiden zusammengedrückt! Kräftige Horste in lichten Wäldern. **Knäuelgras.** *Dáctylis glomeráta.*

3. Blätter mit Riefen.

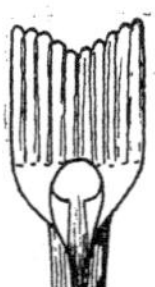

+ Riefen und Blattrand schneidend scharf. Rillen in der Durchsicht weiß. Horste erhaben, dichtrasig, meist grasgrün. Triebe etwas flachgedrückt. Moorige Waldstellen. **Rasenschmiele.** *Deschámpsia caespitósa.*

++ Riefen nicht schneidend scharf. Blätter kurz, schnell in die Spitze verschmälert. Triebe unten meist gelblich. Horste klein. Lichte Wälder. **Kammgras.** *Cynosúrus cristátus.*

β) Jüngste Blätter gerollt.

+ Blattgrund mit Öhrchen.

1. Blattscheide bis oben hin verwachsen. Blatt breit, beiderseits behaart oder bewimpert, am Rande meist rauh, unterseits mit weißgrünem Kiel. Öhrchen stark, Blatthäutchen derb, meist bräunlichgrün. Hochwüchsiges Horstgras in Laubwäldern. **Wald-Trespe.** *Brómus ásper.*

2. Blattscheide ganz oder größtenteils offen. Blatt breit, beiderseits stark rauh. Öhrchen schmal, spitz, rötlich getönt. Blatthäutchen sehr kurz, derb, steif. Hochwüchsiges Horstgras in Laubwäldern. **Hundsquecke.** *Agropýrum canínum.*

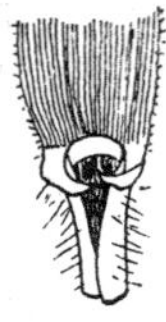

3. Blattscheide ganz oder größtenteils offen. Blatt breit, stark rauhhaarig oder spärlich kurzhaarig. Blatthäutchen sehr kurz, fast fehlend, meist grünlich. Halme über und unter den Knoten zottig behaart. Hochwüchsiges Horstgras, nur in Laubwäldern. **Wald-Haargerste.** *Élymus europáeus.*

4. Blattscheiden meist ganz offen, untere Scheiden rauh. Blätter breit (8–15 mm), deutlich gerieft, stark geöhrt, am Rande rauh, unterseits glänzend. Blatthäutchen sehr kurz. Hochwüchsiges Waldgras in Laubwäldern. **Riesen-Schwingel.** *Festúca gigantéa.*

++ Blattgrund ohne Öhrchen.

1. Blattscheiden bis in die Nähe des Blattgrundes verwachsen, kurzhaarig. Blatthäutchen sehr kurz, abgestutzt, nur als schmaler brauner Saum vorhanden. Blätter eingerollt, grasgrün, unterseits fein gerieft. Unterirdische kurze Ausläufer. **Nickendes Perlgras.** *Mélica nútans.*

2. Blattscheiden bis in die Nähe des Blattgrundes verwachsen, kurzhaarig. Blatthäutchen kurz, mit einem lanzettlichen Anhängsel gegenüber der Blattfläche. Blätter unterseits fein gerieft. Unterirdische lange Ausläufer. **Einblütiges Perlgras.** *Mélica uniflóra.*

3. Blattscheiden offen. Halmknoten dicht sammetartig behaart. Scheide gekielt, in der Jugend zuweilen mit bräunlichen Längsstreifen. Unterirdisch kriechend. **Weiches Honiggras.** *Hólcus móllis.*

4. Blattscheiden offen, behaart. Blatt nach dem Grunde zu stark verschmälert, undeutlich gerieft, dürr, weichhaarig, schlaff. Blatthäutchen lang. **Wald-Zwenke.** *Brachypódium silváticum.*

5. Blattscheiden offen, kahl. Blatt nach dem Grunde hin stark verschmälert, breit (6–12 mm), weich, am Rande etwas rauh, unterseits stark gekielt, schlaff. Blatthäutchen lang, an der Spitze zerschlitzt. Horst mit kurzen Ausläufern. **Flattergras.** *Mílium effúsum.*

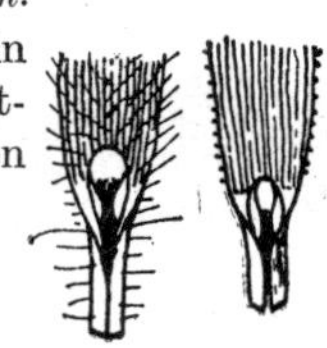

15. Pilze, die im Winter an Baumstümpfen und Baumstämmen auffallen

Im Herbst beginnt das große Pilzsterben, den ersten Frost überstehen nur wenige Arten. Nur ein kleiner Teil hält durch bis gegen Weihnacht, einige Arten überwintern. Die Mehrzahl dieser winterharten Arten lebt auf Baumstümpfen, meist in dichten Büscheln, andere an Baumstämmen und noch andere an dürrem oder faulendem Abfallholz. Sie sind im kahlen Winterwald besonders auffällig. Ihre zersetzende Wirkung am Holz ist jetzt leicht zu beobachten. — Im Sommer und Herbst fragen die Kinder auf Waldwanderungen in der Regel: Kann man den Pilz essen oder ist er giftig? Im Winter hingegen lautet die Frage vor einem morschen Baumstumpf, der mit einem dichten Pilzbüschel bestanden ist: Wie heißt der Pilz? Die häufigsten überwinternden Pilze sind in der folgenden Bestimmungstabelle zusammengestellt.

* * *

I. Fruchtkörper gallert- oder geleeartig.

1. Fruchtkörper gehirnartig gewunden, feinwarzig, pechschwarz oder olivgrau; Dicke der Schicht bis 2 cm, Ausdehnung bis 30 cm. Auf absterbenden Stämmen oder Ästen verschiedener Laubbäume, im Spätherbst und in milden Wintern. **Gemeiner Drüsling.** *Exidia glandulósa.*

2. Fruchtkörper gekröseartig-faltig-lappig, zäh geleeartig, 2–5 cm breit oder hoch, orangegelb, zuletzt von den Sporen weißlich bestäubt. Vorkommen: wie voriger. **Goldgelber Zitterling.** *Tremélla mesentérica.*

3. Fruchtkörper kugelig oder eiförmig, oben abgeflacht, später becherförmig, 1–2 cm breit, geleeartig zähfleischig, Seiten dunkelbraun, Oberseite glatt und kohlschwarz. Gesellig, meist auf lagerndem Eichenholz, seltener an Buche, das ganze Jahr hindurch. **Schmutzbecherling.** *Bulgária polymórpha.*

II. Fruchtkörper fest, fleischig oder korkig.

A. Pilze mit deutlichem Stiel.

a) Stiel mehr oder weniger in der Mitte des Hutes angeheftet.

α) Hut an der Unterseite mit Löchern oder Röhren.

1. Pilz am Grunde von Nadelbäumen wachsend. Hutfleisch dünn, lederartig, zähe. Hut 3–8 cm breit, rundlich, trichterförmig-flach, durch regelmäßige gelbbraune-rotbraune Zonen bunt. Röhrenmündungen eng und eckig. Die toten Fruchtkörper überdauern den Winter. **Gebänderter Porling.** *Polýporus perénnis.*

2. Pilz am Holz angewachsen. Hutfleisch dünn, zäh. Hut 3–7 cm breit, gewölbt-flach, mit eingebogenem Rand, oft in der Mitte vertieft, rußbraun, graubraun oder blaß, feinschuppig oder fast glatt. Poren sehr fein, weißlich-gelblich.

Stiel 3–5 cm hoch. Auf Stümpfen und abgefallenen Ästen von Laubhölzern. Herbst bis Frühjahr, häufig. **Winter-Porling.** *Polýporus brumális.*

β) Hut an der Unterseite mit Blättern (Lamellen). Meist gesellig in dichten Beständen.

1. Stiel lang und dünn, bis 10 cm hoch, steif, glatt, glänzend, graulich, am Grunde steifhaarig und zugespitzt. Hut bis 4 cm breit, kegelig-glockig bis fast flach, mit Buckel, strahlig-runzelig, graubraun. Lamellen im Alter etwas rötlich (daher der Name). An Stümpfen der Laubbäume, bis Dezember. **Rosablättriger Helmling.** *Mycéna galericuláta.*

2. Stiel im unteren Teile mit feinem braunschwarzem Filz (Name!), bis 8 cm hoch, gleichmäßig dick, unten oft verschmälert-plattgedrückt, zäh, im Alter hohl. Hut bis 6 cm breit, dünnfleischig, glatt, schmierig glänzend, honiggelb mit brauner Mitte. An Stümpfen, toten oder lebenden Stämmen, besonders an Weiden. Spätherbst bis Vorfrühling. **Samtfuß-Rübling, Winterpilz.** *Collýbia velútipes.*
3. Stiel dünn, oft verbogen, bis 6 cm hoch, zerbrechlich, querwellig seidenglänzend weißlich. Hut bis 5 cm breit, anfangs halbkugelig, dann gewölbt, dünnfleischig, zerbrechlich, glatt, in trockenem Zustand gelbbraun, durchfeuchtet dunkler braun; Hutrand anfangs mit weißlichem Saum von Schleierresten. Lamellen bräunlichblaß, zuletzt schokoladenbraun. Eßbar. An alten Stümpfen von Laubbäumen, häufig, bis Dezember. **Brauner Saumpilz.** *Hypholóma hydróphilum.*

4. Stiel dünn, oft gekrümmt, oben mit braunem Ring, unterhalb des Ringes bräunlich schuppig, bis 8 cm hoch. Hut bis 6 cm breit, gewölbt, später ausgebreitet, glatt, fettig glänzend, honiggelb, mit durchwässerter dunkler Randzone. Lamellen blaßbräunlich, zuletzt rostbräunlich. Fleisch im Hut gelblich, im Stiel bräunlich, würzig riechend. Guter Speisepilz. An Stümpfen von Laubbäumen, seltener an Nadelbäumen, bis Dezember. **Stockschwämmchen.** *Pholióta mutábilis.*
5. Stiel unten rotbraun, oben gelblich, etwa 1 cm dick, oft mit faserigen, ringartigen Schleierresten, die oben am Stiel sit-

zen bis 12 cm hoch. Hut (5–8 12) cm breit, flach gewölbt, dickfleischig, gelbrot bis ziegelrot, mit blasserem, gelblichem Rande, Hutkante mit weißlichgelbem Saum von Schleierresten, der später verschwindet. Fleisch blaßrötlichgelb, etwas bitter schmeckend. Auf Laubholzstümpfen. **Ziegelroter Schwefelkopf.** *Nematolóma sublaterítium.*

6. Stiel gelb, unten rostbräunlich, hohl, weniger als 1 cm dick, bis 10 cm hoch. Hut bis 7 cm breit, schwefelgelb, meist mit dunklerer rotbrauner Mitte, oft am Rande häutig-faserig von den Resten des Lamellenschleiers. Lamellen schwefelgelb, mit grünlichem Ton, zuletzt grünlichbraun. Fleisch gelb, mit bitterem Geschmack. An Stümpfen der Laub- und Nadelbäume, hält milde Winter durch. **Grünblättriger Schwefelkopf.** *Nematolóma fasciculáre.*

b) Stiel seitlich am Hutrand ansitzend.

α) Hut an der Unterseite mit Löchern oder Röhren.

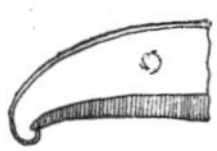

Pilz hinten stielartig zusammengezogen, halbkreis- oder nierenförmig, 8–15 cm breit, 2–5 cm dick, 7–12 cm vom Holz abstehend; Oberseite kissenförmig gewölbt mit eingebogenem Rand, hellgraubraun, kahl, im Alter oft rissig. Unterseite flach, Röhren weißlich, im Alter vom Hut ablösbar. An Birken, greift ältere, beschädigte oder geschwächte Stämme an, zerstört innen das Holz, so daß die Bäume brechen, wächst auf gefallenen Stämmen weiter, bis das Holz aufgezehrt ist. **Birken-Porling.** *Polýporus betulínus.*

β) Hut an der Unterseite mit Blättern (Lamellen).

1. Lamellen am Stiel herablaufend, weiß. Hut 5–15 cm breit, rundlich oder halbrund, etwas schräg nach oben gerichtet, glatt, dunkel, aschgrau-schwärzlich oder olivgrau-bräunlich, auch mit grünlicher oder violetter Tönung. Stiel kurz und dick, am Grunde mit steifen, weißen Haaren. Schmackhafter Speisepilz in jungem Zustand. An Stämmen und Stümpfen von Laubhölzern, besonders an Pappeln, Weiden, Buchen. **Austern-Seitling.** *Pleurótus ostreátus.*

2. Lamellen gegen den Stiel scharf abgesetzt, dicht stehend. Hut 1–3 cm breit, halbkreis- oder nierenförmig, mit anfangs eingerolltem Rand, der später wellig verbogen und

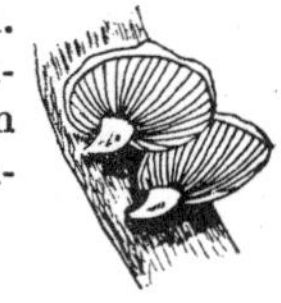

eingekerbt ist; mehlig-schuppig, graugelblich bis bräunlich. Stiel 1–2 cm lang, nach oben verdickt. Fleisch zäh, von zusammenziehend brennendem Geschmack, beim Zerreißen klebrig. An Eichenstümpfen und -stämmen, auch an anderen Laubbäumen, das ganze Jahr hindurch. **Eichen-Knäuling.** *Panus stipticus.*

B. Pilze nicht in Hut und Stiel geschieden.

a) Sehr kleine Pilze, 5–15 mm hoch.

Fruchtkörper geformt wie ein kleines Nest, ein Brotkörbchen oder ein Becherchen; gefüllt mit rundlichen Körperchen vom Aussehen kleiner Geldstücke, aus deren Zahl man früher auf bevorstehende Teuerungen schloß, daher der Name „Teuerling“. Kolonienweise auf faulendem Holz, Rindenstücken, Holzabfall, Holzplätzen. Mehrere Arten, am häufigsten der **Tiegel-Teuerling.** *Cyáthus crucíbulum.*

b) Größere Pilze, über 2 cm hoch oder breit.

α) Fruchtkörper keulenartig oder geweihartig.

1. Fruchtkörper keulenförmig, über 0,5 cm dick, fingerlang, oft verzweigt, am Grunde gestielt und hier mit anderen Stücken verwachsen, Oberfläche warzigrauh, schwärzlich. Auf alten Laubholzstümpfen, meist auf Buche, auf faulendem Holz, das ganze Jahr hindurch. **Vielgestaltige Kernkeule.** *Xylária polymórpha.*

2. Fruchtkörper geweihförmig verzweigt, unten 0,5 cm dick, oben weißmehlig, unten stielartig verschmälert, filzig, schwarz. Vorkommen: wie vorige Art, Herbst bis Frühjahr. **Geweihartige Kernkeule.** *Xylária hypóxylon.*

β) Fruchtkörper korallenartig verzweigt.

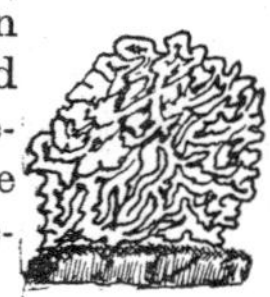

Fruchtkörper faustgroß bis kohlkopfgroß, bis 40 cm breit; von einem dicken Stamm aus stark verzweigt, Zweigenden blattartig flach und breit, am Rande wellig verbogen und verschlungen, blaßgelblich, im Alter dunkelbräunlich. Geruch süßlich-aromatisch, Geschmack mild, nußartig (alte Pilze bitter!). Am Grunde alter Kiefernstämme, auf Kiefernstümpfen, bis Dezember. **Krause Glucke.** *Sparássis crispa.*

γ) Fruchtkörper in der ganzen Breite flächenhaft der Unterlage aufgewachsen wie ein Stückchen flacher Rinde; von gelblicher, bräunlicher oder weißlicher Farbe. **Rindenpilze.** *Corticium-Arten.*

δ) Fruchtkörper seitlich angewachsen.

§ Unterseite des Hutes mit lamellenähnlichen korkigen Platten oder mit gewundenen Gängen.

1. Hutoberfläche glatt, aber runzelig-uneben, graugelblich. Fruchtkörper halbkreisförmig, an der Anwuchsstelle verdickt, 4–7 cm vom Holz abstehend. Unterseite schräg abfallend, mit gestreckten, verschieden langen, gewundenen und untereinander verbundenen Porenkanälen, zwischen denen lamellenartige Platten stehen. Fleisch korkartig. An Eichstümpfen, häufig, das ganze Jahr hindurch. **Eichen-Wirrling.** *Daedália quercina.*
2. Hutoberfläche glatt, konzentrisch gezont, dunkelbraunschwärzlich mit gelblichem Rand, später borstenhaarig-uneben. Lamellen gelbbräunlich, Fleisch korkig, braun. Auf der Schnittfläche von Nadelholzstümpfen, an Zaunpfählen, Brückengeländern usw. Häufig. **Zaun-Blättling.** *Lenzites saepiária.*
3. Hutoberfläche dicht filzig von grauen, graugelben bis bräunlichen konzentrischen Haarringen. Hut flach halbkreisförmig, bis 6 cm weit vorgestreckt und bis 10 cm breit, lederig-korkartig, ziemlich dünn, innen weißlich. Unterseite mit korkigen bis lederzähen gelbblassen „Lamellen", die ungleich lang und oft kraus sind. An Laubholzstümpfen, besonders an Buche und Birke. Nicht selten. **Birken-Blättling.** *Lenzites betulina.*

§§ Unterseite des Hutes mit Lamellen, die der Länge nach gespalten sind, mehr oder weniger umgerollt, graurötlich, von verschiedener Länge und Breite. Hut 2–4 cm breit, an einer Seite stielartig verschmälert und dem Holz angewachsen, von der Anwuchsstelle fächerförmig vorgestreckt, weißgrau-filzig, lederartig zäh, dünn, mit etwas eingerolltem, wellig-gekerbtem Rand. Meist häufig an gefällten Baumstämmen, absterbenden Stämmen und an Stümpfen verschiedener Laubbäume, weniger häufig an Nadelholz. In dichten, dachziegelartig gehäuften Kolonien. Das ganze Jahr über. **Gemeiner Spaltblättling.** *Schizophýllum commúne.*

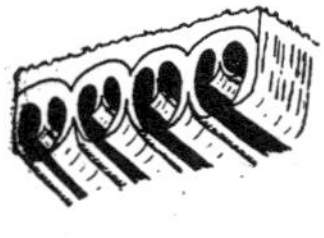

§§§ Unterseite des Hutes mit Löchern oder Röhren.

\+ Hutfleisch dünn, bis kaum 1,5 cm dick, lederartig zäh.

1. Oberseite durch schmale konzentrische Zonen in verschiedenen Farben bunt seidenglänzend, anliegend samthaarig. Unterseite mit weißlich-gelblichen Porenmündungen, die sich zuletzt labyrinthartig auflösen. Hut dünn, lederig zähe, unregelmäßig halbkreisförmig oder fächerartig vorgestreckt, 5–8 cm breit und etwa 5 cm vom Holze abstehend. An Laubholzstümpfen in großen, dachziegelartigen Kolonien, das ganze Jahr über häufig. Ein prächtiger Schmuck! **Schmetterlings-Porling.** *Polýporus versícolor.*

2. Oberseite faserig-filzig, olivgrau bis schwärzlich, oft dunkler gezont (doch nie so lebhaft wie der vorige), Rand erst weißlich, zuletzt schwarz. Unterseite am Rande weiß, innen mit grauer Porenschicht, die sich an Druckstellen dunkel färbt und im Alter schwärzlich wird. Fruchtkörper flach und dünnfleischig, lederig zäh, unregelmäßig halbrundlich vorgestreckt, mit dem hinteren Rande breit angewachsen. 5–8 cm breit und bis 5 cm vom Holze abstehend. In großen Kolonien dachziegelartig übereinander, an Stümpfen von Laubbäumen, fast ganzjährig, sehr häufig. **Angebrannter Porling.** *Polýporus adústus.*

++ Hutfleisch dick, korkig, hart.

⊗ Poren langgestreckt, schmal rechteckig.
Fruchtkörper halbkreisförmig, 6–16 cm breit, an der Anwachsstelle dickfleischig-gebuckelt, an der Oberfläche hökkerig, samtfilzig, grauweißlich, graubräunlich gezont, oft durch Algen grün gefärbt. An alten Buchenstümpfen, an Roßkastanien, Linden und anderen Laubbäumen, häufig. **Buckel-Porling.** *Polýporus gibbósus.*

⊗⊗ Poren rundlich. Große Pilze, 10–50 cm im Durchmesser, konsolenförmig. Oberseite mit ringförmigen Zuwachszonen.

⁰ Fleisch weiß, ziemlich hart. Fruchtkörper halbkreisförmig oder konsolenförmig vorspringend, hart und dick, hinten breit am Baum angewachsen, 5–8 cm vom Holz abstehend und doppelt so breit, 3–10 cm dick. Oberseite oft klebrig, nach dem Rande hin dreifarbig: Hutmitte braunschwarz, die letzte Ringzone am Rande zinnoberrot bis braunrot.

Unterseite blaß oder gelblich. An Nadel- und Laubholz, besonders an Fichten. **Rotrandiger Porling.**
Polýporus ungulátus.

00 Fleisch weißlich blaß, korkig-holzig. Oberseite mit konzentrischen Furchen, runzelig-uneben, rötlichbraun bis schwarzbraun, mit weißlich-gelbem Rand. Unterseite gelblich-weiß, oft mit braunen Stellen (ältere Porenschicht). Fruchtkörper unregelmäßig, 3–10 cm vom Holze abstehend oder krustenförmig, ziemlich flach. An Wurzeln von Kiefern und Fichten, sein Mycel (Wurzelgeflecht) wächst im Stamme empor und verwandelt das Holz in eine faule Masse. Ganzjährig, häufig. **Wurzel-Porling.**
Polýporus annósus.

000 Fleisch braun oder braungelblich.

1. Pilz oberseits aschgrau, unter der Rinde lederig-weichfaserig. Halbkreisförmig vorspringend, sehr hart und dick, bis 40 cm im Durchmesser. Tiefe, ringförmige Furchen zeigen den jährlichen Zuwachs an. Unterseite mit mehreren Röhrenschichten. An alten Stämmen von Buchen, auch an Birken. Nur noch stellenweise. Die Zunderschicht unter der harten Rinde lieferte früher den Zunder, sie wurde zerschnitten, gekocht, mit Salpeter getränkt und dann weichgeklopft; ein durch Stahl und Stein erzeugter Funke brachte den Zunder zum Glimmen. **Zunderschwamm.**
Polýporus fomentárius.

2. Pilz oberseits mit steinharter graubrauner bis schwarzer Rinde, darunter eine holzharte, rotbraune Schicht (die sich als Zunder nicht eignet). Rinde oft mit radiär verlaufenden Rissen. Die tiefen, ringförmigen Furchen zeigen den Jahreszuwachs an. Mündungen der Poren zimtbraun. An Pappeln, Weiden, Apfel- und Pflaumenbäumen. (Nicht an Buchen! Siehe Zunderschwamm.) **Feuerschwamm. Falscher Zunder-Porling.**
Polýporus igniárius.

3. Pilz nicht konsolenartig (wie die beiden vorigen), sondern halbkreisförmig, flach, waagrecht vom Baumstumpf abstehend, 10–25 (60) cm im Durchmesser, 2–5 cm dick. Oberseite höckerig-uneben, ringförmig gefurcht, bräunlich, meist rostbraun überpudert. Unterseite weißlich. Fleisch korkig, zähe. An Stümpfen von Laubbäumen, besonders an Buchen und Pappeln. Häufig. **Flacher Porling.**
Polýporus applanátus.

§§§§ Unterseite des Hutes ohne Löcher und ohne Lamellen. Fruchtschicht glatt und ungegliedert. Auf einem Querschnitt (Lupe!) durch den rindenartigen, lederig-dünnen Hut erkennt man deutlich drei Schichten: eine oft behaarte Außenschicht, eine dickere Mittelschicht und unten die dünne, violett oder gelb gefärbte Fruchtschicht. Viele Arten, alle klein, in Kolonien.

1. Hut lederartig-elastisch, wellig verbogen, ¼–2 cm vom Holz abstehend. Oberseite zottig-filzig, undeutlich gezont, graugelblich mit gelbem Rand. Unterseite flächig am Holz herabziehend, am Rande orangegelb, im Alter bräunlich. Kolonienweise an Stämmen, Ästen und Stümpfen von Eichen, auch an anderen Laubbäumen. Herbst bis Frühling. **Zottiger Schichtpilz.** *Stéreum hirsútum.*

2. Hut wie der des vorigen. Oberseite graufilzig, gezont. Unterseite glatt, purpur-violett, später bräunlich. In dichten Haufen an Stämmen und Stümpfen vieler Laubbäume, an lagerndem Holz. Herbst bis Frühling gemein. **Violetter Schichtpilz.** *Stéreum purpúreum.*

(Beschreibung der Pilze nach dem empfehlenswerten Buche von Hermann Jahn; Pilze rundum. Ein Taschenbuch zum Bestimmen und Nachschlagen von rund 500 einheimischen Pilzarten. Park-Verlag, Hamburg. 355 Seiten.)

16. Moose auf Baumstümpfen

Im Frühling freuen sich die Menschen an den Blumen des Waldes, im Sommer sammeln sie Beeren und im Herbst suchen sie Pilze — an den Moosen gehen sie in diesen Jahreszeiten meist achtlos vorüber, namentlich im Sommer, wenn die Moose bei anhaltender Dürre eintrocknen und dann unansehnlich werden.

Die Reifung der Moosfrüchte erfolgt in der Zeit vom Auftauen des Schnees bis in den Frühling und vom Herbst bis in den Winter. In diesen Zeiten reifen die meisten Moose, mitten im Sommer die Torfmoose. Ein Teil der Moose reift also, bevor die Blütenpflanzen herauskommen, und der andere Teil, wenn die Blütenpflanzen vergangen sind. Wer also Moose kennenlernen will, muß sich im Winter nach ihnen umsehen; denn dann trifft man zahlreiche Arten in fruchtendem Zustande an und kann sie leichter bestimmen.

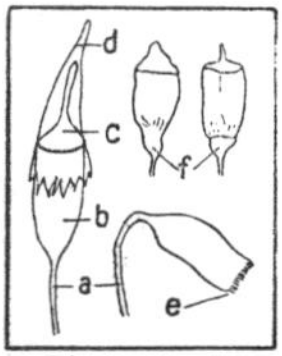

a = Stiel, b = Kapsel,
c = Deckel mit Schnabel,
d = Haube, e = Mundbesatz
f = Hals.

Manche Moosarten wachsen nur im Torfmoor, andere in sumpfigen Wiesen, noch andere in und an Gewässern, wiederum andere im freien Felde, noch andere nur auf Felsen, Gestein und Gemäuer, viele Arten nur im Walde. Von den Waldmoosen findet man viele nur auf dem Boden, andere an Baumstämmen oder nur unten am Grunde der Stämme.

In die folgende Tabelle wurden nur die häufigsten und auffälligsten Arten aufgenommen, die auf Baumstümpfen oder am Grunde der Stämme wachsen. Ein alter Baumstumpf, mit einem dichten Moospolster besetzt, das aus der weißen Schneedecke grün hervorbricht, erregt die Aufmerksamkeit eines jeden Waldwanderers.

Bestimmungstabelle

I. Der Stengel ist einfach oder gabelig. (Eine einzelne Pflanze untersuchen!)

A. Die Moospflanzen bilden einen Rasen.

a) Der Rasen kann bis 40 cm hoch werden.
Blätter grob und scharf gesägt, abstehend, etwas zurückgebogen, mit verbogenen Spitzen. Stiel bis 12 cm lang, gelbrot. Kapsel aufrecht, länglich, scharf 4–6kantig, bis 6 mm lang, mit scheibenförmig abgesetztem Hals. Haubenfilz goldgelb, glänzend. Deckel flach, kurz zugespitzt. Frühjahr. (Wächst im allgemeinen auf dem Boden, steht zuweilen im Moder eines alten Stumpfes.) **Frauenhaar, Widerton.** *Polýtrichum commúne.*

b) Der Rasen ist bis 4–6 cm hoch.

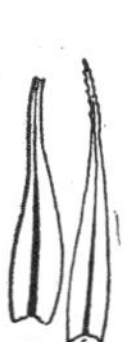

1. Rasen bis 4 cm hoch, dunkelgrün. Stengel am Grunde rostfilzig. Blätter ganzrandig, steifaufrecht, brüchig (daher der Rasen starr und oft verletzt). Kapsel langgestreckt, etwas sich krümmend, sehr lang geschnäbelt. Früchte selten. **Grünes Gabelzahnmoos.** *Dicranum viride.*
2. Rasen bis 5 cm hoch, gelbgrün. Stengel dicht braunfilzig. Blätter schwach einseitswendig, etwas kraus, röhrig, in der Spitze deutlich gesägt. Stiel dünn, strohgelb. Kapsel aufrecht, länglich, trocken gefurcht. Deckel geschnäbelt. Sommer. **Großes Gabelzahnmoos.** *Dicranum flagelláre.*
3. Rasen bis 5 cm hoch, rost- oder rotfilzig, grün oder gelblichgrün, glänzend. Blätter aufrecht abstehend, bis sichel-

förmig einseitswendig, lang pfriemenförmig, hohl. Stiel gelb, bogig gekrümmt. Kapsel länglich. Deckel geschnäbelt. Haube kappenförmig. **Gabelzahnmoos.** *Dicranodóntium denutátum.*

4. Rasen bis 6 cm hoch, ziemlich dicht, dunkelgrün, im Wasser blaugrün werdend, durch Wurzelfilz verwebt. Stengel locker beblättert, mit grundständigen Sprossen. Blätter aufrecht abstehend, nach oben größer, bis 3 mm lang, scharf zugespitzt. Stiel gerade 1 cm lang, rötlich. Kapsel meist waagrecht, länglich. Deckel gewölbt, stumpf. **Sternmoos.** *Mnium stelláre.*

B. Die Moospflanzen bilden Räschen oder kissenartige kleine Polster.

a) Die Blattspitze läuft in ein Glashaar aus. Polsterförmige oder lockere Räschen von ½–2 cm Höhe, schmutziggrün, braungrün oder bräunlich. Blätter aufrecht abstehend, schopfig. Stiel rot, Kapsel länglich, Deckel spitz. Mehrere Arten. **Bärtchenmoos.** *Syntrichia.*

b) Die Blattrippe läuft in eine Stachelspitze aus. Räschen ½–1 cm hoch, dicht und großblättrig, gelbgrün oder grün. Blätter oben schopfig, verkehrt eilänglich, zugespitzt, hohl, fast flachrandig. Stiel purpurn, Kapsel aufrecht, walzlich, gekrümmt. Deckel kegelig, stumpf. Sommer. **Stachelspitziges Bärtchenmoos.** *Syntrichia subuláta.*

c) Die Blattspitze hat kein Glashaar und keine Stachelspitze.

α) Polster sehr niedrig, ½–2 cm hoch.

1. Polster breit, hellgrün oder gelbgrün, schwach wurzelhaarig. Blätter trocken kraus, feucht geschlängelt, abstehend, lineal-lanzettlich, zugespitzt, ganzrandig, oben rinnig, in der Mitte zurückgeschlagen. Stiel bleichgelb. Kapsel walzlich, gelbbraun. Winter. **Lockiges Perlmoos.** *Dicranoweisia cirráta.*

2. Polster flach, meist grün. Blätter trocken verbogen, gekräuselt. Stiel allmählich in den Hals der Kapsel übergehend. Kapsel aufrecht, regelmäßig, 8streifig, trocken gefurcht. Haube glockenförmig, längsfaltig, am Grunde zerschlitzt, dicht behaart. Deckel geschnäbelt. Mehrere Arten. **Krausblattmoos, Goldhaar.** *Ulóta.*

β) Polster 1–5 cm hoch.

1. Meist dunkelgrüne, kleine Rasen oder halbkugelige Polsterchen an Bäumen, Zäunen, Gestein und auf Dächern. Blätter niemals gekräuselt, meist eilanzettlich. Stiel kurz. Kapsel oval, länglich, mit deutlichem Hals. Haube glockenförmig. Frühjahr. Viele Arten. **Goldhaar.** *Orthotrichum.*

2. Rasen dicht polsterförmig, 1–5 cm hoch, grün, am Grunde rostfilzig, verwebt. Blätter aufrecht abstehend, oben schopfig gehäuft, in der unteren Hälfte umgerollt, in der Spitze ausgefressen gezähnt. Stiel dünn. Kapsel geneigt, symmetrisch, hochrückig, kurzhalsig, mit 8 dunkler gefärbten, verdickten Längsstreifen. Deckel stumpf. Haube kappenförmig. **Kopfmoos.** *Aulacómnium androgýnum.*

II. Der Stengel ist durch seitliche Äste verzweigt, kriechend, aufsteigend oder aufrecht; die Zweige sind mehr oder minder reich gefiedert; die Moose wachsen in zusammenhängenden Rasen.

A. Die Zweige sind flach, die Blätter stehen scheinbar 2zeilig.

a) Blätter zungenförmig.

1. Blätter mit starker Mittelrippe. Rasen niederliegend-aufsteigend, blaßgrün oder gelblichgrün, glänzend. Zweige etwas gabelästig, nicht gefiedert. Kapsel klein, 1 mm lang, elliptisch oder fast walzenförmig. Deckel schief pfriemlich geschnäbelt. Stiel 1–2 cm lang, rot. **Flachmoos.** *Homália trichomanoides.*

2. Blätter ohne Mittelrippe. Rasen platt, kriechend, ausgebreitet, grün bis bräunlichgrün. Zweige gefiedert. Beblätterung dicht, achtreihig. Kapsel oval. Haube kappenförmig. Deckel kegelig, schief geschnäbelt. Sprosse bis 20 cm lang. Mehrere Arten. Winter. **Ringmoos.** *Néckera.*

b) Blätter zugespitzt.

1. Blätter mit Mittelrippe (reicht bis zur Mitte). Rasen grün oder gelbgrün, stark glänzend. Stengel streckenweise dicht fiederig, niederliegend, spärlich wurzelnd, mit aufrechten, geraden Ästen. Blätter breit-eilänglich, etwas hohl, ein wenig längsfaltig, lang zugespitzt, gegen die Spitze scharf

gesägt. Stiel 1–3 cm lang, durchweg sehr warzig-rauh. Kapsel braun, braunschwarz werdend, geneigt bis waagrecht. Deckel kegelig, abgestumpft, selten geschnäbelt. Winter. **Gemeines Federmoos.** *Brachythécium rutábulum.*

2. Blätter ohne Mittelrippe. Weiche, lockerrasige, seidenglänzende Moose. Stengel wenig wurzelhaarig, zerstreut und unregelmäßig beastet, oft mit Ausläufern. Stiel glatt, rot. Kapsel länglich, dünnhäutig. Deckel kegelig, gespitzt. Mehrere Arten. **Flachmoos.** *Plagiothécium.*

B. Die Zweige sind gerundet, die Blätter stehen ringsum.

a) Zweige mit hakig gekrümmter Spitze.

1. Blätter längsfaltig. Rasen locker, ausgedehnt, glänzend, gelblichgrün bis bräunlichgrün. Stengel niederliegend bis aufsteigend, bis 10 cm lang, etwas wurzelhaarig, entfernt fiederästig. Stiel bis 3 cm lang, purpurn. Kapsel gelbrot, walzlich, gekrümmt, im Alter unter der Mündung verengt. Deckel orange, mit purpurnem Spitzchen. Frühjahr. **Hakiges Schlafmoos.** *Drepanocládus uncinátus.*

2. Blätter glatt. Rasen flach oder kissenförmig, bleichgrün bis dunkelgrün, glänzend. Stengel bis 10 cm lang, kräftig bis fadendünn, bald kriechend, bald aufrecht, unregelmäßig, regelmäßig gefiedert. Blätter meist zweireihig einseitswendig, sichelförmig bis hakenförmig, in eine lange Spitze verschmälert, hohl, faltenlos, ganzrandig oder etwas gesägt. Stiel purpurn. Kapsel geneigt bis aufrecht, walzenförmig, gekrümmt. Deckel geschnäbelt. — An alten Waldbäumen sehr häufig: Äste fadenförmig dünn, oft kaum 1 mm breit, der Unterlage dicht anliegend. Winter. Gemeinstes Waldmoos. **Zypressenförmiges Schlafmoos.** *Hypnum cupressifórme.*

b) Zweige mit gerader Spitze.

α) Rasen völlig glanzlos. Zweige unregelmäßig, meist gabelig verzweigt.

§ Zweige mit meist etwas verdickter Spitze, derb. Fruchtstiel gelb. Kräftige, glanzlose, starre, grüne, braungrüne oder gelblichgrüne Moose mit kriechendem Stengel. Blätter 5reihig, dicht gestellt. Kapsel aufrecht, länglich. Haube kappenförmig. Decke kegelig. Mehrere Arten. Herbst und Winter. **Trügzahnmoos.** *Anómodon.*

§§ Zweige gleichmäßig, Blätter sehr klein. Fruchtstiel rot.

1. Kapsel aufrechtwalzlich, dünnhäutig, gelblich, trocken, unter der Mündung verengt, bräunlich, glänzend, längsrunzelig. Rasen locker, verworren, schmutziggrün. Stengel 2–4 cm lang, kriechend, unregelmäßig beastet, mit einfachen Ästen. Frühjahr. **Leske.** *Léskea polycárpa.*

2. Kapsel geneigt, gekrümmt, unter der erweiterten Mündung stark verengt. Deckel kegelig, stumpf, mit roter Warze. Rasen klein, verworren, reingrün oder gelblichgrün. Stengel bis 6 cm lang, wurzelhaarig, wenig geteilt, dicht mit dünnen Ästen besetzt. Frühjahr. **Kriechendes Pfeifenkopfmoos.** *Amblystégium serpens.*

β) Rasen stark glänzend.

1. Rasen flach, gelblichgrün. Stengel kriechend, bis 8 cm lang, unregelmäßig gefiedert, mit spärlichen Ausläufern. Äste aufgerichtet, trocken eingekrümmt. Blätter tieffaltig, gedrängt. Fruchtstiel glatt oder unten etwas rauh. Kapsel aufrecht, länglich, walzlich, gerade oder schwach gebogen. Deckel stumpf, schief geschnäbelt. Winter. **Seidenmoos.** *Camptothécium sericeum.*

2. Rasen grün oder gelbgrün, Stengel unregelmäßig, streckenweise dicht fiederig, niederliegend, spärlich wurzelnd, mit aufrechten, geraden Ästen. Stengelblätter gedrängt, zugespitzt, faltig. Fruchtstiel purpurn, warzig. Kapsel geneigt bis waagrecht, rotbraun. Deckel kegelig, abgestumpft, selten geschnäbelt. Winter und Frühjahr. **Gemeines Federmoos.** *Brachythécium rutábulum.*

3. Rasen niedrig, meist locker, gelblich bis dunkelgrün, seidenglänzend. Stengel kriechend, bis 5 cm lang, reichlich wurzelnd, durch aufsteigende Äste mehr oder weniger regelmäßig gefiedert. Blätter lang, meist etwas schief zugespitzt, hohl, ganzrandig. Fruchtstiel purpurn. Kapsel aufrecht, walzlich, rotbraun. Deckel kegelig. Herbst und Winter. **Pylaie.** *Pyláiea polyántha.*

γ) Rasen schwach glänzend.

§ Blattrippe vorhanden, bis in die Mitte des Blattes oder bis in die Spitze verlaufend.

1. Rippe endet in der Mitte des Blattes. Rasen oft kissenförmig, bleichgrün bis bräunlich. Hauptstengel kriechend, wurzelhaarig, kleinblättrig. Sprosse aufsteigend, mit Ausläufern, oben büschelig verzweigt. Stiel glatt, purpurn. Kapsel aufrecht, nicht gekrümmt, rotbraun. Deckel kegelig, geschnäbelt. Herbst. **Mäuseschwanz.**
Isothécium vivíparum.

2. Rippe der Stengelblätter etwa $^3/_4$ der Blattlänge; Rippe der Astblätter gewöhnlich als Dorn austretend. Rasen niedrig, mehr oder weniger verwebt, hellgrün bis gelblichgrün. Stengel kriechend, mit aufgerichteten Ästen besetzt. Stiel purpurn, warzig. Kapsel geneigt bis waagrecht, glänzend braun. Deckel flach, kegelig, spitz. **Federmoos.**
Winter. *Brachythécium velutínum.*

3. Rippe vollständig oder aus der Spitze austretend. Rasen niedrig, freudiggrün oder gelblichgrün. Stengel ausläuferartig, braunwurzelig, fast fiederig beastet, mit kurzen, häufig peitschenförmigen Ästen. Stiel in der oberen Hälfte rauh. Kapsel geneigt, oval, kastanienbraun. Deckel spitzkegelig. Winter. **Federmoos.**
Brachythécium popúleum.

4. Rippe mit mehreren kürzeren Nebenrippen, vor der Spitze endend. Rasen kräftig, locker, starr, gelblich oder bräunlichgrün. Stengel kriechend, fadenförmig, ausläuferartig, mit unregelmäßig gefiederten Sprossen. Stiel 1 cm lang, purpurn. Kapsel geneigt, länglich oval, rötlichbraun (nach der Entdeckelung hängend). **Hängemoos.**
Frühling. *Antitrichia curtipéndula.*

§§ Blattrippe fehlt. Rasen ausgedehnt, locker, schmutziggrün oder bräunlich-grün. Stengel kriechend, mit zahlreichen, aufrechten oder bogigaufsteigenden, meist einfachen, 5 cm langen Sprossen. Stiel 1 cm lang, gelbrot. Kapsel aufrecht, walzenförmig, rotbraun. Deckel stumpf kegelig. Zähne der Kapsel blaß, fast weißlich (Name). **Weißzahnmoos.**
Frühjahr. *Léucodon sciuroídes.*

17. Flechten

Formen der Flechten. An Felsen und Mauern, alten Bretterzäunen und Planken, an der Rinde alter Bäume findet man graue, gelbe, graugrüne oder grüngelbe krustenartige Überzüge, die fest an ihrer Unterlage haften: Krustenflechten.

Andere Flechten haben buchtige, unregelmäßig geformte Lappen, die vielfach zerschlitzt und zerrissen erscheinen: Laubflechten.

Wieder andere Flechten sind strauchartig verzweigt, bilden an den Ästen der Bäume lange, graue Bärte oder, wenn sie auf der Erde wachsen, dichte Rasen: Strauchflechten.

Vermehrungsorgane sind die becher-, teller- oder flaschenförmigen Gebilde, in denen die Sporen wachsen.

Die häufigsten Flechten

Tafel S. 125

I. An Steinen und Felsen.

Landkartenflechte, *Rhizocárpon geográphicum*, eine dünne Krustenflechte mit zierlichen grüngelben Feldern, die schwarz umsäumt sind. Steine und Felswände sind oft weithin schwefelgelb von ihr überzogen (Abb. 1).

II. An Stämmen und Ästen der Bäume.

A. Krustenflechten.

1. Schriftflechte, *Gráphis scrípta*. An Stämmen mit glatter Rinde. Auf der sehr dünnen Kruste sitzen feine, kommaförmige schwarze Striche, die eine gewisse Ähnlichkeit mit Schriftzeichen haben; es sind die Fruchtkörper (Abb. 2).

2. Braune Scheibenflechte, *Lecanóra subfúsca*. An Baumstämmen häufig. Dünne, graue Krusten; darauf die kleinen, runden, braungefärbten Fruchtkörper, die weiß umsäumt sind (Abb. 3).

B. Laubflechten.

1. Wandflechte, *Xanthória pariétina*. Sehr häufig an Baumstämmen, Bretterwänden und Steinen. Die dottergelbe Flechte löst sich mit buchtigen, blattartigen Lappen von ihrer Unterlage. Nach der Mitte zu stehen die kleinen schüsselartigen, orangefarbenen Fruchtkörper (Abb. 4).

2. Schildflechte, *Parmélia physódes*. Sehr häufig an Stämmen und Zweigen, die oft ganz davon überzogen sind. Lappen tief eingeschnitten, Oberseite grau, Unterseite schwarz (Abb. 5).

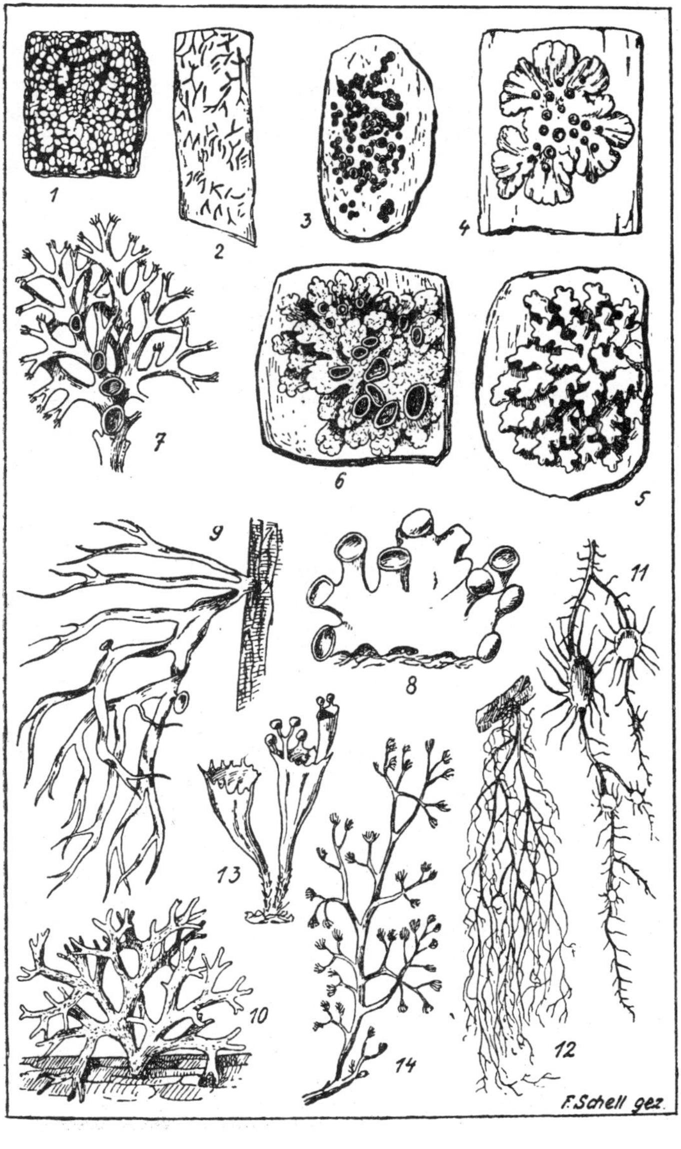
1
2
3
4
7
6
5
9
8
11
13
12
10
14
F. Schell gez.

3. Felsen-Schildflechte, *Parmélia saxátilis.* Häufig an Bäumen, Brettern und Steinen. Lappen tief eingeschnitten, oben grauweiß oder grünlich, unten schwarzbraun. Fruchtkörper rundlich, dunkelbraun, hell umsäumt (Abb. 6).

4. Wimperflechte, *Hagénia ciliáris.* An Laubbäumen, namentlich Pappeln. Lappen tief eingeschnitten, am Rande fein zerschlitzt, daher von büschelartigem Aussehen. Fruchtkörper rund und schwarz (Abb. 7).

5. Hundsflechten, *Peltígera.* An Baumstümpfen und auf dem Boden. Ausgebreitete, flächenförmige, derbe Lager mit wellig gebogenen Rändern. Oberseits lederartig, grau, grün oder braun; unterseits heller und fein geädert. Sie hängen mit vielen feinen Fäden an ihrer Unterlage fest. Fruchtkörper am Rande des Flechtenlagers (Abb. 8).

C. Strauchflechten.

1. Astflechte, *Ramalína calýcaris.* An Bäumen. Etwa fingerlange, schmale, nach dem Ende zu vielfach verzweigte Bänder, die schlaff hängen (Abb. 9).

2. Bandflechte, *Evérnia.* An Bäumen. Runde Büschel von einigen Zentimetern Länge. Die schmalen Äste mehrfach verzweigt und starr (Abb. 10).

3. Gemeine Bartflechte, *Úsnea barbáta.* An Waldbäumen, namentlich Nadelbäumen sehr häufig. Aus einem gemeinsamen Anheftungspunkt entspringen einige dünne, fadenartige, grüne Äste, die sich vielfach verzweigen. An den Verzweigungen runde, schildförmige Fruchtkörper mit Wimpern am Rande (Abb. 11).

4. Moosbart, *Bryópogon jubátus.* Noch häufiger als die gemeine Bartflechte an Waldbäumen. Sehr fein und fadenartig verzweigt von den Ästen lang herabhängend. Von den Büscheln ließe sich für Weihnachtsaufführungen ein guter Zwergenbart machen (Abb. 12).

III. Am Boden.

A. Laubflechten. Siehe unter II, 5: Hundsflechten.

B. Strauchflechten.

1. Becherflechten, *Cladónia.* Sehr häufig, in mehreren

Arten. Längere oder kürzere Säulchen endigen in einen kleinen Becher oder Trichter, auf dessen Rande braune oder rote Knöpfchen, die Fruchtkörper, stehen (Abb. 13).

2. Renntierflechte, *Cladónia rangiferína*. Häufig auf Waldboden. Handhohe, reich verästelte, graugrüne Büsche, die oft größere Bodenflächen rasenartig überziehen. Bei feuchtem Wetter weich und biegsam, bei längerer Dürre unter dem Fuß wie Glas zerspringend (Abb. 14).

B. Tierleben

1. Welches Tier hinterließ diese Fährte?

Die Reihenfolge der Fußabdrücke, die das zur hohen Jagd gehörende Wild hinterläßt, nennt der Jäger „Fährte".

Diese Tiere (Hirsch, Reh, Wildschwein . . .) haben gespaltene Hufe, deren hornige Teile „Schalen" heißen.

An der Hinterseite der Läufe sitzen etwas über den Schalen zwei hornige Auswüchse: die Aberklauen, Afterklauen oder das Geäfter.

Wenn das Geäfter sich in der Fährte abdrückt, sagt der Jäger: die Fährte aftert.

Wir untersuchen eine Fährte

Tafel S. 128

A. Trittsiegel stets mit deutlichem Geäfter: 2 gebogenen, schmalen Abdrücken dicht hinter den Schalen. Beispiel: Hausschwein.

1. Die Trittsiegel stehen in gleichen Abständen links und rechts an einer gedachten Linie entlang. **Ziehendes Wildschwein.** *Sus scrofa.*

2. Die Tritte stehen wie ein Hasensprung: 2 Tritte hintereinander, in einem etwas größeren Abstand davor 2 Tritte schräg nebeneinander (beim Hasen genau nebeneinander). **Flüchtiges Wildschwein.**

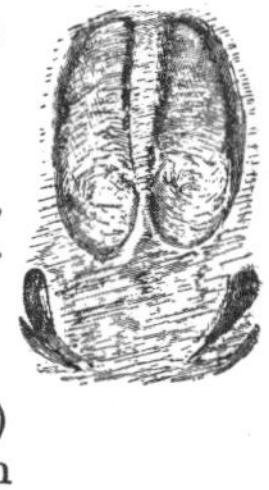

B. Trittsiegel ohne Geäfter oder (bei flüchtigem Wild) mit 2 kleinen Punkten, die aber weiter hinter den Schalen stehen als das Geäfter in der Wildschweinfährte.

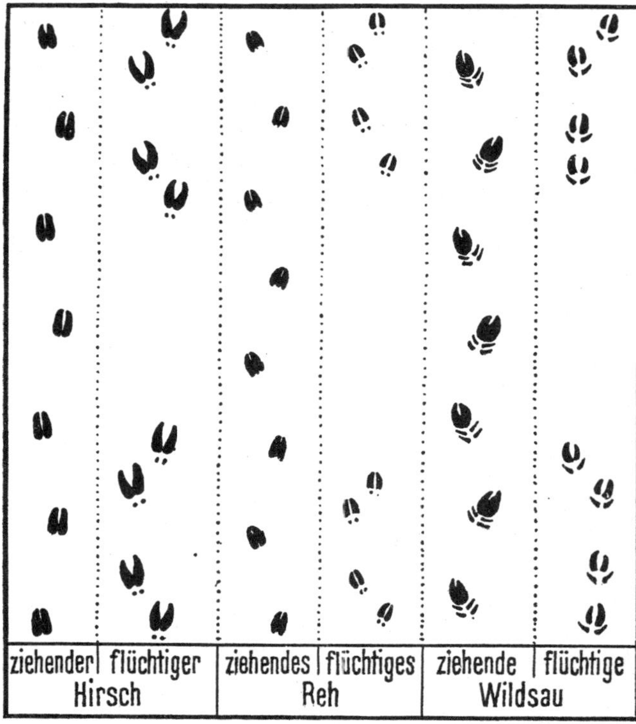

a) Die Trittsiegel stehen in gleichen Abständen links und rechts an einer gedachten Linie entlang. In solchen Fährten ist kein Geäfter zu sehen. **Ziehendes Schalenwild.**

1. Trittsiegel groß: bei Jungtieren 6 cm lang, 4 cm breit; bei ausgewachsenen Tieren bis 10 cm lang und 9 cm breit. Schrittweite bei Jungtieren etwa 40 cm, bei ausgewachsenen Tieren bis 58 cm. **Hirsch.** *Cervus élaphus.*
2. Trittsiegel kleiner als bei Hirsch: Jungtier 5 cm lang, 3 cm breit, ausgewachsenes Tier etwa 8 cm lang, 6 cm breit. Schrittweite geringer als bei Hirsch. **Damwild.** *Dama dama.*

3. Trittsiegel wesentlich kleiner als die von Hirsch und Damwild; bei einem ausgewachsenen Bock etwa 5 cm lang, 3 cm breit. Schrittweite geringer als bei Hirschen. **Reh.**
Capréolus capréolus.

4. Trittsiegel etwas größer als die des Hausschafes, vorn weiter gespreizt als bei Reh. Bei einem alten Widder bis 6 cm lang und $4\frac{1}{2}$ cm breit. (Das Mufflon ist ein Wildschaf, eine der Stammformen unserer Hausschafe.) **Mufflon.**
Ovis musimon.

b) Die Trittsiegel stehen zu je 4 in der Form eines verschobenen Hasensprunges beieinander, die Trittebilder sind durch große Abstände voneinander getrennt. **Flüchtiges Schalenwild.**

α) In den Fährten sind die punktförmigen Geäfter zu sehen. Aus der Weite der Fluchten und der Größe der Trittsiegel ist das Wild „anzusprechen" (= zu erkennen, welches Tier die Fährte hinterließ):
1. Gewöhnliche Fluchten der Hirsche 2,75 m — gewöhnliche Fluchten der Tiere (= Hirschkühe) 1,50 bis 2 m.
2. Gewöhnliche Fluchten des Damwildes: der Hirsche 2,75 m, der Tiere (weibliches Damwild) 1,50 bis 2 m.
3. Gewöhnliche Fluchten der Rehe etwa 4 m.

β) In den Fährten ist kein Geäfter vorhanden: Mufflon.

Wir messen die Weite der Fluchten

1. Vergiß nicht, wenn du durch einen verschneiten Wald wandern willst, ein Bandmaß und ein Notizheft mitzunehmen!
2. Du kannst aus der Weite der Fluchten ersehen, ob das Wild auf einer gewöhnlichen Flucht war oder ob es erschreckt oder verfolgt wurde.
3. Ich habe einmal auf einem ebenen Felde in der Nähe eines Dorfes die Fluchten eines Rehes gemessen. Sie hatten eine Weite von 8 m. Das Reh war in Not — eine Hundespur lief neben der Rehfährte her.
4. Die längste Flucht eines Rehes, die seither gemessen wurde, war fast 15 m lang. Das Reh sprang an einem steilen Abhang über einen Busch hinweg.
5. Die längste Flucht eines Hirsches, die ich maß, war 10 m lang. Der Hirsch wurde etwa 100 m von mir entfernt angeschossen, flüchtete vor mir über den Waldweg, sprang einen steilen mannshohen Hang

hinauf durch einen Weißdornstrauch mitten hindurch, brach dabei einen daumendicken Ast glatt ab, lief noch einige Fluchten weiter und brach verendend zusammen. In diesem Augenblick stand ich schon neben ihm, gleich danach kam auch der Schütze herbei. An dem abgebrochenen Dornzweig hingen Fleischlappen und Haare.

6. Beachte bei deinen Untersuchungen und Messungen die Größe des Wildes: Hirsch bis 1,50 m hoch und 2,30 m lang — Damhirsch bis 0,90 m hoch und 1,50 m lang — Reh bis 0,75 m hoch und 1,25 m lang — Mufflon 0,60 bis 0,70 m hoch und 1,20 m lang.

2. Wie sind Hirsch und Reh im Winter gefärbt?

Hirsch

1. Färbezeiten: April/Mai und September/Oktober.
2. Sommerkleid: Nach Ausfallen der Winterhaare und Wolle wächst die Sommerbehaarung. Sie ist kürzer, glänzender und steht dünner als die Winterbehaarung. Sommerfärbung: rotbraun, am Grunde des Wedels (Schwanz) ein gelbrötlicher Fleck (Spiegel).
3. Winterkleid: Behaarung dicht und stark mit Wolle durchsetzt. Färbung: dunkelgraubraun.

Reh

1. Färbezeiten: Mai und September/Oktober.
2. Sommerkleid: Rotgelb, dünn, glänzend. Spiegel gelblich.
3. Winterkleid: Braungrau, dicht und lang. Spiegel schneeweiß.

3. Welches Tier hinterließ diese Spur im Schnee?

Beobachtung

Wir sehen im verschneiten Walde die Fußspur eines Tieres. Sie stammt von einem Pfotentier: Hund, Fuchs, Hauskatze, Wildkatze, Marder, Wiesel, Hase, Kaninchen haben Pfoten. Von welchem Tier ist die Fußspur?

Wir untersuchen ein Trittsiegel

I. Das Trittsiegel ist genagelt, das heißt: die Nägel (Krallen) sind mit abgedrückt.

A. Das Trittsiegel zeigt 5 Zehenabdrücke.

a) Die Nagelabdrücke sind sehr lang. Das Tier hat an den

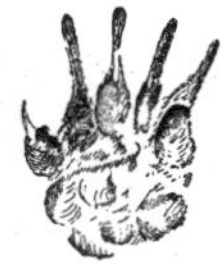

Vorderfüßen 2 cm lange Grabekrallen, die sich im weichen Boden der ganzen Länge nach abdrücken. Die Krallen der Hinterfüße sind kaum 1 cm lang. Die Sohle der Vorderpfote ist 5 cm breit, die der Hinterpfote 4,2 cm. **Dachs.** *Meles meles.*

b) Die Nagelabdrücke sind kurz.

1. Vorderpfote etwa 2 cm breit. Die 3 Mittelzehen ungleich lang, sie stehen weit vor den beiden Außenzehen. **Iltis.** *Putórius putórius.*
2. Vorderpfote 1,2 cm breit. Die 3. und 4. Zehe (Mittelzehe und „Goldfinger") gleichlang. Der „Daumen" steht weit zurück. Trittsiegel kleiner rundlicher Tupfen. **Großes Wiesel, Hermelin.** *Mustéla erminea.*

B. Das Trittsiegel zeigt 4 Zehenabdrücke.

a) Kleine Trittsiegel. Breite der Vorderpfoten 3—3½ cm.

1. Im Trittsiegel zeigen sich keine Abdrücke der Ballen, weil die Pfotensohle des Tieres stark behaart ist. **Baummarder.** *Martes martes.*
2. Im Trittsiegel zeigen sich deutlich der Abdruck des Pfotenballens und die 4 Abdrücke der Zehenballen. Das Trittsiegel ist etwas kleiner als das vorige. **Haus- oder Steinmarder.** *Martes foina.*

b) Größere Trittsiegel (vergleiche Abb. S. 64!).

1. Trittsiegel rundlich. Verbinde die beiden Eindrücke der hinteren Krallen durch eine gerade Linie (Streichholz): sie läuft durch die Vorderballen. **Haushund.** *Canis familiáris.*
2. Trittsiegel länglich. Verbinde die beiden Eindrücke der hinteren Krallen durch eine gerade Linie: sie läuft hinter den Vorderballen her. **Fuchs.** *Vulpes vulpes.*

II. Das Trittsiegel ist nicht genagelt, das heißt: die Nägel (Krallen) sind nicht mit abgedrückt, weil sie beim Auftreten des Fußes eingezogen werden.

1. Trittsiegel rundlich. Verbinde die Spitze der beiden Außenzehenballen durch eine gerade Linie (Streichholz legen): sie läuft durch den Hinterrand der Mittelzehenballen. **Hauskatze.** *Felis doméstica.*

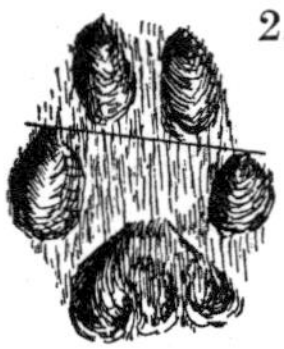

2. Trittsiegel länglich. Verbinde die Spitze der beiden Außenzehenballen durch eine gerade Linie: die beiden Mittelzehenballen liegen vor dieser Linie, sie werden nicht von ihr durchschnitten. Sohlenbreite der Vorderpfoten eines Kuders (Wildkaters) $3\frac{1}{2}$ cm, einer Wildkätzin 3 cm, eines starken Hauskaters 2,7 cm. **Wildkatze.** ***Felis silvéstris.***

Wir untersuchen die Spur

Tafeln S. 133 und 134

Da das Tier sowohl im Gehen als auch im Traben und in der Flucht mit allen 4 Füßen auftritt, gehören auch jeweils 4 Trittsiegel zusammen: diese 4 Eindrücke heißen das Trittebild. Die Reihe der Trittebilder aller Tiere, die zur niederen Jagd gehören, nennt der Jäger Spur; die Reihe der Trittebilder aller Tiere, die zur hohen Jagd gehören, heißt Fährte.

Spuren werden hinterlassen von: Hasen, Kaninchen, Fuchs, Dachs, Wildkatze, Baummarder, Hausmarder, Iltis, außerdem von Hund, Hauskatze, Hermelin, Hauswiesel, Eichhörnchen, Mäusen.

Fährten werden hinterlassen von: Hirsch, Reh, Gemse, Mufflon, Elch, Damwild, Wildschwein.

A. Die Tritte stehen in einer Linie hintereinander, wie an einer Schnur aufgereiht: das Tier „schnürt“.

a) Die Tritte liegen sämtlich so genau hintereinander, daß sich eine gerade Linie hindurchziehen läßt. Sie haben 4 Zehenballen und 4 Nagelabdrücke.

1. Sie haben die Größe eines Hundetrittes. **Trabender Fuchs.**
2. Sie sind größer als die Tritte eines großen Haushundes. **Wolf.**

b) Sie liegen so zu beiden Seiten einer gedachten Linie, daß die inneren Seiten der Tritte diese Linie berühren oder doch fast berühren. (Strich ziehen!)

α) Die Trittsiegel sind genagelt.

1. Trittsiegel mit 4 Zehenballen, kurzgenagelt. **Haushund.**
2. Trittsiegel mit 5 Zehenballen, lang genagelt. **Dachs.**

β) Die Trittsiegel sind nicht genagelt.

1. Trittsiegel rundlich, klein. **Hauskatze.**
2. Trittsiegel länglich, deutlich größer. **Wildkatze.**

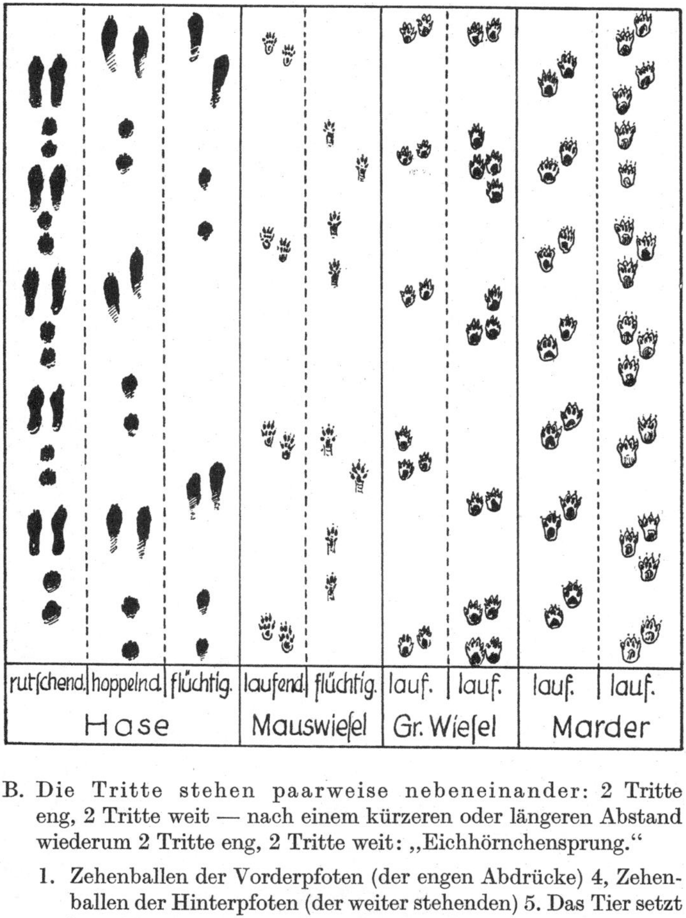

B. Die Tritte stehen paarweise nebeneinander: 2 Tritte eng, 2 Tritte weit — nach einem kürzeren oder längeren Abstand wiederum 2 Tritte eng, 2 Tritte weit: „Eichhörnchensprung."

1. Zehenballen der Vorderpfoten (der engen Abdrücke) 4, Zehenballen der Hinterpfoten (der weiter stehenden) 5. Das Tier setzt beim Hüpfen zunächst die beiden Vorderpfoten gleichzeitig auf und setzt beim Hüpfen oder im Sprung mit den Hinterläufen über die Eindrücke hinweg, so daß die Abdrücke der Hinterpfoten in der Sprungrichtung vorn stehen. **Eichhörnchen.**

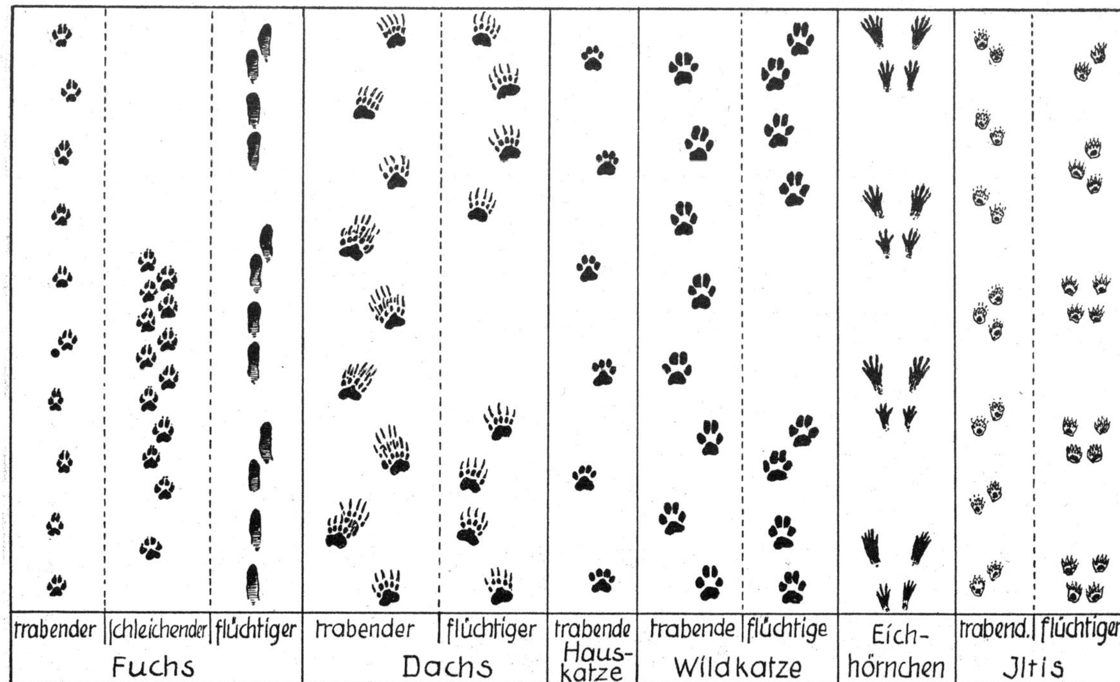
trabender
schleichender
flüchtiger
Fuchs
trabender
flüchtiger
Dachs
trabende
Hauskatze
trabende
flüchtige
Wildkatze
Eichhörnchen
trabend.
flüchtiger
Jltis

2. Zehenballen der Vorderpfoten 5, der Hinterpfoten 5. Die Viertrittespur kann mit Dreitritten durchsetzt sein. **Iltis** (auf der Flucht).

C. Zwei kleine Tritte stehen hintereinander, zwei größere nebeneinander. Das Tier setzt im Hoppeln oder Laufen zunächst und hintereinander die beiden Vorderpfoten auf und setzt dann mit den Hinterläufen über die Eindrücke hinweg; die Hinterpfoten werden gleichzeitig aufgesetzt, ihre Eindrücke stehen nebeneinander: „Hasensprung."

1. Eindrücke groß, stark genagelt. **Hase.**
2. Eindrücke etwas kleiner (meist Scharrstellen in der Nähe: Löcher, die unten rund sind). **Kaninchen.**
3. Eindrücke sehr klein. **Mauswiesel.**
4. Katzen machen in der Flucht den Hasensprung.

D. In der Spur stehen je 2 Tritte in ziemlich gleichen Abständen schräg nebeneinander: „Mardersprung."

a) Der rechte Fußabdruck steht in der Regel vorn.

1. Trittsiegel ohne Abdruck der Fußballen. Im Walde. **Baummarder.**
2. Trittsiegel mit Abdruck der Fußballen. Meist in Ortschaften, doch auch im Walde. **Hausmarder.**
3. Die Zweitrittreihe durch einzelne Dreitritte durchbrochen. **Großes Wiesel, Hermelin.**
4. Größere Trittsiegel. **Flüchtender Fuchs.**

b) Der linke Fußabdruck steht in der Regel vorn, von einem sehr kleinen Tier. **Mauswiesel.**

c) Nach einigen Sprüngen mit dem rechten Fußabdruck vorn folgt ein Dreitritt, danach eine Zweitrittreihe mit dem linken Fußabdruck vorn. Dadurch wird die Spur „bunt". Zehenabdrücke 5. **Iltis.**

Wir messen die Weite der Fluchten

Die Sprungweite der flüchtenden Tiere heißt „Flucht". Sie ist um so weiter, je eiliger das Tier flüchtet. Wir messen die Fluchten der verschiedenen Tierarten.

1. Ordne die Tiere nach ihrer Größe.
2. Stelle fest, ob die Weite der Fluchten der Größenordnung entspricht.

3. Stelle die Weite der Hasenfluchten fest:
   a) wenn der Hase nicht verfolgt wurde,
   b) wenn er verfolgt wurde, wenn also eine Hundespur in oder neben der Hasenspur läuft.
   c) Wie groß ist der Absprung des Hasen, wenn er auf deinem Gange durch das Feld aus seinem „Pott“ ausgetreten wird?
   d) Wie groß ist der Absprung des Hasen, wenn er, vom Hunde verfolgt, einen „Haken schlägt“, d. h. im rechten Winkel von der Laufrichtung abbiegt?
4. Wenn du derartige Messungen einige Male durchgeführt hast, wirst du auf deinen Feldbegängen stets ein Zentimetermaß und ein Notizheft in der Tasche haben.
5. Wenn du die Spuren der Tiere recht zu lesen und zu deuten verstehst, verschaffen sie dir einen Einblick in das Leben der Tiere, einen besseren Einblick, als ihn ein Buch oder ein Bild zu geben vermag.

4. Katze oder Marder?

Wildkatze und Hauskatze, Edelmarder und Steinmarder kann man unverhofft im Walde antreffen. Man ist überrascht. Im nächsten Augenblick ist das Tier verschwunden. Was war es?

I. Achte auf die Größe!

A. Die beiden Katzen sind groß.
1. Wildkatze, *Felis catus*, 70–90 cm lang.
2. Hauskatze, *Felis doméstlcus*, kleiner.

B. Die beiden Marder sind klein.
1. Edelmarder, *Mustéla martes*, 48 cm lang.
2. Steinmarder, *Mustéla foina*, 46 cm lang.

II. Achte auf die Farbe des Felles!

A. Die beiden Katzen sind grau.
1. Wildkatze bräunlichgrau mit schwärzlichen Querstreifen.
2. Hauskatze grau mit dunklen Streifen. (Wenn gelb, weiß, schwarz oder mehrfarbig, dann sofort kenntlich.)

B. Die beiden Marder sind braun.
1. Edelmarder gelblichbraun.
2. Steinmarder graubraun.

III. Achte auf die Brust!

A. Die Wildkatze hat einen weißen Kehlfleck.

B. Die beiden Marder haben einen hellen Brustfleck.
1. Edelmarder mit einem dottergelben Brustfleck.
2. Steinmarder mit einem weißen Brustfleck, der immer kleiner ist als der des Edelmarders.

(Eine Hauskatze mit weißem Brustfleck ist sofort an der Gesamtfarbe zu erkennen.)

IV. Achte auf den Schwanz!
1. Hauskatze: Schwanz länger als die halbe Körperlänge, nach der Spitze hin kürzer behaart und daher dünn.
2. Die beiden Marder: Schwanz von halber Körperlänge.
3. Wildkatze: Schwanz kürzer als die halbe Körperlänge, schwarz geringelt, Spitze schwarz, überall gleich lang behaart und daher am Ende dick.

Anmerkungen:

1. Erkennt man das Tier sofort als Katze, so achte man sogleich auf den Schwanz.
2. Erkennt man das Tier sofort als Marder, so achte man sogleich auf den Brustfleck.
3. Verwilderte Hauskatzen halten sich mehr in Feldern auf als im Walde, man trifft sie aber auch hier an. — Steinmarder lieben die Nähe menschlicher Wohnungen. Ich traf sie schon tief im Walde, sie waren am steinigen Ufer eines Baches entlang gewandert.
4. Wo zerklüftetes Gestein im Walde ist, achte auf! Das Raubzeug hat darin seinen Unterschlupf.

5. Unter einer Fichte oder einer Kiefer liegen zahlreiche Zweigspitzen

Wir finden unter einer Fichte oder einer Kiefer zahlreiche Zweigspitzen. Der Forstmann nennt sie Absprünge. Sie liegen in manchen Fällen wie ein grüner Teppich auf dem Boden ausgebreitet. Wer war der Täter?

Wir untersuchen die Absprünge

1. Sie zeigen keinerlei Schäden: weder Nagespuren am Grunde noch Fraßgänge im Holz. Ein Tier war also nicht der Täter. Da sie ein frisches Aussehen haben, müssen sie erst kürzlich vom Baume gefallen sein. — Durch einen harten Frost sind die Zweigspitzen erstarrt, der Sturm brach sie ab. **Sturm.**

2. Vielleicht liegen unter diesem oder unter einem anderen Baum ältere Absprünge, die nicht so frisch aussehen. Sie haben an der Abbruchstelle ein Loch, das die Mündung eines Ganges bildet, der im Mark des Absprunges hochführt. In einzelnen Absprüngen kann man einen kleinen schwarzen (zuweilen auch braunen) Käfer von $3\frac{1}{2}$–$4\frac{1}{2}$ mm Größe finden. Er lebt in der Rinde der Kiefer und gehört zu den Bastkäfern. Wenn er seine Entwicklung zum fertigen Käfer beendet hat, bohrt er sich an der Ansatzstelle der Zweigspitzen in den Trieb ein, frißt sich in der Markröhre hinauf und überwintert darin. Die dünneren der so befallenen Triebe werden vom Herbststurm abgeworfen, da sie am Bohrloch abbrechen. Die stärkeren Gipfeltriebe kommen wohl durch, bleiben aber verkürzt und entwickeln zum Ersatz der verletzten Gipfelknospe seitlich neue Knospen, wodurch sie buschig werden.

Kiefernmarkkäfer, Waldgärtner.
Blastóphagus piniperda.

3. Wir finden die frischen Absprünge im Vorsommer unter einer Fichte. Der Wald bietet noch keine Sämereien. Hunger tut weh.

Eichhörnchen.
Sciúrus vulgáris.

6. Laute Tierstimmen im Walde

Der Spätwinter (Februar) ist die Ranzzeit (Paarungszeit) der Füchse, Wildkatzen und Eichhörnchen. Wer auf einer Waldwanderung plötzlich das Ranzgeschrei eines dieser Tiere hört, bleibt überrascht stehen und fragt: Wer schreit da?

1. Der Schrei klingt wie ein Pfauenschrei: „Grau“ oder „Griau“

Mit diesem Schrei folgt der erregte Fuchs der Füchsin in der Ranzzeit. Der Schrei klingt wie der Pfauenschrei auf einem Bauernhof und ist weithin zu hören, nicht nur im Walde, sondern auch im Felde. Gewöhnlich steckt die Füchsin in dieser Zeit tagsüber im Bau, wo sich dann die Bewerber einfinden. Man merkt es an dem durchdringenden Geruch, der dann aus dem Rohr aufsteigt. Auch die Laute „Gock“ oder „Grock“ läßt der Fuchs hören, tiefe Laute wie die Rufe des Kolkraben. Diese Ranzschreie haben auch Ähnlichkeit mit dem Bellen eines Hundes, sie ertönen meist in der Nacht.

2. Der Schrei klingt wie das Geschrei der Hauskatze

Wer im Nachwinter nachts in einem unserer großen Gebirgswälder wandert, hört vielleicht das Ranzgeschrei einer Katze. Er darf dann annehmen, daß dort die Wildkatze noch vorkommt. Es können jedoch auch wildernde Hauskatzen sein, denn das Ranzgeschrei beider Arten ist sehr ähnlich.

3. Ein scharfes, helles Pfeifen tönt durch den Wald

Wenn die Eichhörnchen im Nachwinter bis in den Vorfrühling ihre Paarungsspiele treiben, jagt das Männchen hinter dem Weibchen her, rennt über den Boden, am Stamme hoch, verhofft, drückt sich nieder, schmeichelt, dringt heftig auf das Weibchen ein, murkst, pfeift, faucht und pfeift abermals durchdringend schrill. Wer den Ton zum erstenmal in nächster Nähe hört, ist überrascht von seiner Schärfe. Diese schrillen Pfiffe ertönen am Tage. Gehe vom Februar ab oft in den Wald, wo viele Eichhörnchen sind, so wirst du die Pfiffe schon hören!

7. Welcher Vogel hinterließ dieses Geläufe im Schnee?

Überlegungen

1. Im Winter fliegen keine Insekten. Die Vögel, die ihre Insektennahrung im Fluge fangen, sind weggezogen: Segler, Schwalben, Fliegenschnäpper . . .
2. Die Standvögel des Waldes müssen ihre Nahrung am Boden oder auf Bäumen suchen: Bodenvögel und Baumvögel. Aber auch die Baumvögel sind bei Nahrungsmangel gezwungen, den Boden abzusuchen.
3. Die Bodenvögel gehen, schreiten oder laufen: ihre Trittsiegel stehen hintereinander. — Hühnervögel.
4. Die Baumvögel hüpfen oder springen, sie setzen beide Füße zugleich auf den Boden: ihre Trittsiegel stehen nebeneinander. Sie bewegen sich also auf dem Boden gerade so wie im Gezweig der Bäume. — Drosseln . . .
5. Manche Baumvögel suchen ihre Nahrung nur oder fast nur am Boden und bewegen sich wie die Bodenvögel: sie trippeln oder gehen. — Tauben, Buchfink, Krähen.
6. Die Spuren der Vögel nennt man auch „Geläufe".

Bestimmung der Spuren

I. Schreit- und Laufspuren

Merkmale: Die Trittsiegel stehen in gleichen kurzen oder längeren Abständen hintereinander.

A. Hühnervögel: 3 Zehen nach vorn; Hinterzehe dünn, kurz, höher eingelenkt. Daher im Trittsiegel: 3 lange Zehenabdrücke nach vorn, 1 kurzer Abdruck nach hinten gerichtet. Beispiel: Haushuhn. (Tafel S. 43, Abb. 3)

1. Trittsiegel etwa so groß wie vom Truthuhn. **Auerhahn.** *Tetráo urogállus.*
2. Trittsiegel etwa so groß wie vom Haushahn. **Auerhuhn.**
3. Trittsiegel etwa so groß wie vom Haushuhn. **Birkhuhn.** *Lyrúrus tetrix.*
4. Trittsiegel etwa so groß wie vom Haushuhn. **Jagdfasan.** *Phasiánus colchicus.*
5. Trittsiegel kleiner als vom Haushuhn. **Rebhuhn.**

B. Rabenvögel: 3 Zehen nach vorn; Hinterzehe etwa so lang und dick wie die vorderen, tief eingelenkt.
Daher im Trittsiegel: 3 lange Zehenabdrücke nach vorn, 1 ebenso langer nach hinten gerichtet. Beispiel: Rabe.

1. Trittsiegel kleiner als vom Haushuhn. **Krähen.**
2. Trittsiegel kleiner als von Krähen. **Elster.**

II. Trippelspuren

Merkmale: Die Trittsiegel stehen in kurzen Abständen hintereinander oder auch teilweise nebeneinander. 3 Zehenabdrücke nach vorn, 1 etwa ebenso langer und breiter nach hinten. (Tafel S. 43, Abb. 4)

1. Trittsiegel durch schrittweises Trippeln entstanden. **Ringeltaube.** *Colúmba palúmbus.*
2. Trittsiegel durch Trippeln, Schreiten und Hüpfen entstanden. **Buchfink.**
3. Trittsiegel wie vom Buchfink, aber in großer Zahl über die Schneedecke verbreitet. Ein Schwarm **Bergfinken.**

III. Hüpfspuren

Merkmale: Die Trittsiegel stehen paarweise nebeneinander.

A. Hüpfspuren von Kleinvögeln: 3 Zehenabdrücke nach vorn, 1 Abdruck nach hinten. — Die Abstände sind kurz. Beispiel: Sperling. (Tafel S. 43, Abb. 7)

1. In kurzen Abständen hüpfen **Meisen, Rotkehlchen.**
2. In wesentlich weiteren Abständen hüpft **Kleiber.**

B. Hüpfspuren von mittelgroßen Vögeln. Die Abstände sind ziemlich weit. (Tafel S. 43, Abb. 5)

a) Im Trittsiegel 3 Zehenabdrücke nach vorn, 1 Abdruck nach hinten.

1. Die Weite der Abstände zeigt an, daß der Vogel in Sprüngen hüpfte. **Eichelhäher.**

2. Die Sprungweite ist geringer, die Trittsiegel sind kleiner. **Drosseln.**

b) Im Trittsiegel 2 Zehenabdrücke nach vorn, 2 nach hinten. Die Vögel hüpften breitspurig: Spechte, namentlich **Grünspecht und Grauspecht.**

C. Hüpfspuren von großen Vögeln. Das Hüpfen erfolgte in weiten Sätzen. Im Trittsiegel 3 Zehenabdrücke nach vorn, 1 Abdruck nach hinten. **Raubvögel.**

8. Spur eines verfolgten Waldhasen im Schnee

I. Erstes Lager, aus dem der Hase aufgejagt wurde.

II. Zweites Lager, in der Nähe des ersten, wohin er bei der Verfolgung zurückkehrte.

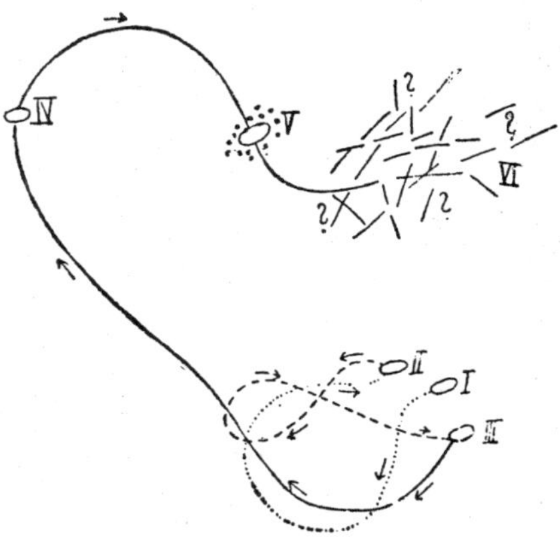

III. Drittes Lager, wiederum in der Nähe des ersten. Auf der zweiten Flucht kreuzte er die erste Spur viermal, die zweite einmal. Da wir ohne Hund waren, mußten wir lange suchen, bis wir die richtige Spur fanden.

IV. Viertes Lager. Nach abermaligem Aufjagen kreuzte der Hase die beiden ersten Spuren wieder viermal und verließ das Lagergebiet.

V. Abermals aufgejagt, lief er durch dichtes Brombeergestrüpp.

VI. Eine Menge sich kreuzender alter und frischer Hasenspuren, aus denen die verfolgte Spur nicht herauszufinden war. Entfernungen: Zwischen I, II, III je etwa 50 m, zwischen III und IV etwa 1000 m.

9. Von welcher Maus ist die Spur im Schnee?

Die Fährten und Spuren der jagdbaren Tiere des Waldes erregen die Aufmerksamkeit nicht nur des Jägers, sondern auch eines jeden Wanderers. An den winzigen Spuren der Mäuse geht jedermann achtlos vorüber.

Merke:

Im Walde kann man die folgenden Mäusearten antreffen:

A. Schwanz so lang oder länger als der Körper. Schnauze zugespitzt. Ohren ragen aus dem Fell. — Hinterbeine lang. Lauf meist springend. — **Eigentliche Mäuse.**

1. Körper (Kopf–Rumpf) 11,5 cm lang. Schwanz 12,5 cm lang. — **Gelbhalsmaus, Springmaus, Große Waldmaus.** *Apodémus flavicóllis.*
2. Körper 11 cm lang. Schwanz 11 cm lang. — **Kleine Waldmaus, Springmaus.** *Apodémus sylváticus.*
3. Körper 10 cm lang. Schwanz 8 cm lang. — **Brandmaus.** *Apodémus agrárius.*
4. Körper 9 cm lang. Schwanz 9 cm lang. — **Hausmaus.** *Mus músculus.*

B. Schwanz kürzer als der Rumpf. Schnauze stumpf. Ohren treten wenig oder nicht aus dem Fell. — Hinterbeine nicht auffällig lang. Fortbewegung meist laufend. — **Wühlmäuse.**

1. Körper (Kopf–Rumpf) 10 cm lang. Schwanz 5 cm lang. — **Rötelmaus, Waldwühlmaus.** *Hypudáeus glaréolus.*
2. Körper 10,5 cm lang. Schwanz 3,5 cm lang. — **Feldmaus.** *Arvícola (Micrótus) arvális.*
3. Körper 11 cm lang. Schwanz 4 cm lang. — **Erdmaus.** *Arvícola (Micrótus) agréstis.*

Überlege:

1. Wenn die Mäusespur weite Sprünge aufweist, stammt sie wahrscheinlich von einer Springmaus. Zeigt sich eine Schleifspur des Schwanzes im Schnee, so wird unsere Annahme dadurch noch gestützt.
2. Wenn die Trittsiegel (Fußabdrücke) in kurzen, gleichweiten Abständen stehen, und wenn keine Schleifspur des Schwanzes im Schnee sich abgezeichnet hat, so wird hier wahrscheinlich eine Wühlmaus gelaufen sein.

3. Doch Vorsicht! Springmäuse laufen auch, und Wühlmäuse können springen.

Untersuche die Trittsiegel!

Die einheimischen Mäuse haben an allen Füßen 5 Zehen. In den Trittsiegeln drückt sich aber der Daumen der Hand (= 1. Zehe des Vorderfußes!) nicht mit ab, weil er verkümmert ist.

Also: Trittsiegel mit 5 Zehenabdrücken = Hinterfuß.
Trittsiegel mit 4 Zehenabdrücken = Vorderfuß.

10. Welche Maus benagte diese Haselnuß?

Sammle angenagte Haselnüsse!

1. Sammle auf deinen Winterwanderungen durch den Wald Haselnüsse mit feinen Nagespuren von Mäusen!
2. Achte darauf, wo die meisten Haselnüsse liegen: ob im Buchenwald, im Eichenwald, im Birkenwald, im Fichten- oder Kiefernwald, im Waldinnern oder am Waldrand! — Haben die Mäuse die Haselnüsse verschleppt?

Untersuche und ordne die Nüsse!

1. Nüsse außen mit deutlichen Nagespuren. (Lupe!)
2. Nüsse außen ohne Nagespuren.

Wie Waldmaus und Rötelmaus die Nüsse öffnen

Ein Forscher wollte wissen, woher es kommt, daß die Haselnüsse in so deutlich verschiedener Weise benagt sind. Er fing Waldmäuse und Rötelmäuse und beobachtete sie in Gefangenschaft, wie sie die Nüsse benagten.

1. Die Waldmaus *(Apodémus sylváticus)* hat lange Arme und drückt die Nuß nicht an den Körper, sondern hält sie mit den Händen (Vorderfüßen) von sich ab. Dadurch ist sie gezwungen, von der Außenseite her einen Gegendruck zu schaffen. Das tut sie, indem sie die Nuß mit den oberen Schneidezähnen festhält. Wenn sie die erste Öffnung eingenagt hat, beginnt sie mit der Erweiterung an der ihrem Körper abgewandten Seite, hakt dabei ständig mit den oberen Schneidezähnen über den benagten Rand hinaus, damit die Nuß ihr nicht entgleitet, und nagt nun mit den unteren Zähnen von innen nach außen. Dadurch entsteht ein unsauberer Rand mit vielen Zacken und Unebenheiten. Weil aber

die oberen Zähne ständig nachgreifen müssen, entstehen zahlreiche kleine und größere Eindrücke in der Nußschale unterhalb des Nagerandes.

2. Die **Rötelmaus**, Waldwühlmaus *(Hypudaeus glaréolus)*, hält die Nuß mit ihren kurzen Händen fest an den Körper gepreßt. Sie nagt zunächst ein Loch in die Schale und benagt dann den vorderen Rand der Öffnung, der ihrem Körper zugewandt ist. Dabei müssen die oberen Schneidezähne an der Innenseite der Nuß angesetzt werden. Mit den unteren Schneidezähnen wird von der Außenseite her nur genagt, die Nuß aber nicht gegengehalten, so daß der helle Hof unter dem Nagerand fehlt, der bei der Rötelmaus regelmäßig, sauber und scharf ist.

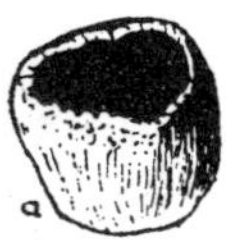
a

b

Nun bestimme die angenagten Nüsse!

1. Nuß unterhalb des Nagerandes mit deutlichen Zahnspuren und hellem Hof; Rand unregelmäßig, uneben, gezackt. (a) **Waldmaus.**
2. Nuß unterhalb des Nagerandes ohne hellen Hof; nur vereinzelte Zahneindrücke; Rand scharf und regelmäßig. (b) **Rötelmaus.**

11. Wie warm ist es im Winter in einem Mauseloch?

I. Eine Messung.

Am 9. 12. 1952 wanderte ich durch das Wesergebirge. Der Waldboden war mit einer dünnen Schneeschicht bedeckt, durch die das Laub noch hindurchschimmerte. Die Luftwärme betrug vormittags 11 Uhr —2^0 C. Ich schob das Thermometer etwa 20 cm tief in ein Mauseloch, das sich in der Nähe einer ausgewachsenen Buche befand. Nach 10 Minuten zog ich das Thermometer wieder heraus; es zeigte + 4^0 C.

II. Aufgaben.

Durch Wärmemessungen im Winter lassen sich mancherlei Einsichten gewinnen. Man sollte daher auf Winterwanderungen ein Thermometer mit sich führen.

1. Luftwärme im Walde und auf dem angrenzenden freien Felde.
2. Bodenwärme im Walde und auf dem angrenzenden freien Felde.
3. Die Wärme über und unter der Laubdecke im Winter.
4. Die Wärme in hohlen Bäumen.

5. Die Wärme in großen Ameisenhaufen.
6. Die Wärme unter besonnten Steinplatten.
7. Welche Wärme hat das Wasser unter dem Eise?
8. Die Wärme in einem Eichhörnchennest. (In niedrigem Stangenholz trifft man oft verlassene Nester an, die leicht erreichbar sind.)
9. Die Wärme in einem Fuchsbau.
10. Überprüfe die Angaben einer Wärmemessung an Kaninchenbauten vom 1. 2. 1954.
    Bei einer Außentemperatur von -15^0 C wurden gemessen
    a) in unbewohnten Röhren bei 1 m Tiefe -5^0 C,
    b) in bewohnten Röhren bei 1 m Tiefe 0^0 C.

12. Waldvögel, die im Winter singen

Tafel S. 29

I. Gesang und Rufe hört man schon an schönen Januartagen.

1. Erkennungszeichen: Vogel von kaum Sperlingsgröße. Unterseite gelb, Oberkopf hellblau. (Abb. 2.)

   Gesang: Strophen von 6—8 Tönen. Häufig in dieser Weise: 2 oder 3 lange Töne, denen eine Reihe kurzer, tiefer liegender folgt. Etwa so: zizizirrr, zizizirrr, zizizirrr. In Zeichen:

   — — . . . . . . — — . . . . . ; oder auch:

   — — . . . . . .   — — . . . . . .

   Gezeter: zerrrrrretet. Lockruf: dünn und scharf — — . oder —, — **Blaumeise.** *Párus caerúleus.*

2. Erkennungszeichen: Unter Sperlingsgröße. Kopf und Unterseite weiß, Oberseite dunkel, Schwanz sehr lang. Meist gesellig in Trupps umherstreifend. (Abb. 4.)

   Gesang: selten, unbedeutend.
   Pfeiflaute: hoch, titititi oder ganz kurz ti oder tiefer, schnurrend zerrr. **Schwanzmeise.** *Aegithalos caudátus.*

3. Erkennungszeichen: Unter Sperlingsgröße. Auf dem Kopfe eine spitze, aufgerichtete Haube, schwarze Kehle, helle Unterseite. Meist in geselligen Trupps umherstreifend.

Gesang: ähnlich wie Blaumeise zickzickgürr, nur etwas rollender und gebundener. In Zeichen: (Abb. 5.)

— — . . . . . **Haubenmeise.**

Gezeter: weich schnurrend zerr. *Párus cristátus.*

II. Der Gesang beginnt im Februar.

1. Erkennungszeichen: Sperlingsgröße. Gelbe Unterseite mit dunklem Mittelstrich, schwarzer Kopf mit weißen Wangen. (Abb. 1.)

Gesang: Sitzida, Sitzida! oder Spitz die Schar! Spitz die Schar! oder Spinn dicke! Spinn dicke!

Rufe: helle kurze pink, einmal oder öfter.

Gezeter: ein lautes, meckerndes dzedzedzedze oder trärrärrärrärrärrärr. **Kohlmeise.** *Párus májor.*

2. Erkennungszeichen: Kaum Sperlingsgröße. Kopf oben schwarz, schwarzer Kehlfleck, übriger Körper schmutzig hellgrau. (Abb. 3.)

Gesang: djiffe djiffe djiffe djiffe djiffe djiffe, oft etwas klappernd, 6–8 mal hintereinander, ein paarmal wieder weich.

Rufe: szizi oder zidä (das i hinaufgezogen). **Graumeise.**

Gezeter: dädädädädädä. *Párus commúnis.*

3. Erkennungszeichen: Sperlingsgröße. Kurzer, abgestumpfter Schwanz, langer Schnabel, Oberseite blaugrau, Unterseite bräunlichweiß. (S. 30)

Gesang: Lautes, klangvolles Pfeifen, das weit durch den Wald schallt; es klingt etwa, als wenn Knaben einander zupfeifen. Aus hohen Baumwipfeln heraus.

Lockton: Lauter, kurzer Ruf sitt oder twitt, auch tuit. **Kleiber.** *Sítta pinetórum.*

4. Erkennungszeichen: Schwarzes Gefieder, gelber Schnabel.

Gesang: Lautes, feierliches Flöten, meist jede Strophe von der vorhergehenden verschieden.

Rufe der Unruhe oder Angst: Ein scharfes gigiggigigigiggik, das schreiend und kreischend klingt und im Abflug zu hören ist. Außerdem ein gedämpftes dakdakdak oder dökdökdökdök.

Einzelruf: Ein gedehntes, hohes, sehr scharfes Zieh oder Siie. **Amsel.** *Túrdus mérula.*

5. Erkennungszeichen: Etwas kräftiger als Sperling. Ganzer Körper grüngelb, am Flügel gelber Fleck, Schwanzende dunkel. Nie mitten im Walde, nur am Waldrande. (S. 25)

Gesang: Klingelnde, weiche Dauerstrophen in verschiedener Höhenlage, etwa klingklingklinggirrr tjo tjo tjo tjo djuldjuldjul, in buntem Wechsel vorgetragen.

Lockton: Gjick, klar und hell ausgestoßen.

Fluglaute: Gickgickgick.

Ein auffälliger Kreischlaut: Sehr häufig vom ruhig sitzenden Vogel zu hören. Ein halb kreischender, halb zischender, langgezogener Ton, der in der Mitte deutlich höher ist als am Anfang und Ende: ⌒. Volkstümliche Bezeichnung dafür: Schwunsch. (Man versuche, den Ton nachzuahmen, indem man das sch anhaltend stimmhaft spricht und mit ü verbindet.)

Grünfink.
Chloris chloris.

13. Ein Schwarm Kleinvögel zieht durch den Wald

Beobachtungen

1. Im Winter stellt sich auf Bauernhöfen, in Gärten, Anlagen und auf Friedhöfen ein Vogel ein, der in Größe, Gestalt, Färbung und Benehmen dem Buchfinken so sehr ähnelt, daß er oft mit ihm verwechselt wird. Er bewohnt den hohen Norden Europas und Sibiriens und kommt als Wintergast zu uns. Das ist der Bergfink, *Fringílla montifringílla.*
2. Er kommt zuweilen in so ungeheuren Mengen, daß er die allgemeine Aufmerksamkeit einer Gegend erregt. In den ersten Märztagen 1934 zogen morgens, als die Kinder auf dem Schulwege waren, so dichte Schwärme über mehrere Dörfer der Oberweser, daß sich die Zimmer verdunkelten und ein Brausen in den Lüften zu hören war wie bei einem heranziehenden Hagelwetter. Die Kinder liefen heim in ihre Häuser, in den Stuben mußte Licht angezündet werden. Der Hauptschwarm war mehrere Kilometer lang und mehrere hundert Meter breit. Er hielt sich einige Tage im Reinhardswald auf und zog dann über den Solling weiter nach Norden.
3. Der Lehrer einer einklassigen Schule ging mit seinen Schülern in den Wald, um die Vögel zu beobachten. Sie stellten fest:
   a) Ein Teil der Vögel suchte auf dem Boden des Buchenhochwaldes nach Futter. Das Rascheln des dürren Laubes war weithin zu hören.

b) Ein anderer Teil der Finken saß in den Kronen der hohen Buchen. Viele Bäume waren mit Tausenden von Vögeln besetzt, so daß kaum ein Zweig noch frei war.

c) Die Bäume waren von dem Kot der Vögel von oben bis unten weiß gekalkt; viele Bäume sahen aus, „als hätte ein Weißbinder sie mit Kalkwasser bespritzt". (Bericht eines Kindes.)

4. Als ich diese Nachrichten erhielt, fuhr ich sofort mit dem Wagen in den Reinhardswald und stellte fest, daß die Berichte der Kinder stimmten. Ich schätzte die Anzahl der Bergfinken nach den Angaben der Dorfbewohner, des Lehrers, der Schüler und nach meinen eigenen Beobachtungen auf mindestens eine Million Stück.
5. Derartig riesige Schwärme von Bergfinken sind selten. Doch Schwärme von einigen Tausend oder einigen Hundert oder kleinere Trupps traf ich mehrfach im Spätwinter an, wenn die Vögel sich zum Rückzug in die nordische Heimat sammeln.
6. Diese rückziehenden Bergfinken sammeln sich vor Einbruch der Dunkelheit gern in solchen Beständen der Buchenjunghölzer, die ihr dürres Laub nicht abgeworfen haben, weil sie hier gegen Wetter und Raubzeug gut geschützt sind. Hier habe ich sie oft beobachten können.

Erkennungsmerkmale

	Buchfink	Bergfink
Kopf und Nacken	graublau	schwarz
Bürzel	gelbgrün	weiß
Brust	rotbraun	gelbrot
Bauch	rotbraun	weiß
Schulter	weiß	gelbrot
Schwanz	grün, mit weißem Fleck	schwarz, mit weißem Saum, stark gekerbt.

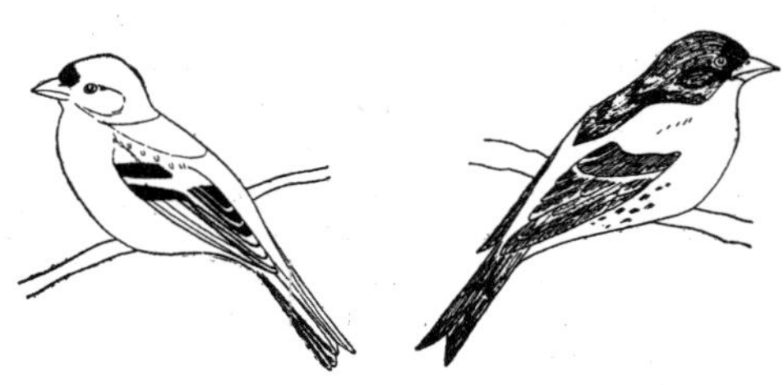

14. Warum zerhacken die Spechte die morschen Baumstümpfe?

Beobachtung

Auf Waldwanderungen nehmen wir immer wieder wahr, daß morsche Stümpfe der Laub- und Nadelbäume zerhackt sind. Wer aufmerksam und behutsam wandert, trifft gelegentlich auch den Holzhacker bei seiner Arbeit an — einen Specht. Er tut es weder aus Mutwillen noch aus Langweile, sondern er sucht in den Stümpfen nach Nahrung. Lohnt sich die Arbeit?

Untersuche einen morschen Eichenstumpf!

1. In dem Stumpf finden viele Tiere ein Versteck

Hier halten sich gern mehrere Arten der Laufkäfer auf, weil sie hier Unterschlupf und Nahrung finden. Sie sind Fleischfresser. Merkmale: Schlanker Körper, lange Beine, schnelle Läufer.

Auch Schnecken schlüpfen hier unter, Nacktschnecken und Gehäuseschnecken.

Zuweilen trifft man auch Feuersalamander, Blindschleichen und Erdkröten hier an.

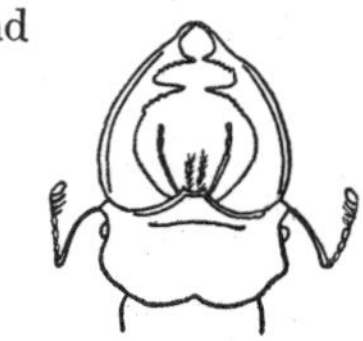

H

2. Der Stumpf ist die Behausung der Faulholz- und Moderbewohner

Bestimme!

A. Käfer.

a) Oberkiefer kräftig, zangenförmig ausgebildet.

Z

1. 20–60 mm lang, Oberkiefer des Männchens geweihartig. Flügeldecken braunschwärzlich. (H) — **Hirschkäfer.** *Lucánus cervus.*
2. 19–32 mm lang. Matt schwarz. (Z) — **Zwerghirschkäfer, Balkenschröter.** *Dorcus parallelepidedus.*
3. 11–13 mm lang. Bläulich oder grünlich, glänzend. (R) — **Rehschröter.** *Systenócerus caraboídes.*
4. 10–13 mm lang. Glänzend schwarz. Körper walzenförmig. Kopf oben mit 1 Horn. — **Baumschröter.** *Sinodéndron cylíndricum.*

R

Beachte: Die Larven dieser Käfer leben im Mulm, nach der Entwicklung verlassen die Käfer den Stumpf. Die Larve des

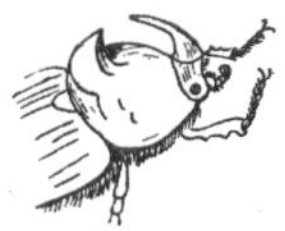

N

Hirschkäfers verpuppt sich in einem aus Mulm gefertigten dickwandigen Kokons von der Größe und Form eines Gänseeies.

b) Fühlerkeule aus 3–7 beweglichen Blättern bestehend. **Blatthornkäfer.**

1. Länge 28–37 mm. Stirn des Männchens mit Horn. Glänzend kastanienbraun. (N) **Nashornkäfer.** *Orýctes nasicórnis.*

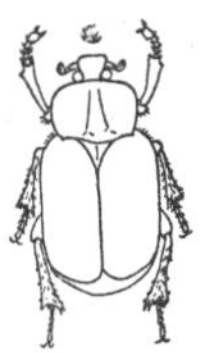

Er

2. Länge 28–32 mm. Metallschwarz bis pechschwarz. (Er) **Eremit.** *Osmodérma eremita.*
3. Länge 16–22 mm. Goldgrün, oft kupferig schimmernd, glänzend, Flügeldecken mit weißen Querflecken. (G) **Goldkäfer, Rosenkäfer.** *Cetónia auráta.*
4. Länge 15–19 mm. Goldgrün, unten kupferrot. (Ed) **Edelmann.** *Gnórimus nóbilis.*

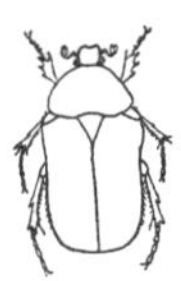

G

Beachte: Diese Käfer sind Verwandte des Maikäfers. Ihre Larven leben vom Mulm; ihre Kokons, in denen sie sich verpuppen, bestehen aus Mulm und sind eiförmig. Die Käfer leben auf Blüten.

c) Außerdem zahlreiche Käfer anderer Familien: Schnellkäfer, Kurzdeckflügler usw.

B. Ameisen.

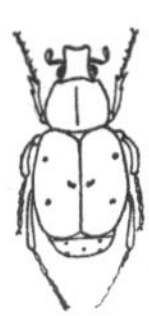

Ed

1. Hinterleibsstiel aus 2 knotigen Gliedern bestehend. **Knotenameisen.** *Mýrmica.*
2. Hinterleibsstiel eingliedrig, mit aufrechtstehender Schuppe.
   1. Länge bis 17 mm. Größte deutsche Ameise. Schwarz. **Roßameise, Riesenameise.** *Camponótus herculeánus.*
   2. Länge bis 10 mm. Mehrere Arten: schwarz, braunschwarz, braun, braunrot, gelb. **Waldameise.** *Formica.*

   Anmerkung: In den Nestern der Waldameisen leben zahlreiche (über 150) Einmieter, Gäste: Kurzdeckflügler, Stutzkäfer, Blattkäfer, Käferlarven, Fliegenlarven, Wurzelläuse u. a.

C. Tausendfüßler.

Tiere mit vielen Beinen, einige gelb oder braun, andere schwarz. Laufen meist schnell davon.

D. Larven und Maden.

1. Larven: Mit 6 Beinen. **Käferlarven.**
2. Ohne Beine. **Mücken- und Fliegenlarven.**

E. Regenwürmer.
Fingerlang, bis 8 cm. Gürtel rötlichgrau oder weißgrau. Oben auf jedem Ringe ein braunroter Querstreifen. Flinkes Tier. **Wald-Regenwurm.** *Bimástus.*

15. In große Waldameisenhaufen führt ein tiefes Loch?

Beobachtung

Wir treffen im Winter nicht selten auf einen großen Haufen der Waldameisen, in den ein tiefes, armdickes Loch führt. Vor dem Rohr liegt der Inhalt verstreut umher. Wer war der Täter?

Untersuchung

1. Wenn Schnee liegt, ist der Täter sofort ermittelt. Er kommt bei der Arbeit oft aus dem Rohr heraus, um zu sichern. Dabei setzt er sich wohl auch oben auf den Ameisenhaufen, weil er hier die weiteste Umschau hat. Sind die Fußspuren von einem vierfüßigen Tier oder von einem Vogel? Antwort: Immer von einem Vogel. Und die Zehenabdrücke? Antwort: Immer 2 Zehen nach vorn gerichtet und 2 Zehen nach hinten.

Wie heißt der Vogel?

2. Wenn jedoch kein Schnee liegt, sind die Fußspuren nicht zu sehen. Du mußt dich also nach anderen Anzeichen umschauen: Federn, Losung. Wenn der Tunnel sehr lang ist, muß der Vogel lange oder oft daran gearbeitet haben; er wird dann auch zahlreiche Ameisen verzehrt haben — also ist anzunehmen, daß er hier auch seine Losung abgesetzt hat. Sie sieht so aus: walzenförmig, von Bleistiftstärke, mit weißer Haut, am Ende hakenförmig umgebogen, aus Ameisenresten zusammengesetzt.

Überlegung

Der Tunnel ist faustgroß — also ein mittelgroßer Vogel. Die Losung ist von Bleistiftstärke — also ein mittelgroßer Vogel. Zehenstellung: 2 Zehen nach vorn, 2 nach hinten gerichtet — also ein Klettervogel.

Grünspecht
Picus viridis
oder **Grauspecht**
Picus cánus.

Überlistung

Die großen Ameisenhaufen liegen an Waldwegen, Waldrändern oder auf Waldlichtungen. Betritt diese Stellen erst, wenn du sie von ferne abgesucht hast (Fernglas!). Achte dabei auf folgendes: Ist ein Ameisenhaufen zu sehen? Treibt sich ein Specht auf dem Boden umher? Fliegt etwa Nadelstreu stoßweise dicht über dem Boden durch die Luft?

Daß der Specht die Nadelstreu aus dem Rohr herausschaffte, konnte ich mehrfach beobachten. Ich schlich mich dann sehr vorsichtig heran. Es gelang mir jedesmal, in dem Augenblick, wenn der Specht im Rohr saß, mich so davor zu stellen, daß mein Schatten nicht auf die Öffnung fiel. Wenn er dann herauskam, um zu sichern — flog er mit einem lauten Schrei ab. Ich hätte ihn fangen können — doch das tut man nicht!!!

16. Tiere, die in der Waldstreu leben

Das große Heer dieser Tiere bemerkt man nicht, sie lieben das Dunkle und Verborgene. Aber hebe die Laubschicht, Genist und Moos nur ab, so zeigt sich schon etwas von dem Leben der Dunkelleute. Noch besser ist es, die Streu mit der oberen Bodenschicht über einem ausgebreiteten Tuch auszusieben. Wir finden Tiere, die davonlaufen und solche, die liegenbleiben. Auf die davonlaufenden achte zunächst!

I. Tiere, die davonlaufen.

A. Käfer (6 Beine).

1. Die große Mehrzahl von ihnen ist schwarz, blau oder violett; sie sind einige Millimeter bis 2 cm lang; alle laufen schnell davon. **Laufkäfer.** *Carabiden.*

2. In den oberen Bodenschichten stecken kleine Käfer mit kurzen Flügeldecken; sie biegen den Hinterleib nach oben. **Kurzdeckflügler.** *Staphyliniden.*

B. Ohrwürmer (6 Beine).
Zu erkennen an den beiden großen Afterzangen. **Ohrwurm.** *Forficula auriculária.*

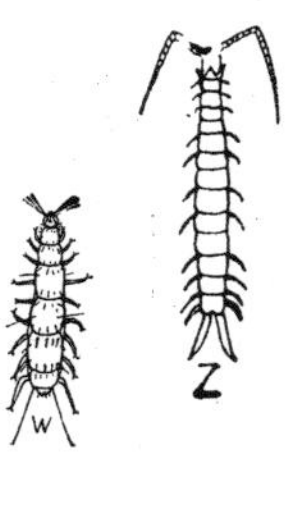

C. Tausendfüßler. *Myriopóden.*
Tiere mit sehr vielen Beinen, laufen sehr schnell davon, einige gelb oder braun, andere schwarz.

a) Rumpf mit 9 Beinpaaren. Rücken mit 6 Platten. Körperlänge bis 1,5 mm. (Abb. W: *Páuropus huxléyi.*) **Wenigfüßler.** *Páuropus.*

b) Rumpf mit 12 Beinpaaren. Rücken mit 15 Platten. Körperlänge bis 8 mm. (Abb. Z: *Scutigerélla immaculáta.*) **Zwergfüßler.** *Sýmphyla.*

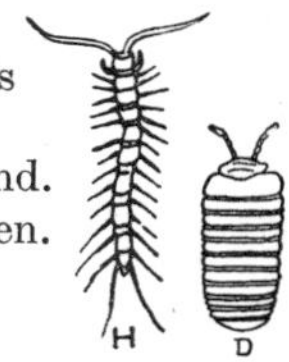

c) Rumpf mit 13 bis über 100 Beinpaaren. Körperlänge bis 4 cm.

1. Jedes Beinpaar an einem Körperring, entfernt stehend. Körper flach. Schnell laufende Tiere, die räuberisch leben. (Abb. H: Brauner Steinläufer, *Lithóbius forficátus.*) **Hundertfüßler.** *Chilopoden.*
2. Je 2 Beinpaare an Doppelringen, dicht stehend. Körper meist drehrund oder halbrund. Langsame Tiere mit friedlicher Lebensweise. (Abb. D: Saftkugler, *Glomeris.*) **Doppelfüßler.** *Diplopoden.*

D. Spinnen.
Beachte: vier Paar Beine!
Es kommen viele verschiedene Arten vor. **Spinnen.** *Arachnoiden.*

II. Tiere, die nicht davonlaufen.

A. Nacktschnecken.

1. Atemloch hinter der Mitte der rechten Mantelseite, Mantel wellig gerunzelt; Sohle drei deutlich verschiedenfarbige Längsstreifen (schwarz-weiß-schwarz). (Abb. i.) **Egelschnecken.** *Limax.*

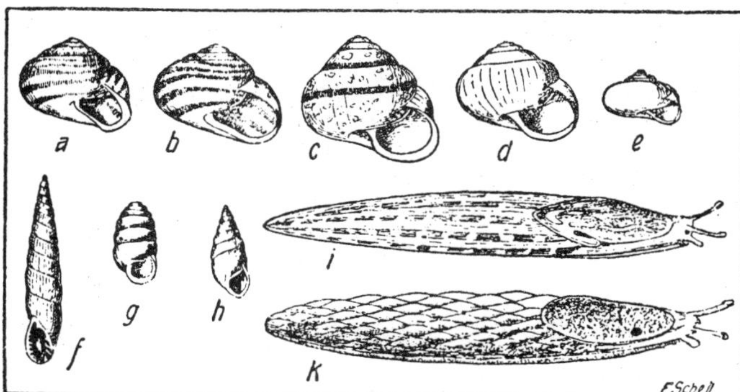

2. Atemloch vor der Mitte der rechten Mantelseite, Mantel gekörnelt; Sohle hinten und vorn abgerundet, verwaschen dreifarbig. (Abb. k.) **Wegschnecken.** *Arion.*

B. Gehäuseschnecken.

1. Turmförmige Gehäuse, viel höher als breit.

a) 1–2 cm hoch, geformt wie die Knospen der Buche. 9–14 Windungen, links gewunden. (Abb. f.) **Schließmundschnecken.** *Clausilia.*

b) 1 cm hoch, etwas bauchig, sieben Windungen, rechts gewunden. (Abb. h.) **Kleine Turmschnecke.** *Ena (Buliminus) obscúra.*

c) Einige Millimeter hoch, Gehäuse wie ein Bienenkorb. (Abb. g.) **Puppen-, Tönnchen-, Windelschnecke.** *Pupa.*

2. Flache Gehäuse, nicht höher als breit. Eine ganze Reihe verschiedener Arten. (Abb. a–e.) **Schnirkelschnecken.** *Helix.*

C. Raupen und Larven. (Mit Beinen!)

1. In der Regel acht Beine. **Schmetterlingsraupen.**

2. In der Regel sechs Beine. **Käferlarven.**

D. Maden. (Ohne Beine!)

Maden mit walzenförmigem Körper sind Fliegen- oder Mückenmaden.

1. Bräunliche Maden, die gesellig leben, mit deutlichem Kopf. **Haarmücken** *(Bibio)* und **Schnaken** *(Tipuliden).*

2. Larven glasigweiß, mit glänzend schwarzem Kopf, etwa 1 cm lang und 1 mm dick. Die Larven wandern oft, Nahrung suchend, in großen Massen (Juli, August). Dabei vereinigen sie sich zu einer oft meterlangen Kolonne, die schneckenartig langsam weiterkriecht und einen schmalen Schleimstreifen hinter sich zurückläßt.
Das ist der „Heerwurm", dessen Erscheinen in früheren Zeiten als unheildrohend gedeutet wurde. **Trauermücke.** *Sciára thomae.*

E. Milben.

Winzig kleine Tiere mit gedrungenem Körper von 0,5 bis 1 mm Größe.

1. Blutrot, fast viereckig.

a) Hinten mit einem Ausschnitt. (Lupe!) **Gemeine Samtmilbe.** *Trombidium holosericeum.*

b) Hinten gleichmäßig gerundet, ohne Ausschnitt. **Erd-Samtmilbe.** *Allothrómbium fuliginósum.*

2. Blaßgelb.
a) Schmarotzt auf Käfern und Spinnen. Rücken mit einer Querlinie. **Käfermilbe.** *Parasitus coleoptratórum.*
b) Lebt im Waldmoos und modernden Pflanzenstoffen. Zweites Beinpaar der ♂ sehr dick. **Moosmilbe.** *Pergámasus crássipes.*

17. Tiere in der Nadelstreu

1. Im Kiefernwald. Untersuche die Nadelstreu nach der auf S. 152 gegebenen Anweisung und bestimme die Tiere nach der Tabelle!
2. Im Fichtenwald. Wiederhole dasselbe auch mit der Nadelstreu im Fichtenwald!
3. Welche Unterschiede ergeben sich?
4. Durch Beobachtungen stelle folgende Beziehungen fest:
   a) In der Bodendecke leben: Laufkäfer, Kurzdeckflügler, Tausendfüßler, Spinnen, Milben, Springschwänze, Waldregenwurm, Nacktschnecken.
   b) In der Bodendecke überwintern die Feinde der Baumkronen: Raupen und Puppen von Kiefernspinner, Kiefernspanner, Kieferneule ...
   c) In der Bodendecke finden ihre Nahrung: Kröten, Waldmäuse, Spitzmäuse, Igel, Wildschweine, Spechte, Krähen, Waldhühner. — Beachte: Aufgebrochener Boden durch Wildschweine; Scharrstellen der Waldhühner; Hackstellen der Spechte und Krähen im Boden. Achte auf die Losung dieser Tiere!

18. Käfer unter morscher Eichenrinde

Unter morscher Eichenrinde leben Dutzende verschiedener Käfer. Aus der großen Zahl lassen sich leicht die Angehörigen einiger Familien unterscheiden.

I. Lebende Käfer

1. Käfer mit langen Beinen, die beim Abheben der Borke schnell davonlaufen. **Laufkäfer.** *Carabiden.*
2. Käfer, die ruckweise laufen, nur sehr kurze Flügeldecken besitzen und den Hinterleib steil emporheben. **Kurzdeckflügler.** *Staphyliniden.*
3. Käfer, die nicht davonlaufen, sondern sich tot stellen. Legt man sie auf den Rücken, so schnellen sie nach einiger Zeit mit einem Ruck in die Höhe. **Schnellkäfer.** *Elateriden.*

4. Käfer mit rüsselartig verlängertem Kopf. **Rüsselkäfer.** *Curculioniden.*

5. Käfer von 3–5 cm Länge, mit sehr langen Fühlern. Flügeldecken schwarz, an der Spitze rotbraun. Mitte Juni bis Mitte Juli auf alten Eichen. (Man findet Reste toter Käfer auch im Winter in den großen Larvengängen.) **Heldbock, Riesen-** oder **Eichenbock.** *Cerámbyx cerdo.*

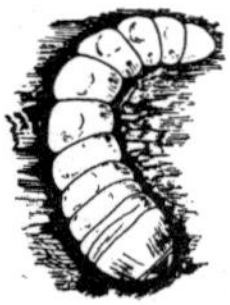

II. Larvengänge

Daumengroße Larvengänge unter der Rinde im Splintholz, oft in großer Zahl. Darin bis 8 cm lange, gelblich-weiße Larven. Ihre Entwicklung mehrere Jahre. **Heldbock.** *Cerámbyx cerdo.*

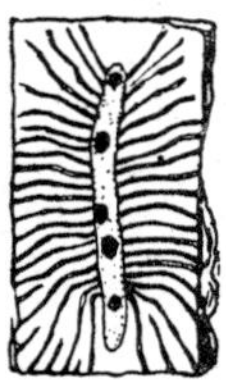

Birken-splintkäfer

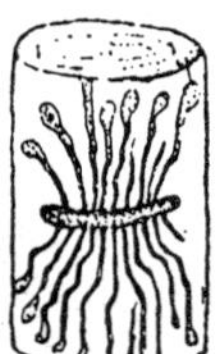

Eichen-splintkäfer

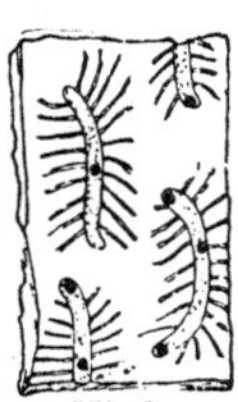

gr. Kiefern-markkäfer

19. Käfer unter morscher Rinde der Nadelbäume

1. Schäle von einer morschen Fichte und auch von einer Kiefer die Rinde ab. Sie zeigt viele kleine, kreisrunde Löcher. Auf dem Stamm bemerkt man ein Gewirr von Gängen, die alle mit „Wurmmehl" angefüllt sind. Die Verwüstung stammt von Borkenkäfern.
2. Wir untersuchen die Gänge und finden bei der Fichte untenstehendes Bild.
3. Wie ist das Bild entstanden?

Der gemeine Fichtenborkenkäfer oder Buchdrucker *(Ips typográphus)* ist ein winziger Käfer von 4–5 mm Länge. Er hat einen walzigen Körper, schwarzen Kopf und braune Flügeldecken. Nach der Schwarmzeit im Frühjahr fliegen die Weibchen die Fichtenstämme an, in erster Linie gefällte und kranke, und fressen sich in die dickborkigen Teile der Rinde hinein. Es entstehen kleine, runde Löcher. Nun frißt das Weibchen unter der Rinde am Holze entlang einen in der Stammrichtung laufenden Längsgang. Es ist der Muttergang, der Forstmann nennt ihn Lotgang. Der Käfer legt dabei bis 100 Eier. Die auskommenden fußlosen, weißen Larven fressen rechts und links Gänge, die rechtwinklig oder spitzwinklig vom Lotgang abgehen. Es sinddie Larvengänge, der Forstmann nennt sie Waagegänge, weil sie sich waagrecht abzweigen. Sie sind anfangs dünn, weiterhin verbreitern sie sich rasch und enden in eine kleine Mulde, die Wiege, in der die Larven sich verpuppen. Nach mehreren Wochen kriecht der Käfer aus, bohrt sich

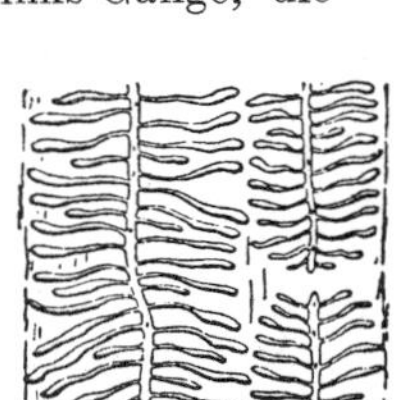

durch die Rinde nach außen und verläßt durch das Flugloch die Wiege. Diese Ausfluglöcher sind kleiner als das Bohrloch, das der Mutterkäfer anlegte. Die Rinde solcher „Wurmbäume“ sieht aus wie von einem Schrotschuß durchlöchert.

kl. Eichen-borkenkäfer

4. Wir untersuchen weitere Teile des Stammes, sehen auch an anderen Fichten- und Kiefernstämmen nach.

Es zeigt sich:

a) Die Bohrgänge zeigen mancherlei Formen. Manche sind so, wie der Fichtenborkenkäfer seine Gänge anlegt, andere sind sternförmig. Jede Art der vielen Bohrkäfer legt die Gänge auf eigene Weise an.

b) Manche Käfer bohren nur in der Borke, es sind die Borkenkäfer. Andere bohren im Bast, sie heißen Bastkäfer. Noch andere bohren bis in das Splintholz hinein, sie heißen Splintkäfer, wieder andere bis in das Kernholz, das sind die Kernholzkäfer. Diese 4 Gruppen gehören in die Familie der Borkenkäfer *(Ipiden)*.

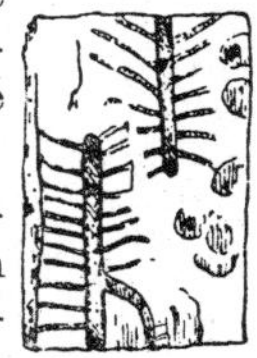

gem. Fichten-borkenkäfer

5. Diese vielen Holzschädlinge haben mancherlei Feinde. Die Vögel, die an Baumstämmen klettern, namentlich Spechte, vertilgen eine Menge. Auch unter den Insekten sind Schädlingsvertilger. Es sind vor allem Schlupfwespen, Libellen und der Borkenkäferwolf, *Thanásimus formicárius*, die ihnen nachstellen. Wir wollen den Wolf aufsuchen. Im Frühjahr, wenn der Anflug der Borkenkäfer stattfindet, läuft ein schöngefärbter Käfer auf dem Stamm umher. Er ist 1 cm lang, seine schwarzen Flügeldecken zeigen 2 weiße, stark gebuchtete Querbinden, der Kopf ist schwarz, das Halsschild rot, die ganze Unterseite einfarbig rot. Der Borkenkäferwolf jagt auf Kieferstämmen nach kleinen Borkenkäfern, denen er den Kopf abbeißt und die Eingeweide verzehrt. Seine Larve suchen wir unter und in der Rinde gefällter Kiefernstämme. Sie ist schlank, ausgewachsen etwa 2 cm lang und an der hellroten Farbe leicht zu erkennen. Sie macht sich eine ovale Puppenwiege, in der sie sich verpuppt. In den Larvengängen der Borkenkäfer stellt sie deren Larven nach.

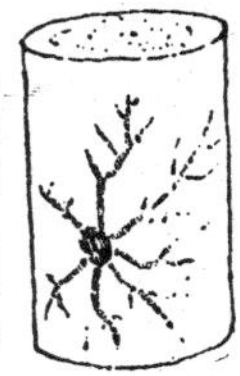

furchenflügl. Fichtenbork.

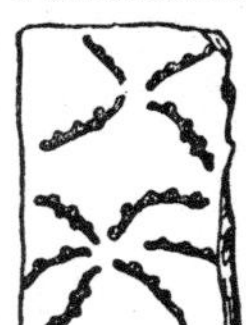

Fichtenkupferstecher.

IV. AN GEWÄSSERN

A. Pflanzenleben

1. Wie die Wasserpflanzen überwintern

Der gesamte Pflanzenbestand der Gewässer stirbt ab, soweit er über das Wasser hinausragt; das Röhricht ist im Winter dürr, im Frühjahr aber schießt es bald wieder hoch. Es muß also in der Tiefe lebendig geblieben sein. Wir können uns leicht davon überzeugen, ob unsere Überlegung richtig ist, indem wir einen Schilfhalm aus dem Bodenschlamm herausziehen.

Überwinternde Wurzeln

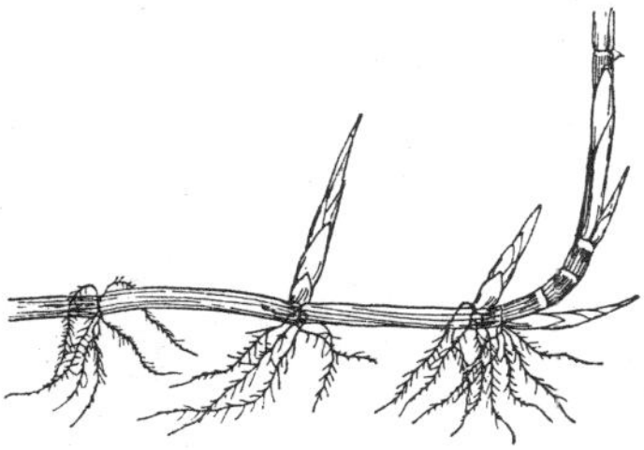

Das Schilf ist bis auf die Wurzel abgestorben. Die Grundachsen stecken so tief, daß sie von der Kälte nicht erreicht werden. Aus den langen Ausläufern sprießen nach dem Schmelzen des Eises im Frühjahr die neuen Bestände hervor.

Auch die Wasserrosen überwintern mit ihren Wurzelstöcken im Bodenschlamm, während die großen Schwimmblätter und die langen Blattstiele absterben.

Andere wurzelnde Wasserpflanzen sterben nicht bis zur Wurzelzone ab, sondern verlieren nur ihre oberen Sproßteile, die durch Eis und starken Wellenschlag vernichtet werden; ihre unteren Teile leben weiter und bilden jene grünen Rasen, die uns auch im Winter vom Grunde der Gewässer her entgegenschimmern: die dichten Polster des Wassersterns, der Laichkräuter, der Froschkrautarten (Hahnenfuß) u. a.

Winterknospen und Wintersprossen

Der Froschbiß bildet an seinen untergetauchten Teilen im Herbst kleine Knospen, die sich ablösen und zu Boden sinken. Die schwimmende Mutterpflanze stirbt ab. Ihre Winterknospen aber liegen während der kalten Jahreszeit am Grunde des Gewässers, wohin kein Frost dringt. Im Frühling füllt sich ein Teil ihrer Zellräume mit Luft, dadurch erhalten sie Auftrieb, steigen an die Oberfläche empor und entwickeln sich zu einer neuen Pflanze, die sich bald wieder, wie im Vorjahr die Mutterpflanze, mit ihren Schwimmblättern auf dem Wasserspiegel ausbreitet.

Das **krausblättrige Laichkraut** verfährt ebenso. Es bildet im Spätherbst dicht unter dem Wasserspiegel besondere Wintersprossen, die sich ablösen, zu Boden sinken und mit dem spitzen unteren Ende im Schlamm verankern. Hier sind sie vor Frost geschützt. Im Frühling bilden sie dann eine neue Pflanze.

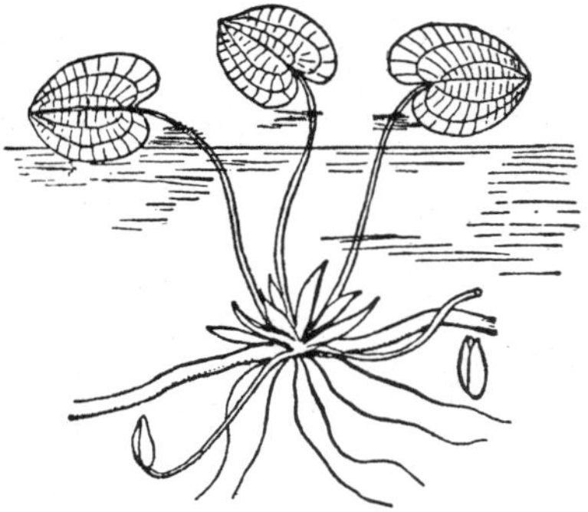

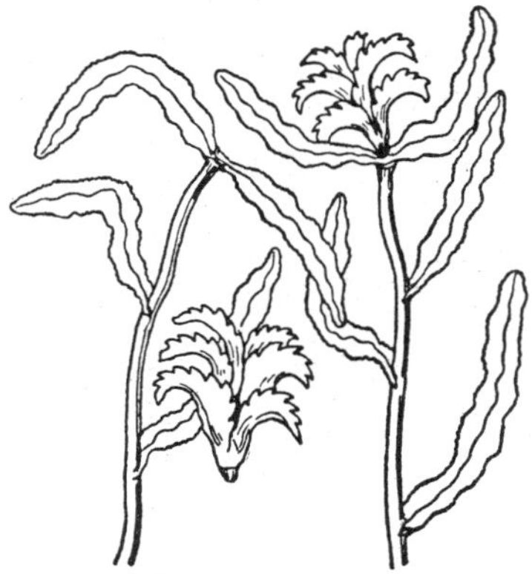

Andere Pflanzen, die mit Hilfe von Winterknospen überwintern, sind leicht in fast allen Gewässern zu finden: Tausendblatt, Hornkraut, Wasserschlauch, Wasserlinse . . .

2. Wie eine Wasserpflanze stirbt und — weiterlebt

Kommt in dem Teich deiner Heimat die Krebsschere vor? Wenn ja, so mußt du sie im Sommer gesehen haben; denn ihr Bestand ist so dicht, daß er aussieht wie eine schwimmende Wiese.

Merkmale:

Blätter rosettig, schwertförmig-dreikantig, stachelig-sägezähnig, dickfleischig, steif. Blüten weiß.

Wasserschere, Krebsschere.
Stratiótes alóides.

Der Lebensgang der Krebsschere

Im Frühling: Im späten Frühling ist der vorher spiegelblanke Teich plötzlich mit einem dichten Bestand der Krebsschere besetzt, der aussieht wie eine schwimmende Wiese.

Im Sommer: Die Pflanze treibt weiße Blüten: auf der einen Pflanze nur männliche, auf der anderen nur weibliche; die Bestäubung erfolgt durch fliegende Insekten.

Im Hochsommer: Die Pflanze treibt lange Ausläufer mit kleinen, rosettigen Büscheln.

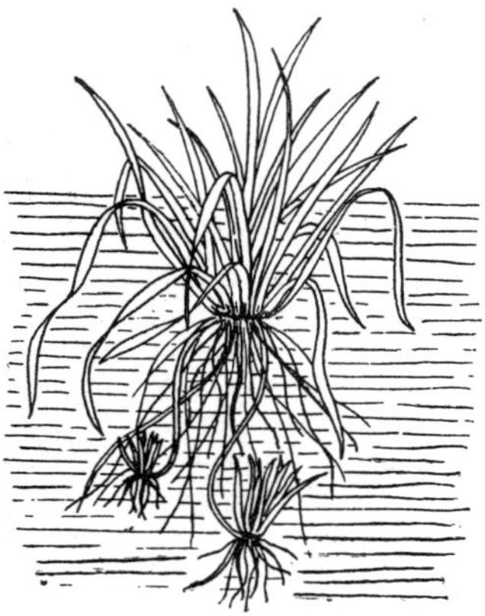

Im Frühherbst: Sie bildet Winterknospen, die gleichfalls dazu dienen sollen, die Art zu erhalten.

Im Spätherbst: Die schwimmende Wiese ist plötzlich verschwunden: sie ist auf den schlammigen Grund abgesunken. Die alten Pflanzen sterben ab, die an den Ausläufern sitzenden Sprosse verankern sich im Boden.

Im Winter: Die Sprosse grünen den ganzen Winter hindurch weiter. Sie sind in der Tiefe des Teiches vor Frost geschützt. Im kommenden Sommer steigen sie dann wieder als fast ausgewachsene Pflanzen hinauf ans Licht. — Und so Jahr für Jahr.

Stelle fest:

1. Im nächsten Sommer: ob die Krebsschere in dem Teich deiner Heimat vorkommt!
2. Im Winter: ob du die grüne Wiese am Grunde des Teiches sehen kannst! — Da die Krebsschere im flachen Wasser lebt, kannst du sie sehen, wenn das Wasser klar genug ist. Kannst du sie nicht sehen, so versuche, ob du mit einem Haken eine Pflanze heraufholen kannst.

3. Wintergrüne Wasserpflanzen

Wer im Winter an einem Gewässer entlang geht und den üppigen Pflanzenwuchs des Sommers mit der Armut im Winter vergleicht, mag wohl meinen, das pflanzliche Leben sei fast erstorben. Doch schaue in eine nicht vereiste Quelle, in das klare Wasser eines Baches oder Teiches: der Boden ist oft so dicht begrünt wie im Sommer, sämtliche Pflanzen sind untergetaucht; Pflanzenteile, die über den Wasserspiegel hinausragen, gehen durch den Frost verloren.

Bestimme!

I. Festgewurzelte Wasserpflanzen.

A. Wassermoose. Siehe Seite 164.

B. Gräser. Sie fallen auf durch ihre langen, silbern glänzenden Blätter, die langhingestreckt im Wasser liegen. In Gräben, Bächen, Teichen, Sümpfen. **Gemeiner Schwaden, Süßgras.** *Glycéria.*

C. Kräuter.

a) Flutende Pflanzen (d. h. die im Boden festgehaltene Pflanze wird vom fließenden Wasser umgelegt und wedelt hin und her wie eine Fahne im Winde).

α) Blätter wechselständig.

1. Flutender Stengel bis 3 m lang. Blätter sehr verlängert, mit gabelig aufgeteilten, parallelen Abschnitten und schlaffen Zipfeln. Schwimmblätter selten vorhanden. In Flüssen und Bächen. Zerstreut. **Flutender Hahnenfuß.** *Ranúnculus flúitans.*

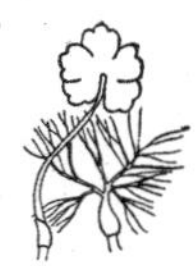

2. Flutender Stengel bis 1½ m lang. Untergetauchte Blätter meist länger als die Stengelglieder, wiederholt 3spaltig, zuletzt gabelig verzweigt, mit allseits abstehenden Zipfeln. Obere Blätter schwimmend, nierenförmig, gelappt. In Gräben, Sümpfen, Teichen, auch in fließenden Gewässern. Gemein. **Wasser-Hahnenfuß.** *Ranúnculus aquátilis.*

β) Blätter wechselständig-zweizeilig, zuweilen paarig genähert.

1. Stengel fadenförmig knotig gegliedert, stark verästelt, bis 40 cm lang. Blätter fadenförmig. In stehenden und fließenden Gewässern. Zerstreut. **Teichfaden.** *Zanichéllia palústris.*

2. Von den zahlreichen Laichkräutern wirft ein Teil ständig Laubtriebe ab, die zu Boden fallen und neue Pflanzen bilden; ein anderer Teil entwickelt Winter- oder Brutknospen, die gleichfalls auf den Boden fallen und zu neuen Pflanzen heranwachsen. Die Pflanzen selber sterben im Herbst ab, ihre Sprosse aber grünen auf dem Boden der Gewässer den Winter hindurch weiter, bis sie im Frühjahr ihre Entwicklung zur fertigen Pflanze beginnen. — Lies die Beobachtung S. 159/160.

γ) Blätter quirlständig.

1. Stengel dünn, bis 3 m lang, brüchig, reich verzweigt, im unteren Teil bewurzelt. Blätter zu 3–4 im Quirl, sitzend, länglich bis lanzett-

lich, haarfein gewimpert. In stehenden und langsam fließenden Gewässern. Aus Nordamerika. Ziemlich verbreitet. **Wasserpest.** *Helódea canadénsis.*

2\. Stengel fingerdick, bis $1/2$ m lang, hohl, fast stets unverzweigt, meist aufrecht und aus dem Wasser hervorragend, zuweilen flutend. Blätter zu 8–12 im Quirl, lineal, ganzrandig. In dieser Form sieht der Tannenwedel aus wie ein Tannenbäumchen oder ein Schachtelhalm. Die untergetauchte, im Wasser flutende Form sieht anders aus: sehr schmale, dicht gestellte Blätter geben der Pflanze das Aussehen einer dicken, wolligen, im Wasser wedelnden Raupe. In stehenden und langsam fließenden Gewässern. **Tannenwedel.** *Hippúris vulgáris.*

3\. Stengel meist verästelt, bis 2 m lang, mit zahlreichen Blattquirlen besetzt. Blätter kammförmig fiederschnittig. Stehende und langsam fließende Gewässer. **Tausendblatt.** *Myriophýllum.*

Stengel bis 2 m lang, meist oberwärts rötlich. Blätter zu 4 im Quirl, mit feinen, aber ziemlich derben, meist gegenständigen Zipfeln. **Ähriges Tausendblatt.** *Myriophýllum spicátum.*

Stengel bis $1/2$ m lang, gelblichgrün oder bräunlichgrün, einfach oder ästig. Blätter zu 5 oder 6 im Quirl, mit borstenförmigen, meist gegenständigen Zipfeln. **Quirliges Tausendblatt.** *Myriophýllum verticillátum.*

b) Nicht flutende Pflanzen.

α) Blätter wechselständig.

1\. Blätter von bitterem, würzigem Geschmack (werden als Wildgemüse gegessen). Blätter fiederschnittig bis gefiedert, unterste 3zählig, obere 5–9zählig; Abschnitte ausgeschweift gekerbt, die seitenständigen elliptisch, das endständige breit eiförmig. Stengel schlaff bis fast 1 m lang, am Grunde kriechend und wurzelnd. In Gräben und Bächen mit reinem Wasser von gleichmäßiger Temperatur, gern in Quellen (S. 166). **Brunnenkresse.** *Róripa officinális.*

2\. Blätter von widerlichem Geruch und Geschmack (werden im Frühjahr an die jungen Gänse verfüttert).

\+ Blätter gefiedert. Blättchen schief-lanzettlich, scharf gesägt, die der untergetauchten Blätter doppelt-fiederteilig,

mit linealen Zipfeln. Stengel (wenn noch vorhanden) kantig gefurcht, bis 1½ m hoch. Gräben, Sümpfe, Teichränder. Zerstreut. **Merk.**
Sium latifólium.

++ Blätter gefiedert, untere mit eiförmigen, obere mit länglichen oder lanzettlichen, gesägten Blättchen. Stengel (wenn noch vorhanden) stielrund und gestreift, bis 1 m hoch. In Gräben, Bächen. Gemein. **Berle.**
Bérula angustifólia.

β) Blätter gegenständig.
Stengel dünn, am Grunde meist ästig, bis 30 cm hoch. Blätter verkehrteiförmig bis lineal, die oberen zu einer Rosette vereinigt und auf dem Wasser schwimmend. In Bächen, Gräben, Pfützen. Im fließenden Wasser flutend. Verbreitet. **Wasserstern.**
Callítriche.

γ) Blätter quirlständig.
Siehe: Tannenwedel, Tausendblatt, Wasserpest.

II. Schwimmende Pflanzen.
Von den Schwimmpflanzen, die sich im Sommer wie ein grüner Teppich auf dem Wasserspiegel ausbreiteten, sind nur noch die Teichlinsen zu sehen, alle übrigen sind verschwunden.

a) Wurzeln in Büscheln, Linsen rundlich, eiförmig; oben glatt, Unterseite schwach gewölbt und rötlich gefärbt; Durchmesser 5 mm. **Teichlinse.**
Spirodéla polyrrhiza.

b) Wurzeln einzeln.

α) Linsen rundlich oder eirundlich.

1. Linsen oben und unten flach, beiderseits grün, einzeln oder in wenigen Gliedern zusammenhängend. Jedes Glied mit einer Wurzelfaser. Durchmesser 3 mm. **Kleine Wasserlinse.**
Lemna minor.

2. Linsen oben flach, unten kugelförmig gewölbt; jedes Linsenstück nur mit einer Wurzelfaser. Meist einzeln. Durchmesser 3 mm. Oft mit anderen Arten gemischt. **Buckelige Wasserlinse.**
Lemna gibba.

β) Linsen länglich-lanzettlich, vielgliederig, meist kreuzweise zusammenhängend, die einzelnen Glieder an einem Ende verschmälert, mit 3 Furchen, flach untergetaucht. Jedes Glied mit einer Wurzelfaser. Durchmesser 5 bis 10 mm. **Dreifurchige Wasserlinse.**
Lemna trisúlca.

4. Wassermoose

In stehenden und fließenden Gewässern findet man an Steinen, Wasserfällen, Mühlenwehren und Brunnentrögen Moose, die durch ihre dicken Polster oder durch ihre langen, flutenden Zweige auffallen.

I. Zweige mit scharf 3kantiger Spitze; Blätter 3zeilig gestellt, der Stengelspitze dicht anliegend. Stengel bis 50 cm lang, vielästig. Rasen lebhaft grün, olivgrün bis schwärzlich. Kapsel auf Seitenästchen, eiförmig, eingesenkt. Sommer. Häufigstes Wassermoos. **Brunnenmoos.** *Fontinális antipyrética.*

II. Zweigspitzen nicht 3kantig, Blätter nicht 3zeilig.

A. Zweige mit hakig gebogenen Spitzen. Blätter meist sichelförmig gebogen und einseitswendig.

1. Zweigspitzen fast immer deutlich gekrümmt. Stengel bis 30 cm lang, flutend oder niederliegend, dünn, unregelmäßig fiederig beastet. Rasen locker, weich, glänzend, gelbgrün, braungrün bis purpurn. Kapsel gekrümmt, Stiel bis 10 cm lang. Sommer. **Flutendes Schlafmoos.** *Drepanocládus flúitans.*

2. Zweigspitzen gekrümmt oder gerade. Stengel bis 8 cm lang, streckenweise mit braunroten Haarwurzeln besetzt, unregelmäßig geteilt. Rasen ausgedehnt, gelblichgrün bis bräunlichgrün. Kapsel geneigt, Stiel rot, oben etwas gekrümmt. Sommer. **Sumpf-Schlafmoos.** *Hygrohýpnum palústre.*

B. Zweige mit gerader Spitze.

a) Zweige flach, 2zeilig beblättert.

α) Stämmchen einfach, bis 15 cm hoch. Rasen locker, grün oder braungrün. Blätter gedrängt, in der Spitze gesägt. Kapsel geneigt, länglich, braun; Stiel rot, aus der Mitte des Stengels entspringend. Winter. **Farnmoos.** *Físsidens adiantóides.*

β) Stämmchen verzweigt.

1. Rasen sehr derb starr, verwebt, niederliegend oder flutend, dunkelgrün bis schwärzlichgrün, glänzend. Stengel bis 10 cm lang, mit zahlreichen Ausläufern, unregelmäßig verzweigt, mit bogigen, verflachten oder runden Ästen. Stengelblätter aufrecht abstehend bis fast 2zeilig. Kapsel oval, braun;

Stiel purpurn, glatt. Deckel der Kapsel lang geschnäbelt. Herbst und Winter. **Schnabelmoos.**
Eurhýnchium ruscifórme.

2. Rasen weich, locker, freudig- oder schmutziggrün, flach, kriechend oder flutend. Stengel und Äste fast flach (durch scheinbar zweizeilige Beblätterung). Kapsel lang und dünn, unter der Mündung eingeschnürt, rostfarben; Stiel rötlich. Ende Frühling. **Pfeifenkopfmoos.**
Amblystégium ripárium.

b) Zweige nicht flach, mehrzeilig beblättert.

α) Blätter ohne Mittelrippe. Derbe, flutende Büschel. Stengel mit stielrunder Spitze. In Gebirgsbächen. **Brunnenmoos.**
Fontinális squamósa.

β) Blätter mit Mittelrippe.

§ Stengel verzweigt.

1. Rasen reingrün oder gelbgrün, sehr kräftig, locker, schwellend, glänzend, innen gebräunt. Stengel büscheligästig, fiederig, bis 10 cm lang. Kapsel geneigt bis waagrecht, rotbraun; Stiel dick, purpurn, warzig. Frühjahr. **Federmoos.**
Brachythécium rivuláre.

2. Rasen schwarzgrün, oft gelbgrün gescheckt. Stengel verlängert, mit entfernt gestellten, stumpflichen Ästen. Blätter sparrig abstehend; Blattrippe stark, rötlichbraun. Kapsel geneigt, gekrümmt; Stiel purpurn. Frühjahr. **Pfeifenkopfmoos.**
Hygramblystégium fluviátile.

3. Rasen gelblichgrün bis bräunlichgrün. Siehe oben! **Sumpf-Schlafmoos.**
Hygrohýpnum palústre.

§§ Stengel einfach oder gabelig.

1. Stengel 5–10 cm lang, büschelig geteilt, dunkelgrün, flutend, mit rotbraunen Haarwurzeln an Holz und Steinen befestigt. Kapsel aufrecht, eilänglich, längsfaltig; Stiel kurz, gelb. Sommer. (Hat Ähnlichkeit mit Brunnenmoos.) **Ufermoos.**
Cinclidótus fontinaloídes.

2. Stengel meist aufrecht, bis 3 cm lang, flutend bis 10 cm lang. Polster dunkelgrün oder schwarzgrün, locker. Blattspitze meist gezähnt, Blattränder am Grunde umgerollt. Kapsel aufrecht, länglich, braun, zuletzt schwarz, schwach glänzend; Stiel gerade, schmutziggelb. Frühjahr. **Zackenhaube.**
Rhacomítrium aciculáre.

3. Stengel büschelästig, bis 10 cm lang, meist flutend, mit Zentralstrang, am Grunde fast blattlos. Rasen kräftig, locker, grün bis dunkelgrün. Blätter aufrecht abstehend, derb, Spitze gezähnt, Rand bis zur Mitte umgerollt, Rippe kräftig. Kapsel eiförmig, Deckel flach, Stiel kurz. Frühjahr. **Bach-Kissenmoos.** *Grimmia alpicola.*

5. Ist der Bach deiner Heimat gesund oder krank?

Du denkst: Eine merkwürdige Frage; Menschen, Tiere und Pflanzen können gesund oder krank sein – aber ein Bach doch nicht. Antwort: Ehemals waren alle Bäche gesund, heute sind sehr viele krank, viele sogar sehr krank. Bevor du weiter liest, gehe hinaus und siehe den Bach deiner Heimat daraufhin an, ob er gesund oder krank ist. Danach erst lies weiter, gehe abermals hinaus und beurteile ihn, ob er noch gesund ist!

Wie sieht ein gesunder Bach aus?

a) Man erkennt schon aus der Ferne, daß ein Bach im Gelände fließt: er kennzeichnet seinen Lauf durch hohe Uferbäume und durch die Ufersträucher. (S. 167.)

b) Das Wasser ist klar, man kann den Bodengrund erkennen: ob er steinig, kiesig oder schlammig ist, und auf dem Grunde sind die Wassertiere zu sehen.

c) Die hohen Uferkräuter sind im Winter abgestorben; die Wasserpflanzen haben ihre Teile, die aus dem Wasser herausragen, verloren. Dadurch ist die Sicht frei geworden für die Wasserfläche.

d) Auch im Winter grünen zahlreiche Wasserpflanzen weiter, und zwar solche, die alle ihre Teile unter der Wasseroberfläche halten.

e) An grünen Pflanzen kommen im Winter vor:

1. In dichten Beständen (bis 100 m weit). (S. 162, 175.) **Brunnenkresse.** *Róripa officinális.*
2. In dichten Beständen (50–60 m weit). (S. 163, 176.) **Berle.** *Bérula angustifólia.*
3. Stengel bis 40 cm lang, fingerdick, hohl, fast stets unverzweigt, meist aufrecht, teilweise aus dem Wasser hervorragend, zuweilen flutend. Blätter zu 8–12 im Quirl, lineal, ganzrandig. (S. 162.) **Tannenwedel.** *Hippúris vulgáris.*

4. Stengel schwach, meist im Wasser flutend. Blätter gegenständig, klein, verkehrteiförmig, die oberen zu einer Rosette (Stern) vereinigt, die auf der Wasseroberfläche liegen (S. 163). **Wasserstern.** *Callítriche stagnális.*
5. Stengel zusammengedrückt-4kantig, meist rötlichweiß, 30–80 cm lang. Blätter wechselständig, 2zeilig, die obersten paarweise dicht genähert, sitzend, lineallänglich, feingezähnt, wellig-kraus. **Krauses Laichkraut.** *Potamogéton crispus.*

f) Das ist die Kennzeichnung eines heute noch gesunden Baches, den ich gut kenne. Er ist 4 km lang und mündet in einen kranken Fluß.

Wie sieht ein kranker Bach aus?

a) Sein Lauf ist aus der Ferne nicht zu erkennen, denn die Uferbäume und das Ufergebüsch fehlen — die Menschen haben seine Ufer „gesäubert".

b) Statt Wasser fließt eine graue, oft jauchige Brühe im Bachbett entlang: die Abwässer aus mehreren Städten werden in den Bach abgeleitet.

c) Auf einer Länge von 20 km sind in dieser Brühe keine grünen Pflanzen zu sehen, sie können nicht darin leben, Fische schon gar nicht. Das Weidevieh will das Wasser nicht saufen.

Das ist die kurze Kennzeichnung eines kranken Baches, den ich gut kenne. Er ist über 20 km lang und mündet in einen kranken Fluß.

Ist der Bach deiner Heimat gesund oder krank?

6. Wie heißen die hohen, entlaubten Uferbäume?

A. Zwei Pappeln.

1. Hoher, schlanker Wuchs, bis 30 m hoch. **Pyramidenpappel.** *Pópulus pyramidális.*
2. Weit ausladende, lichte Krone. Stamm mit derber, rissiger Borke; Äste mit gelblichweißer Rinde. Blätter (unter dem Baume) 3eckig, länger als breit, lang zugespitzt, kahl. Blattstiele zusammengedrückt. Bis 25 m hoch. **Schwarzpappel.** *Pópulus nigra.*

B. Zwei Erlen. (Kenntlich an den schwarzen, runden Fruchtzapfen, die an den Zweigen sitzen, und an den Knospen mit 3 violetten Schuppen.)

1. Borke schwarzbraun, rissig. Bis 25 m hoch. **Schwarz-Erle.** *Alnus glutinósa.*
2. Rinde glänzend silbergrau, glatt, keine Borke bildend. Bis 25 m hoch. **Grau-Erle.** *Alnus incána.*

C. Zwei Weiden. (Kenntlich an den „Weidenblättern“: schmallanzettlich.)

1. Bis 30 m hoch. Blätter 5–6mal länger als breit, feingesägt, unterseits seidenglänzend. Weite, lichte Krone. Zweige zähe, am Grunde nicht leicht abbrechend, graugrün oder gelb oder rotgelb, zuweilen Peitschenschnurartig herabhängend. **Silber-Weide.** *Salix alba.*
2. Bis 15 m hoch. Blätter 4–6mal länger als breit, lang zugespitzt, gesägt, unterseits meist blaugrün. Zweige am Grunde leicht brechend (Name: Bruchweide), glänzend; junge Zweige gelb oder braun. **Bruch-Weide.** *Salix frágilis.*

7. Wie heißen die hohen, dürren Röhrichtpflanzen an den Ufern der Gewässer?

Nicht nur im Sommer, auch im Winter gibt der Pflanzenbestand den Ufern der Gewässer das Gepräge. Das vielfarbige Grün des Sommers färbte sich um in das einfarbige Grau des Winters, die Blüten und Blätter fielen zu Boden, die Früchte verwehte der Wind — es blieb das starre Gerüst der Pflanze: der Stengel mit seiner Verzweigung. Wie das Wuchsbild der Bäume erst nach dem Blattfall deutlich wird, so findet unser Blick an den entkleideten Kräutern fast nur noch den nackten Körper. Diese 1–3 m hohen Pflanzen fallen auf durch ihre Höhe oder durch ihre dichten Bestände.

A. Stengel durch Knoten in Abschnitte gegliedert, hohl, ohne Mark. (Halm.)

a) Halm an den Knoten fest (ziehen!). Blätter lang, schmal, längsnervig.

1. Halm bis 3 m hoch. Rispe fast einseitswendig, überhängend, grau. In dichten Beständen. (1) **Schilf.** *Phragmítes commúnis.*
2. Halm bis 2 m hoch. Rispe sehr ästig, allseitig ausgebreitet. In dichten Beständen. (2) **Wasser-Schwaden.** *Glycéria aquática.*

3. Halm bis $1\frac{1}{2}$ m hoch. Rispe abstehend mit büschelig gestellten Ähren. In dichten Beständen. (3) **Rohrartiges Glanzgras.** *Phálaris arundinácea.*

b) Halm an den Knoten nicht fest verwachsen. (Ziehen: Knoten reißen aus!) Bis $1\frac{1}{2}$ m hoch, nicht winterhart, Bestände meist umgeknickt. (4) **Schachtelhalm.** *Equisétum.*

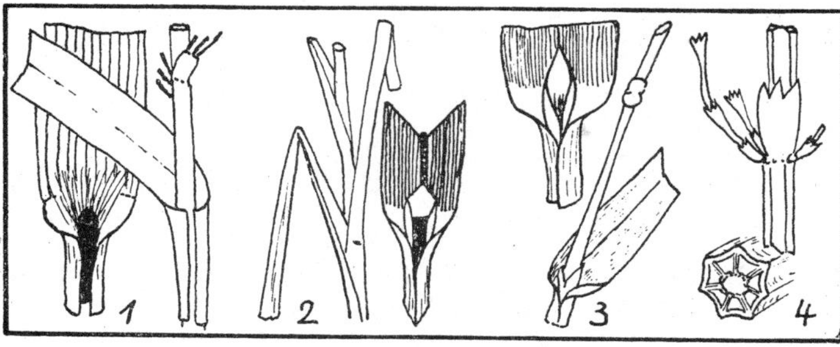

B. Stengel ohne Knoten.

a) Stengel hohl, stielrund oder stumpf 3kantig. Rispe groß, endständig. Blätter scharf gekielt, in eine 3kantige Spitze verschmälert, am Rande von nach vorn gerichteten Stacheln rauh. 2 m hoch. **Schneidgras.** *Cládium maríscus.*

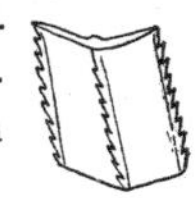

b) Stengel mit Mark. Die Knoten oft nur strichförmig angedeutet.

α) Stengel stielrund.

1. Stengel bis 2 m hoch, mit einem endständigen Fruchtkolben (Zylinderputzer). Mit Blättern. **Rohrkolben.** *Typha.*

2. Stengel bis 2 m hoch, ohne Blätter, mit büscheliger Rispe nicht weit unterhalb der Spitze des Stengels. (Abb.) **See-Simse.** *Scirpus lacústris.*

β) Stengel 3kantig, beblättert, knotenlos. Fruchtrispe endständig. **Simsen.** *Scirpus.*

γ) Stengel plattgedrückt; auf der einen Seite scharfkantig; auf der anderen Seite mit Rinne, aus der ein Kolben hervorragt (sofern noch vorhanden). Bis 1 m hoch. (Abb.) **Kalmus.** *Ácorus cálamus.*

8. Wie heißen die hohen, dürren Doldenpflanzen an den Ufern der Gewässer?

A. Stengel stielrund, fein gestreift, gerillt oder gerieft.

a) Stengel unter den Knoten stark angeschwollen, unten oft rot gefleckt, bis 2 m hoch. **Knolliger Kälberkropf.** *Chaerophýllum bulbósum.*

b) Stengel am Grunde sehr dick, bis $1\frac{1}{2}$ m hoch. Dolden blattgegenständig. **Wasserfenchel, Roßkümmel.** *Oenánthe aquática.*

c) Stengel weder unter den Knoten noch am Grunde auffällig verdickt.

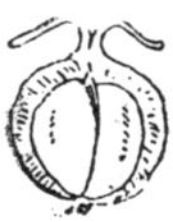

α) Blattscheiden bauchig aufgeblasen.

1. Alle Blattscheiden bauchig aufgeblasen. Dolden 20–30strahlig. Bis 2 ($2\frac{1}{2}$) m hoch. **Brustwurz.** *Angélica silvéstris.*

2. Nur die oberen Blattscheiden bauchig aufgeblasen. Dolden 20–40strahlig. Frucht 6–8 mm lang, berandet. Bis 2 ($2\frac{1}{2}$) m hoch. **Engelwurz.** *Archangélica officinális.*

β) Blattscheiden nicht bauchig aufgeblasen.

1. Hülle (unter der Dolde) vorhanden, 3- bis mehrblättrig. Dolde 12–20strahlig. Früchte mit Stacheln. Stengel bis 2 m hoch, sehr ästig, am Grunde rotbraun gefleckt. Sehr giftig! **Gefleckter Schierling.** *Cónium maculátum.*

2. Hülle fehlend (oder 1- bis 2blättrig). Früchte rundlich, 2knotig. Stengel bis $1\frac{1}{4}$ m hoch, Grundachse hohl, querfächerig. Sehr giftig! **Wasser-Schierling.** *Cicúta virósa.*

B. Stengel kantig gefurcht.

1. Blattscheiden aufgeblasen. Dolden groß, 10–20strahlig. Stengel bis $1\frac{1}{2}$ m hoch, ästig. (Abb.) **Bärenklau.** *Herácleum sphondýlium.*

2. Blattscheiden nicht aufgeblasen. Dolden groß, 20–40strahlig. Stengel bis $1\frac{1}{2}$ m hoch, mit weit abstehenden Ästen, röhrig, oft purpurrot. **Sumpf-Haarstrang, Ölsenich.** *Peucédanum palústre.*

9. Wie heißen die hohen, dürren Krautpflanzen an den Ufern der Gewässer?

A. Blätter (und Äste) gegenständig.

a) Pflanze stachelig, distelartig. Stengel bis $1\frac{1}{2}$ m hoch, ästig.

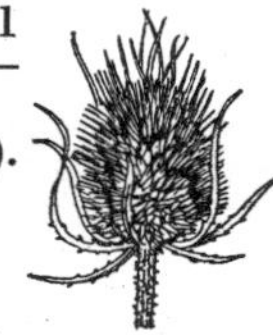

Blätter am Grunde breit verwachsen (oft mit Wasser gefüllt). Köpfe eiförmig, bis 10 cm lang, borstig. **Gemeine Karde.** *Dipsacus silvéster.*

b) Pflanze nicht stachelig.

α) Blätter gefiedert. Fiederblättchen 15–21. Bis 1 m hoch. Kelchsaum zu einer Federkrone verlängert, daher die Fruchtstände stark federig. Wurzel ausziehen, riecht stark! **Großer Baldrian.** *Valeriána officinális.*

β) Blätter 3–5teilig, mit lanzettlichen, gesägten Abschnitten. Früchte mit Haarkrone (Pappus: wie Distel). Bis 2 m hoch. **Wasserdost, Kunigundenkraut.** *Eupatórium cannábinum.*

γ) Blätter einfach. Frucht eine Kapsel.

1. Stengel scharf 4kantig, ungeflügelt. Blätter doppelt gesägt. Bis 1 m hoch. **Knotige Braunwurz.** *Scrophulária nodósa.*

2. Stengel 4kantig, breit geflügelt, desgleichen die Blattstiele. Blätter herzförmig-länglich, stumpf gekerbt. Bis 1½ m hoch. **Wasser-Braunwurz.** *Scrophulária aquática.*
3. Stengel 4kantig, breit geflügelt, desgleichen die Blattstiele. Blätter länglich-eiförmig, scharf gesägt, am Grunde verschmälert. Bis 1 m hoch. **Schatten-Braunwurz.** *Scropholária umbrósa.*

4. Stengel 4kantig, aufrecht, meist einfach, Blätter gegenständig oder quirlig, obere wechselständig, aus herzförmigem Grunde lanzettlich. Früchte kapselig, länglich oval. Bis 1¼ m hoch. **Blutweiderich.** *Lythrum salicária.*

5. Stengel stumpfkantig, rundlich. Blätter gegenständig, zuweilen quirlständig, länglich-eiförmig. Frucht kapselig, Samen schwarzbraun, mit flachen Warzen bedeckt. **Felberich, Gilbweiderich.** Bis 1½ m hoch. *Lysimáchia vulgáris.*
6. Stengel stielrund, sehr ästig, zottig. Blätter unten gegenständig, oben wechselständig, stengelumfassend, lanzettlich. Früchte länglich, 4fächerige Kapsel; Samen mit Haarschopf. Bis 1¼ m hoch. **Zottiges Weidenröschen.** *Epilóbium hirsútum.*

B. Blätter wechselständig.

a) Korbblüter (an den Köpfchen zu erkennen).

α) Früchte mit Haarschopf. (Beispiel: Löwenzahn.)

§ Blätter stachelig gezähnt. Hüllblätter der Köpfchen mit stacheligen Spitzen.

1. Stengel bis oben beblättert, dornig geflügelt, spinnwebig-filzig, bis $1\frac{1}{2}$ m hoch. Köpfchen klein, gehäuft. **Sumpf-Kratzdistel.** *Círsium palústre.*
2. Stengel entfernt beblättert, meist ästig, bis 150 cm hoch. Blätter am Rande stachelig bewimpert (nicht stechend), untere groß, meist fiederspaltig, obere meist buchtig gezähnt, nie am Stengel herablaufend. Köpfe mittelgroß, gehäuft, umgeben von bleichgrünen Deckblättern. Pflanze weichstachelig. **Kohl-Kratzdistel.** *Círsium oleráceum.*

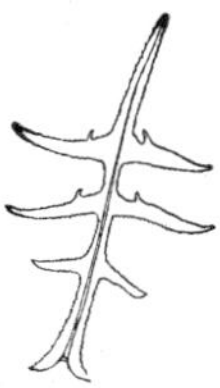

3. Stengel sehr dick, steif, hohl, unterwärts kahl, bis 3 m hoch. Blätter am Grunde pfeilförmig, stachelig bewimpert, untere fiederspaltig, obere lanzettlich, die obersten lineal. Köpfe zahlreich, mit schwarzen Drüsenhaaren besetzt. **Sumpf-Gänsedistel.** *Sonchus palúster.*

§§ Blätter nicht stachelig gezähnt.

\+ Hüllkelch (des Köpfchens) einreihig, Außenkelch meist 10-blättrig, halb so lang wie die Hülle. Stengel bis $2\frac{1}{4}$ m hoch, dicht beblättert. Blätter lanzettlich, spitz, scharf gesägt. Reichköpfig. (Abb.) **Sumpf-Kreuzkraut.** *Senécio paludósus.*

++ Hüllkelch (des Köpfchens) mehrreihig.

1. Blätter lanzettlich, ganzrandig. Stengel stark verzweigt, mit zahlreichen Köpfchen. Köpfchen mittelgroß, bis 15 mm breit. Bis $1\frac{1}{2}$ m hoch. **Weidenblättrige Aster.** *Aster salicifólius.*
2. Blätter lanzettlich, scharf gesägt. Stengel stark verzweigt, in der ganzen Länge behaart. Zahlreiche kleine Köpfchen in einseitwendiger Rispe. Bis $1\frac{1}{4}$ m hoch. (Abb.) **Kanadische Goldrute.** *Solidágo canadénsis.*

3. Blätter lineal-lanzettlich, borstig gewimpert. Stengel stark verzweigt, grün, Köpfchen sehr klein, zahlreich. Bis $1\frac{1}{4}$ m hoch. **Kanadisches Berufskraut.** *Erigeron canadénsis.*

β) Früchte ohne Haarschopf.

1. Köpfe groß, einzeln oder wenige zusammen, lang gestielt. Blätter rauh, untere 5–7zählig, obere 3–5spaltig. Stengel ästig, kahl, bis 2 m hoch. **Schlitzblättriger Sonnenhut.** *Rudbéckia laciniáta.*

Blätter alle ungeteilt, dicht mit borstenförmigen Haaren besetzt. Stengel meist einfach, bis $1\frac{1}{4}$ m hoch. **Rauher Sonnenhut.** *Rudbéckia hirta.*

2. Köpfe klein, in dichten Doldentrauben. Blätter doppelt fiederteilig. Stengel oben ästig, bis $1\frac{1}{4}$ m hoch. Pflanze stark riechend. **Rainfarn.** *Tanacétum vulgáre.*
3. Köpfe sehr klein, eiförmig-länglich, zahlreich, filzig. Blätter fiederteilig, unterseits filzig, Stengel ästig, bis 2 m hoch. Reiben: riecht nach Wermut. **Gemeiner Beifuß.** *Artemísia vulgáris.*

b) Keine Korbblüter.

α) Pflanze strauchartig, oft windend. Stengel ästig, verholzt. Äste krautig. Blätter herzeiförmig, am Grunde oft mit 1–2 tiefbuchtig abgetrennten Lappen. Beerenfrüchte eiförmig, scharlachrot. Bis 2 m hoch. **Bittersüß.** *Solánum dulcamára.*

β) Pflanzen nicht strauchartig.

§ Blätter gefiedert. Fruchtstand eine rispige Trugdolde. Früchtchen gedreht, lederig, nicht aufspringend. Bis $1\frac{1}{2}$ m hoch. **Mädesüß.** *Filipéndula ulmária.*

§§ Blätter einfach.

F

1. Pflanze bis 2 m hoch. Blätter sehr groß, untere Blätter oft 60 cm lang und 35 cm breit, lanzettlich, am Grunde verschmälert. Stengel und Blattstiele teilweise rotbraun. Fruchtstand in blattwinkelständigen Büscheln, mächtig, bis über die Mitte mit schmalen Blättern durchsetzt. (F) **Fluß-Ampfer.** *Rumex hydrolápathum.*
2. Pflanze bis 2 m hoch. Blätter sehr groß, am Grunde herzförmig, im Umfang eirund, vorn zugespitzt. Blattstiel rinnig. Die dicht unter dem Fruchtstand stehenden Blätter kurzgestielt. Fruchtstand in blattwinkelständigen Büscheln, gar nicht oder nur unten mit Blättern durchsetzt. (W) **Wasser-Ampfer.** *Rumex aquáticus.*

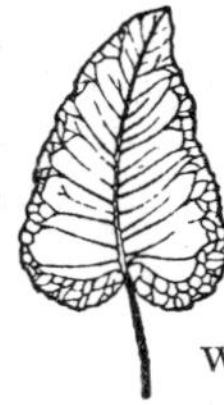

W

3. Pflanze bis 1 m hoch. Blätter lanzettlich, am Grunde mit einer stengelumfassenden Scheide. Fruchtstand am Ende der Äste, in Ähren. **Knöterich.** *Polýgonum.*
4. Außer diesen Pflanzen, die fast alle in dichten Beständen auftreten, sehen wir hin und wieder eine hohe einzelne Pflanze an steinigen Flußufern, die durch ihre Höhe auffällt: Bis 2 m hoch, wollig-filzig; Blätter beiderseits wollig-filzig, am Stengel herablaufend; langer, kerzengerader Fruchtstand. Mehrere Arten. **Königskerze, Wollkraut.** *Verbáscum.*

10. Wir gehen im Winter an einem Wiesengraben entlang

Was jedermann sieht

Ich beschreibe einen Wiesengraben, den ich gut kenne: Etwa 1 km lang, schnurgerade, tief, steile Ufer ohne hohe Pflanzen, ½–1 m tiefes Wasser, im Wasser sehr starker Pflanzenbewuchs, meistens dürre Pflanzen, im Wasser dichte grüne Bestände. An einigen Stellen sind Hasenwechsel zu sehen, ein Zaunkönig treibt sich an einer Brücke umher. — Das sind die groben Züge des winterlichen Bildes, dem die feinen Züge fehlen.

Ich sehe mehr

I. Das Gesamtbild ist gekennzeichnet durch die verschiedenfarbigen, dürren Pflanzenbestände: Strohgrau–erdgrau–hellbraun–dunkelbraun–schwarzbraun.

A. Das abgestorbene Röhricht.

1. Kleinere Bestände, über 3 m hoher, grauer Gräser. Reicht hoch über den Grabenrand hinaus. **Schilf.** *Phragmítes commúnis.*

2. Weite Bestände eines schilfartigen, hellgrauen Grases, halb so hoch wie Schilf und längst nicht so derb. Reicht über den Grabenrand hinaus. **Rohrartiges Glanzgras.** *Phálaris arundinácea.*

3. Weite Bestände einer niedrigen Pflanze ohne Halm mit sehr langen, braunen Blättern, die fast sämtlich geknickt sind; an der Unterseite stark gekielt, an der Oberseite an beiden Rändern rinnig vertieft. Auf dem Blatt entlang sehen: jederseits zieht sich eine flache „Dachrinne" am Blattrande entlang. Ragt nicht über den Grabenrand hinaus. **Aufrechter Igelkolben.** *Spargánium eréctum.*

B. Hohe, dürre Krautpflanzen, deren Gestalt noch gut erhalten ist.

a) Blätter gegenständig. Stengel sehr ästig.

1. Frucht eine lange, schmale, lineale, 4fächerige Kapsel mit zahlreichen Samen, die mit einem Haarschopf versehen sind. Pflanze sieht schwarzbraun aus. **Zottiges Weidenröschen.** *Epilóbium hirsútum.*

2. Frucht eine zweifächerige Kapsel, Samen ohne Haarschopf. Pflanze sieht schwarzbraun aus. **Blut-Weiderich.** *Lythrum salicária.*

3. Fruchtstand in einem kleinen, walzlichen Köpfchen; Früchte mit Haarkrone versehen (wie Distelköpfchen). Blätter meist 4teilig oder 3schnittig. **Wasserdost.** *Eupatórium cannábinum.*

b) Blätter wechselständig. Stengel ästig.

1. Blätter gefiedert. Blättchen 15–21. Stengel gerieft. Frucht mit federiger Haarkrone. **Großer Baldrian.** *Valeriána officinális.*
2. Blätter sehr groß, doch oben an der Pflanze meist nicht mehr vorhanden, vielleicht unten noch. Stengel gefurcht. Fruchthülle 3kantig, darin eine 3kantige, ungeflügelte Frucht. Ganze Pflanze mit den reichen Fruchtständen rotbraun. **Ampfer.** *Rumex.*

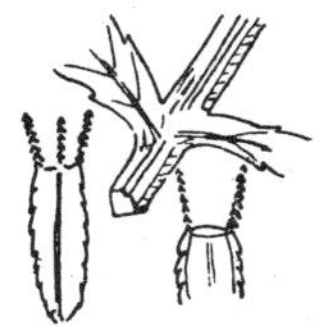

C. Niedrige, dürre Krautpflanzen, von denen nur noch geringe Reste vorhanden sind.

1. Früchte klein, flach, mit 2 oder 3 Grannen (Zähnen). Bleiben an den Kleidern hängen! **Zweizahn.** *Bidens tripartítus.*

2. Stengel mit einfachen Ästen in den Blattachseln. Blätter eiförmig bis länglich-lanzettlich, kurz gestielt, sehr grob gesägt, am Grunde fiederspaltig, gegenständig. (Abb.) **Wolfstrapp.** *Lýcopus europǣus.*
3. Blätter gegenständig, eilänglich bis fast kreisrund, gekerbt oder gezähnt, nach Pfefferminz riechend. **Wasser-Minze.** *Mentha aquática.*
4. Stengel scharf 4kantig. Blätter gegenständig, länglich-eiförmig, am Grunde verschmälert oder fast herzförmig, doppelt gesägt. Unangenehm riechend. **Knotige Braunwurz.** *Scrophulária nodósa.*
5. Stengel breit geflügelt. Blätter länglich-eiförmig, scharf gesägt, am Grunde verschmälert oder abgestutzt. **Schattenbraunwurz.** *Scrophulária umbrósa.*

II. Die freien Wasserstellen sind mit grünen, untergetauchten Pflanzen besetzt, die meist in dichten Beständen wachsen.

1. Stengel 30–90 cm lang, kantig, hohl, am Grunde kriechend und wurzelnd. Blätter gefiedert oder fiederschnittig; Blättchen eiförmig, sitzend, das endständige gestielt, bitter schmeckend. **Brunnenkresse.** *Róripa officinális.*

2. Stengel fein gerillt; Dolde kurz gestielt, blattachselständig (beide im Winter aber meist nicht mehr vorhanden). Blätter gefiedert, untere mit eiförmigen, obere mit länglichen oder lanzettlichen, gesägten Blättchen. Scharfer Geruch. Sehr häufig. **Berle.** *Bérula angustifólia.*

3. Stengel kantig gefurcht; Dolde deutlich endständig (beide im Winter meist nicht vorhanden). Blätter gefiedert; Blättchen schief-lanzettlich, scharf gesägt; die der untergetauchten Blätter doppelt-fiederteilig, mit linealen Zipfeln. Scharfer Geruch. Zerstreut vorkommend. **Merk.** *Sium latifólium.*

Wieviel siehst du?

Gehe im Winter an einem Wiesengraben entlang und stelle fest, ob du die dir bekannten Pflanzen im abgestorbenen Zustande wiedererkennst.

B. Tierleben

1. Wie die Wassertiere überwintern

Nicht nur die Wasserpflanzen, sondern auch zahlreiche Tiere nehmen bei beginnender Kälte die Flucht in die Tiefen des Gewässers. In sehr seichten Gewässern würde ihnen das allerdings wenig nützen, weil hier die Gefahr des Ausfrierens besteht. Auch in den härtesten Wintern wird die Eisdecke höchstens 80 cm dick; wenn das Gewässer also eine Tiefe von 1–1½ m hat, so bleibt unter dem Eis für kleinere Tiere noch genügend Lebensraum. Eis ist ein schlechter Wärmeleiter und läßt die Kälte nicht durch; das Wasser hat eine Wärme von $+4^0$ C.

Man hat allerdings lange Zeit angenommen, daß Fische, Frösche, Schnecken, Käfer und andere Wassertiere ohne Schaden im Eise einfrieren könnten. Heute liegen darüber sorgfältige Beobachtungen und Versuche vor. Käfer, die 5–6 Stunden eingefroren waren, und Blutegel, die 48 Stunden in Eis eingebettet lagen, wachten wieder auf, als das Eis abtaute. Ließ man sie länger darin liegen, gingen sie ein. Ist ein Tier völlig hartgefroren oder zu lange in Eis eingeschlossen, so stirbt es. Sämtliche Wassertiere sind also genötigt, an frostsicheren Plätzen zu überwintern.

2. Wintervögel an Binnengewässern

Ein großer Teil der einheimischen Wasservögel bleibt im Winter bei uns. Einige Gäste aus dem Norden kommen hinzu. An Gewässern, die den ganzen Winter hindurch offen sind, sammeln sie sich häufig in großen Scharen und erregen die Aufmerksamkeit auch solcher Menschen, die sich sonst wenig nach ihnen umsehen. Aber auch der einzelne Vogel ist im Winter, wenn das Ufergebüsch den Blick freigibt, vielfach auffälliger als im Sommer.

Tafel S. 179

I. Die Vögel schwimmen

1. Schwäne: Sogleich kenntlich an der Größe; Länge $1\frac{1}{2}$ m. Gefieder weiß.
   Höckerschwan: Schnabel gelbrot, am Grunde mit schwarzem Höcker; Augenstreif schwarz.
   Singschwan: Schnabel vorn schwarz, am Grunde gelb, ohne Höcker; Augenstreif gelb. (Tafel S. 39, Abb. 7.)

2. Gänse: Sogleich kenntlich an der Größe; Länge 90 cm.
   Saatgans: Gefieder grau, an der Brust heller; Schnabel schwarz, in der Mitte gelb. (Tafel S. 39, Abb. 5.)
3. Säger: Kleiner als Gans, größer als Hausente; Gestalt entenähnlich. Schnabel lang, rot, vorn spitz, fast walzig rund, an der Spitze hakig nach unten umgebogen; Kopf und Oberhals grünschwarz; Oberrücken samtschwarz; Unterrücken und Schwanz graublau; Unterkörper weiß (Männchen). — Nordischer Vogel, der auch in Norddeutschland brütet; kommt im Winter an süddeutschen Seen und Flüssen vor. (Abb. 7.)
4. Enten: Sogleich kenntlich an der Entengestalt und -farbe.
   Stockente, Wildente: Spiegel (auf dem Flügel) blaugrün, schwarz und weiß eingefaßt; Hals mit weißem Ring. Weibchen rötlich graubraun, mit kleinen dunklen Flecken; Spiegel wie beim Männchen. — Die Stockente ist Standvogel, d. h. sie behält im Sommer und, wenn irgend möglich, auch im Winter ihren Standort bei.

   Schellente: Kleiner als Stockente. Kopf und Oberhals des Erpels metallischgrün, mit weißem, rundem Fleck zwischen Auge und Schnabel; Rücken und Schwanz schwarz; Spiegel, Kropf und Un-

terseite weiß. — Nordischer Vogel, ist im Winter häufig auf Rhein und Main zu sehen. (Abb. 4.)
Alle übrigen Enten sind weggezogen oder bleiben nur vereinzelt bei uns.

5. Bläßhuhn; Schwarzes Wasserhuhn: Kleiner und schlanker als Ente. Gefieder schwarz; Stirnplatte weiß. — Ist Stand-, Strich- und Zugvogel. Viele überwintern bei uns; frieren nicht selten im Eise fest. (Abb. 6.)
6. Grünfüßiges Teichhuhn: Kleiner als Haustaube. Gefieder dunkelolivbraun; in der Mitte der Körperseite ein weißer Längsstreifen; Unterseite des Schwanzes weiß; Stirnplatte rot. — Zugvogel. Viele überwintern bei uns; frieren oft im Eise fest. (Abb. 5.)
7. Zwergtaucher: Kaum Amselgröße. Gefieder braunschwarz; Hals und Backen rotbraun. — Der Zwergtaucher ist im Winter auf allen offenen Gewässern, namentlich auf Bächen und Flüssen zu sehen. Er schwimmt und taucht vorzüglich. Läßt sich ein Mensch nur von weitem sehen, so ist er sofort unter dem Wasser verschwunden. Volkstümliche Namen: Duckhöhneken, Duckentchen, Duiker. (Abb. 1.)

II. Die Vögel fliegen

1. Stockente: Scharfer, pfeifender Flug. Dicker Rumpf; lang vorgestreckter Hals.
2. Lachmöwe: Kleiner als Ente. Sehr gewandter Flug. Flügel sehr lang und spitz; Gefieder vorwiegend weiß; Rücken und Flügel grau; Schwingen an der Spitze schwarz; Schnabel und Füße rot. (Abb. 3.)

3. Eisvogel: Etwas größer als Haussperling. Flug reißend schnell, schnurrend. Oberseite grünblau; Unterseite rostrot; Schnabel lang. — Im Winter an eisfreien Gewässern.

4. Wasserstar, Bachamsel: Stargröße. Sehr schneller Flug, immer über dem Wasser hin. Kopf und Nacken braun; Kehle und Brust weiß; Rücken grauschwarz; Unterseite braun; Schwanz sehr kurz. — Bevorzugte Plätze: Mühlenwehre, Gebirgsflüsse, Wasserfälle.
5. Bergstelze; Gebirgsstelze: Leichter Bogenflug. Schwanz sehr lang; Oberseite aschgrau; Unterseite gelb; Augenstreif schwarzgrau. — An Gebirgsbächen, kommt im Winter weit talabwärts. (Abb. 2.)

1
2
3
4
5
6
7

6. Bachstelze: Bogenflug. Schwanz auffällig lang; beim Sitzen immer in wippender Bewegung. Oberseite aschgrau; Unterseite weiß; Oberkopf schwarz; Stirn weiß. — Überwintert nur in einzelnen Stücken.

III. Der Vogel steht am Wasser

Fischreiher: Kleiner als Storch. Gefieder aschgrau; Kopf weiß, mit zwei schwarzen Scheitelstrichen und langen, dunklen Genickfedern.

3. Geläufe großer Vögel an Gewässern

Wer die Geläufe richtig deuten will, muß den Bau der Füße kennen

I. Die 3 Vorderzehen sind durch Schwimmhäute verbunden. Hinterzehe kurz, hoch eingelenkt = nicht in einer Ebene mit den Vorderzehen.

A. Hinterzehe ohne Schwimmlappen.

1. Große Vögel mit großen Füßen. **Schwäne.**
2. Etwas kleinere Vögel mit etwas kleineren Füßen. (1) **Gänse.**
3. Füße noch kleiner als Gänsefüße. (2) **Schwimmenten.** z. B. Stockente.

B. Hinterzehe mit breiten, schlaffen Schwimmlappen. **Tauchenten.**

C. Hinterzehe zu einem Hautlappen zusammengedrückt. **Säger.**

II. Zehen mit Schwimmlappen versehen.

1. Schwimmlappen den Zehengliedern entsprechend eingekerbt. Von den 3 Vorderzehen die mittlere am längsten. (3) **Bläßhuhn.**
2. Schwimmlappen ganzrandig, Vorderzehen 3, Hinterzehe sehr kurz und höher sitzend. (4) **Taucher.**

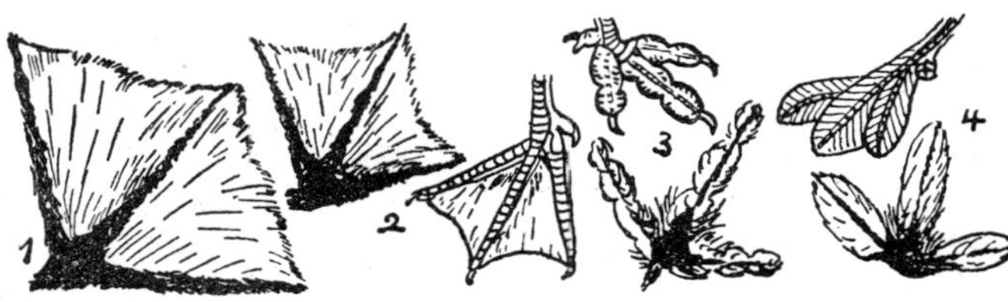

III. Die 3 Vorderzehen sind weder mit Schwimmhäuten noch mit Schwimmlappen versehen.

A. Die 3 Vorderzehen sehr lang; Hinterzehe zwar etwas kürzer, aber ebenso kräftig und mit langer, starker Kralle versehen, sitzt in gleicher Höhe mit den Vorderzehen. Großer Fuß. **Fischreiher.**

B. Hinterzehe kurz, in gleicher Höhe mit den Vorderzehen.

1. Sehr lange Vorderzehen. **Teichhuhn.**
2. Füße viel kleiner (Vogel von Amselgröße). **Wasserralle.**

C. Hinterzehe kurz, hochsitzend.

1. Zehen sehr weit gespreizt. Winkel zwischen den Zehen etwa 72°. **Kiebitz.**

2. Zehen sehr eng stehend. Winkel zwischen den Zehen etwa 36°. **Bekassine.**

Die Fußabdrücke entsprechen dem Bau der Füße

1. Die Füße zeichnen sich deutlich ab im weichen Uferboden und im weichen Schnee.
2. Ein schwerer Vogel sinkt tiefer ein als ein leichter Vogel.
3. Auf einem festen Untergrund zeichnet sich die hochsitzende Hinterzehe nicht mit ab, wohl aber wenn der Vogel auf einem sehr weichen Boden einsinkt.
4. Die straff ausgespannten Schwimmhäute zeichnen sich auf einem weichen Boden mit ab. Achte auf den Vorderrand der Schwimmhäute!
5. Die Schwimmlappen des Bläßhuhns und des Tauchers sind nicht immer deutlich, oft auch gar nicht zu sehen. Ihre Fußabdrücke sehen dann so aus wie der unter Nr. III genannten Vögel.
6. Die in der Übersicht genannten Vögel überwintern bei uns. Beachte, daß an unseren Gewässern sich im Winter auch nordische Gäste einstellen: wenn ihre Fußabdrücke mit denen in der Tabelle gekennzeichneten übereinstimmen, so sind die fremden Vögel mit den einheimischen verwandt.

Präge dir fest ein:

1. den Fußabdruck der Hausgans = Schwimmvogel.
2. den Fußabdruck der Hausente = Schwimmvogel.
3. den Fußabdruck des Haushuhns = 3 lange Vorderzehen, 1 kurze Hinterzehe.

Wir messen die Fußspuren

1. Wir messen die Größe:
   Schwan: Länge etwa 15 cm, Breite 15 cm.
   Wildgans: Länge etwa 9 cm, Breite etwa 8 cm.
   Stockente: Länge etwa 7 cm, Breite etwa 6 cm.

   Miß die Größe der Fußabdrücke des Hausgeflügels!

2. Wir messen die Größe der Winkel zwischen den Zehen einer Hausgans.
   a) Zeichne mit einem Halbmesser von 10 cm einen Kreis. Laß die Zirkelöffnung von 10 cm stehen und trage den Halbmesser auf dem Kreisumfang ab. Das geht 6 mal. Ziehe die Verbindungslinien der gegenüberliegenden Schnittpunkte, sie laufen durch den Mittelpunkt des Kreises, sind also Durchmesser. Der Kreisumfang ist somit in 6 gleiche Teile geteilt, jeder Winkel ist 60 Grad groß. — Diese Zeichnung ist auf einem Stück starker Pappe anzufertigen. Ziehe drei nebeneinanderliegende Halbmesser kräftig nach, sie sollen die Zehen des Gänsefußes darstellen. Zeichne die Schwimmhaut hinein und noch die kurze Hinterzehe. — Schneide jetzt den Gänsefuß aus der Pappscheibe heraus, passe ihn in den Fußabdruck einer Gans und prüfe, ob das Modell mit dem Abdruck übereinstimmt.
   b) Du kannst auch anders verfahren. Wähle einen sauber in den weichen Boden oder in den Schnee eingetretenen Fußabdruck der Gans und verlängere die Abdrücke der Zehen nach hinten durch feine Linien. Ziehe danach mit der Länge der Mittelzehe als Halbmesser den Kreis. Der Umfang weist 6 gleiche Abschnitte auf, jeder Abschnitt ist 60 Grad groß.
   c) Wirf die Füße der Weihnachtsgans nicht achtlos weg, sondern hebe sie auf und bezeichne den linken und rechten Fuß. Kannst du dir denken, welche Aufgaben du damit lösen kannst?
   d) Prüfe nach, ob auch die Fußabdrücke der übrigen Schwimmvögel so gestaltet sind wie die der Hausgans! Ja oder nein?
   e) Verfahre in gleicher Weise mit den Füßen und Fußabdrücken des Haushuhns! In welchem Winkel stehen die Zehen auseinander?

4. Fußspuren vierfüßiger Tiere an Gewässern

1. Das Wild kommt zur Tränke: Hirsch, Reh.
   Hirsch: Breite des Trittes 3,5–6,5 cm; Länge des Trittes 6–10 cm.
   Reh: Breite des Trittes 3 cm, Länge des Trittes etwa 4 cm.

2. Das Wild überspringt auf der Flucht ein Gewässer.
   Hirsch: Sprungweite bis 7 m, oft auch darüber.
   Reh: Sprungweite 4 m, oft auch weiter.
3. Das Wild suhlt.
   Hirsch: Achte auf Trittsiegel und Losung.
   Wildschwein: Aufgebrochener Boden, durchwühlte Stellen, Körpereindrücke, Trittsiegel, Losung, Borsten, Malbäume (an denen sich die Sauen die Schwarte abreiben).
4. Hunde streichen gern an Gewässern entlang.
   Trittsiegel: verschieden groß, je nach der Größe des Hundes, rundlich, vier Zehenballen mit den Nagelabdrücken davor; Hinterballen des Vorderfußes am Hinterrand eingebuchtet; Hinterballen des Hinterfußes am Hinterrand ausgebuchtet.
5. Füchse suchen den Uferrand nach Beute ab.
   Trittsiegel: schlanker als beim Hunde, Klauen des Fußes schärfer abgedrückt als die des Hundes, die beiden Mittelklauen des Fuchses weiter vorstehend als beim Hunde.
6. Steinmarder, Iltis und Wiesel halten sich gern an Gewässern auf. Man sieht sie zuweilen auf Steinen mitten im Bachbett sitzen. Trittsiegel: Abdruck von 5 Zehen!
7. Fischottern kommen an Land.
   Trittsiegel: 5 Zehenabdrücke mit rundlichen Ballen; Zehen stark gespreizt, mit Schwimmhaut!
8. Wasserratten laufen häufig über den Uferschlamm hinweg.
   Spur: ähnlich wie Mäusespuren, aber größer. Hintere Fußsohle mit 5 Wülsten. Schwanz kurz, hinterläßt daher keine Schleifspur.
9. Wanderratten halten sich gern am Wasser auf.
   Trittsiegel: Vorderfuß mit 4, Hinterfuß mit 5 Zehen. Schwanz lang, hinterläßt daher eine Schleifspur.

5. Wir finden am Ufer eines Gewässers Reste von Fischen und Krebsen. — Wer war der Täter?

Im Sommer werden solche Fraßreste durch Gras und Gestrüpp meist verdeckt und daher leicht übersehen; im Winter liegen sie auf dem kahlen Ufer oder auf der Schneedecke frei da. Wer hielt hier seine Mahlzeit?

1. An dem toten Fisch oder am Panzer des Krebses wurde gehackt. **Rabe.**

Die Löcher sitzen zerstreut, der Rabe hackte mit seinem kräftigen Schnabel in das Fleisch und riß Stücke heraus. Raben halten sich gern an Gewässern auf und finden, namentlich nach Überschwemmungen, Fische, die in seichten Tümpeln zurückgeblieben sind. — Flußkrebse kriechen gelegentlich ans Land und können von Raben gefunden werden; halten sie sich im flachen Wasser zu nahe am Ufer auf, holt sie der Schwarzrock heraus. Er zerhackt den Panzer, frißt die Weichteile und läßt die harte Kruste zurück, auf der die Löcher deutlich zu sehen sind. — Hätte ein Hund den Panzer zerbissen, wäre er völlig zertrümmert; wenn der Rabe ihn zerhackt, bleiben die Bruchstücke größer.

2. An dem toten Fisch oder am Panzer des Krebses wurde gefressen. **Fischotter.** *Lutra lutra.*

Vom Fisch wurden Kopf und Schwanz übriggelassen: der Fisch schmeckte gut. — Von dem Fisch wurden kleine Fleischstücke gefressen, viel nicht, das meiste blieb liegen: er schmeckte nicht gut. — Der Panzer des Krebses wurde zerbissen: er ging dabei in viele kleine Stücke.

Um Sicherheit zu gewinnen, wer der Täter war, sehen wir uns nach weiteren Anzeichen um: Wir finden auf dem weichen Uferschlamm oder auf der Schneedecke eine Fußspur; im Abdruck zeigen sich Schwimmhäute zwischen den 5 Zehen, vielleicht auch die Schleifspur des breiten Schwanzes, der die Fußspur wieder zuschleift. Wir suchen das Ufer ab und finden die „Steige“ oder „Rutsche“, das ist die Stelle, die das Tier regelmäßig beim Aus- und Einsteigen benutzt.

3. Krebspanzer und -scheren sind zerbissen. **Iltis und Fuchs.**

Auch Iltis und Fuchs halten sich gern am Wasser auf und fangen Fische. Beide haben im Winter in der Regel großen Hunger und werden wohl ihre Beute ganz verschlingen, zumal sie sogar Aas nicht verschmähen, wenn sie das Grimmen im Bauche haben. — Von dem Krebse jedoch werden sie die unverdaulichen Panzer, bestimmt aber die Scheren, zurücklassen.

6. Die Forellen laichen

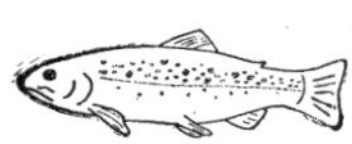

Die Bachforelle, *Trutta fário*, hat ihre Lieblingsplätze, an denen sie laicht. Wer diese Stellen kennt, kann zur Laichzeit in den Monaten November, Dezember und auch im Januar die Laichspiele beobachten.

Sie sucht in der Regel flache Kiesgründe auf und streicht lebhaft an den Steinen oder auf dem Boden entlang, als wollte sie die Eiablage durch den Druck befördern. Oft wischt sie dabei den grünen Algen- oder Moosbelag von den Steinen herunter. Da die Forelle sich während des Winters in tiefem, ruhigem Wasser aufhält, fallen die lebhaften Bewegungen an den flachen Laichstellen auf.

Wenn du die Laichspiele der Forellen also sehen willst, so beachte folgendes:

1. Die Forelle lebt im Quellgebiet der Gewässer.
2. Sie liebt Gewässer mit niedriger Temperatur, sie ist ein Kaltwasserfisch.
3. Sie liebt klares Wasser.
4. Suche also flache, kiesige Stellen eines Baches mit klarem Wasser auf.
5. Achte auf die mit einem grünen Belag überzogenen Steine im Wasser und auf den sandigen Boden, ob darauf helle Streifen zu sehen sind.

7. Wie die Frösche überwintern

Am einfachsten ist der überwinternde Grasfrosch, *Rana temporária*, zu beobachten; er ist in seinem Winterversteck leicht aufzufinden. Im Spätherbst oder im Frühwinter suchen wir (in langen Wasserstiefeln!) einen schlammigen Wiesengraben ab. Mit dem nackten Arm (Rock ausziehen!) greifen wir tief in den Schlamm; im Spätherbst genügt es schon bis zum Ellenbogen, im Winter jedoch müssen wir bis zur Schulter hineinfahren. Dabei stellen wir bald fest, daß die Frösche in einer gewissen Tiefe stecken.

Es ist erstaunlich, wieviel oft in einem kurzen Grabenstück aufgefunden werden. Wir spülen sie ab, beobachten sie in ihrer Winterstarre und versenken sie wieder in die Tiefe.

Die Untersuchung des Wiesengrabens verschafft uns eine treffende Vorstellung von dem Winteraufenthalt der Frösche in der Gemarkung.

8. Ist es nicht ein Wunder, daß . . .?

. . . , daß der Zaunkönig eine Kälte von —39° C verträgt?

Es war im Winter 1916/17 in Ostgalizien. Die Brussilow-Offensive war zum Stillstand gekommen. Wir lagen vor der russischen Front in Stellung, hatten noch keine Zeit gehabt, warme Winterstellungen auszubauen, und lagen daher auf freiem Felde in Erdlöchern. Es wurde sehr kalt, das Thermometer fiel auf —39° C. Es fiel kein Schuß mehr, weder hüben noch drüben. Den Soldaten erfroren Hände und Füße, auf der weiten Schneefläche lagen die erstarrten Raben, weit hinter der Front heulten die hungrigen Wölfe, im Ufergebüsch eines Baches — trieben sich munter die Zaunkönige umher.

Man bedenke: Sein Gewicht beträgt 8,5–11 Gramm! Seine Blutmenge vielleicht nur 1 Gramm! Die Dicke des Gefieders 1–2 cm! Die Körperwärme 38° C. Der Unterschied zwischen der kalten Außenluft (—39°) und der Körperwärme beträgt 77°. — Den Soldaten erfroren trotz der Pelzstiefel die Füße — dem Zaunkönig nicht!

Bedenke weiter: Der Zaunkönig ist ein Insektenfresser, er ernährt sich vorwiegend von Insekten aller Art, Räupchen, kleinen Larven, Puppen, Spinnen, Spinneneiern, Milben. Aber davon ist der Tisch bei —39° nur sehr spärlich gedeckt.

Bedenke weiter: Gegen 16 Uhr ist der Tag im Mittwinter zu Ende und er beginnt erst wieder gegen 8 Uhr, für die Dauer von 16 Stunden muß der Magen also gefüllt sein.

Bedenke weiter: Der Zaunkönig übernachtet in Höhlen, wo er seine warm ausgepolsterten Schlafnester eingerichtet hat. Doch in sehr kalten Wintern ist der Boden oft über 1 m tief gefroren — da kann das Bett nicht übermäßig warm sein.

Und trotzdem hält der winzige Vogel die Kälte aus!

. . . , daß der Zaunkönig an kalten Wintertagen singt ?

Der Schnee knirscht unter den Fußtritten der Menschen und den Rädern der Wagen. Wer nicht in die Kälte hinaus muß, bleibt in der warmen Stube. Doch der Zaunkönig pfeift drauf! Plötzlich sitzt er auf dem Ast eines Heckenstrauches und schmettert sein Liedchen heraus, als wollte er den Winter herausfordern: Du kannst mir nichts anhaben! Er beginnt mit einer schmetternden Reihe von Tönen (etwa so wie ein Kanarienvogel), hängt einen tiefer liegenden Roller an und hört mit einer kurzen Schmetterreihe auf. Wer genau hinhört, kann die dreiteilige Liedstrophe so deuten: „Istististististverdammt kalt schad't nichts, hihihi!" Erst schilt er, dann lacht er.

Wenn er aber an einem trübseligen Regentag im Winter singt, klingt es so: „Mistmistmistmistmistbrrrrrrhihihihi!"

. . . , daß der Zaunkönig gegen Ausgang des Winters den nahen Frühling ahnt?

Am Bachufer tauen die letzten Schneereste weg. Da streicht der Zaunkönig im Bachbett entlang, läßt sich auf dem überhängenden Zweig eines Haselstrauches nieder und schmettert: „Siehsisissisiehdas erste Haselkätzchenhihihihihi!" — Er hat es früher gesehen als Meise und Kinder.

Erklärung der wissenschaftlichen Pflanzennamen

Abies Name der Tanne bei den Römern.

alba lt. weiß.

cóncolor lt. gleichfarbig (Ober- und Unterseite).

nordmanniána benannt nach Alex von Nordmann, Professor des botanischen Gartens in Odessa, gest. 1866.

pectináta lt. *pectináre* gr. *pekteo* kämmen: gekämmt, kammförmig, nämlich die Nadeln.

pinsápo von *Pinus* (Kiefer) und *sapinus* eine Nadelholzart bei den Römern.

Acer Name des Ahorns bei den Römern, *acer* lt. spitz, scharf: wegen der zugespitzten Blattlappen.

campéstre lt. *campus* Feld, Ebene: auf Feldern, in der Ebene wachsend.

platanóides von *Plátanus* Platane und der Endung *-oides* gr. *-eidēs*, von *eidos, -eos to* Gestalt, Aussehen, bezeichnet die Ähnlichkeit: der Platane ähnlich.

pseudoplatánus pseudo gr. falsch, täuschend: nämlich von täuschendem Aussehen der Platane.

Ácorus gr. *akoros* Name einer Pflanze mit aromatischer Wurzel; abgeleitet vom gr. *a* (Verneinung) und *koros* Sättigung. Mittel gegen Appetitlosigkeit.

cálamus gr. *kálamos* Rohr, Name für schilfartige Pflanze im alten Griechenland.

Áesculus (auch *Esculus*) Name der immergrünen Wintereiche *(Quercus esculus)* bei den Römern, von *ésca* Speise, daher auch Speiseeiche.

hippocástanum gr. *hippos* Pferd und *kastonos* Kastanienbaum: Roßkastanie, die Türken sollen die Samen als Heilmittel gegen Asthmabeschwerden der Pferde angewandt haben.

Agropýrum gr. *agrios* wild und *pyros* Weizen: wilder Weizen.

canínum lt. *canis* Hund: bezeichnet eine gemeine, minderwertige Art.

Ailántus von *Ailánto*, Baum des Himmels, Name des Baumes auf den Molukken.

glandulósa lt. von *glandula* kleine Eichel, auch Drüse (besonders die Mandeln): drüsig, Blättchen am Grunde mit drüsigen Öhrchen.

Alnus Name der Erle bei den Römern.

glutinósa lt. von *glútinum* Leim: klebrig, nämlich die Knospen und jungen Blätter der Erle.

incána lt. ganz grau.

Amblystégium gr. *amblys* stumpf, *stegos* Deckel: Kapsel mit stumpfem Deckel.

sérpens lt. *sérpere* kriechen: kriechend.

Amelánchier gr. *melon* Apfel und *anchein* zusammenschnüren, würgen: wegen des herben Geschmackes der apfelartigen Frucht.

vulgáris lt. von *vulgus* die große Menge, das gemeine Volk: gewöhnlich, gemein.

Anemóne gr. *anémos* Wind; weil man annahm, daß die Blüten dieser Pflanze sich nur bei Wind öffnen; oder auch, weil sie im leichtesten schon sich bewegen oder abfallen.

hepática gr. *hépathos* Leber, die Blätter haben eine ähnliche Form wie die Leber und wurden daher früher gegen Leberkrankheiten gebraucht.

Angélica lt. *ángelus*, gr. *ággelos* Engel, da ein Engel auf die Heilkraft der Pflanze hingewiesen habe.

silvéstris lt. *silva* Wald: in Wäldern wachsend.

Anómodon gr. *ánomos* abnorm, trügerisch, *ódon* Zahn: Trugzahn.

Antitríchia gr. *anti* gegen, *trix* Haar: wegen der vermeintlichen Gegenüberstellung der haarförmigen Wimpern des inneren Mundbesatzes, die jedoch abwechselnd stehen.

curtipéndula lt. *curtus* kurz und *péndulus* hängend: innerer Mundbesatz mit kurzen, fadenförmigen Anhängen.

Archangélica gr. *archággelos* Erzengel, ein Erzengel soll auf die Heilkraft der Pflanze hingewiesen haben.

officinális lt. *officína* eigentlich Werkstatt, meist in der Bedeutung von Apotheke: in Apotheken gebräuchlich.

Arctostáphylos gr. *arktos* Bär und *staphyle* Traube: Bärentraube.

uva ursi Traube des Bären.

Artemísia gr. *artemisía* Name für Beifußarten, benannt nach der Göttin Artemis, der Helferin kranker Frauen; oder von *artemēs* frisch, unversehrt, gesund, wegen der Heilwirkung.

vulgáris lt. *vúlgus* die große Menge, das gemeine Volk: gewöhnlich, gemein.

Ásarum gr. *ásaron* Name dieser Pflanze bei den Alten; Ableitung: 1. *ásē* Überdruß, Ekel, da der Genuß der Pflanze Erbrechen erzeugen soll; 2. *sairo* schmücken, *a* = nicht: weil man die Pflanze nicht zu Kränzen benutzt.

europáeum in Europa heimisch.

Aspérula lt. *asper* rauh, *asperulus* etwas rauh: kleiner Rauhling, wegen der etwas rauhen Blätter.

odoráta lt. *ódor* Geruch: wohlriechend.

Aspídium gr. *aspis* Schild: Schildfarn, wegen des schildförmigen Schleiers, der die Sporen bedeckt.

spinulósum lt. *spína* Dorn, *spinula* kleiner Dorn: feindornig, die Fiederchen stachelspitzig gezähnt.

Aster gr. *astēr* Stern: Sternblume, wegen der Form der Körbchenblüten, alter Name.

salicifólius lt. von *Salix* Weide und *fólium* Blatt: weidenblättrig.

Aucúba japanischer Name.

japónica aus Japan stammend.

Aulacómium gr. *aulax* Furche und *mnion* Moos: wegen der gestreiften Büchse, die im trockenen Zustande gefurcht ist.

andrógynum gr. *andros* Mann und *gynē*, *gynaikós* Weib: zwittrig, man hielt das Moos bei der Namengebung noch für zwittrig, was es jedoch nicht ist.

Bárbula lt. *barba* Bart, *barbula* Bärtchen: wegen der greisen Glashaare an der Spitze der Blätter.

Bellis Name der Pflanze bei den Römern, lt. *bellus* schön, hübsch.

perénnis lt. *per* hindurch *annus* Jahr: das ganze Jahr hindurch blühend.

Bérberis aus der Berberei stammend oder *berberys* arabische Bezeichnung der Frucht.

Bérula ursprünglich Name für eine Wasserminze.

angustifólia lt. *angustus* schmal, eng und *folium* Blatt: schmalblättrig.

Bétula Name der Birke bei den Römern.

verrucósa lt. *verrúca* Warze: warzig, nämlich die jungen Zweige.

Bidens lt. *bis*, *bi* zweimal und *dens* Zahn: Zweizahn, wegen der 2–3 Grannen an den Früchten.

tripartítus lt. *tris, tres* drei und *partire* teilen: dreigeteilt, nämlich die Blätter.

Blechnum gr. *bléchnon* Name eines Farns bei den Griechen.

spícant Herkunft des Namens unbekannt.

Brachypódium gr. *brachys* kurz, klein und *podion* von *pous, podos* Fuß, Füßchen, Stiel: mit kurzem Ährchenstielchen.

silváticum lt. *silva* Wald: in Wäldern wachsend.

Brachythécium gr. *brachys* kurz, klein und *theke* Büchse.

popúleum von *Pópulus* Pappel: wächst am Grunde alter Pappeln.

rivuláre lt. *rivus* Bach, *rivulus* kleiner Bach: an und in Bächen wachsend.

rutábulum lt. *rure* stürzen, herabhängen: Büchse geneigt bis waagrecht.

velutínum lt. *vellus* Wolle: wollig, seidig, stark behaart.

Bromus gr. *bromos* eine Haferart, verwandt mit *broma* Speise.

asper lt. rauh.

Bulgária lt. *bulga* lederner Sack.

polymórpha gr. *polys* viel und *morphe* Gestalt: vielgestaltig.

Bryópogon gr. *bryon* Moos und *pogon* Bart: Moosbart.

jubátus lt. *iuba* Mähne: mähnenförmig.

Calamagróstis gr. *Kalamagrōstis* Name für Schilfrohr; *kálamos* Rohr und *agrostis* Gras.

arundinácea gr. *arúndo* Schilfrohr im allgemeinen.

epigéios gr. *epi* auf, aufwärts und *gaia* Erde: auf der Erde wachsend (im Gegensatz zu dem im Wasser).

Callítriche gr. von *kalos*, als Vorsilbe *kalli* schön und *thrix, trichos* Haar: Schönhaar.

stagnális lt. *stagnum* Sumpf, Teich: sumpf-, teichbewohnend.

Callúna gr. *kallein* schön machen, putzen, fegen: wegen der Verwendung der Pfl. zu Besen.

vulgáris lt. *vulgus* die große Menge, das gemeine Volk: gemein.

Camptothécium gr. *kamptos* krumm und *theke* Büchse: Büchse ist gekrümmt.

sericeum lt. seidenhaarig, seidigglänzend.

Capsélla lt. *capsa* Büchse, *capsella* kleine Büchse: die Frucht; sieht aus wie eine kleine Tasche.

bursa pastóris lt. *bursa* Beutel, Tasche, Börse und *pastor* Hirte: Hirtentasche.

Caragána kirgisischer Name für die Pflanze.
arboréscens lt. *arbor* Baum: baumartig.
frutex lt. *frutex* Strauch, Busch.
Carex Name für stachelige Pflanzen, besonders für Riedgräser, abgeleitet von *carere* kratzen.
Carpínus keltisch *car* Holz und *pen* Kopf, weil das harte Holz zur Herstellung von Ochsenjochen verwandt wurde.
bétulus von *Bétula* Birke: birkenähnlich (Blätter).
Catálpa einheimischer Name des Baumes in Karolina (N.-Am).
bignonióides der *Bignónia* ähnlich. Bignon, Abt in Frankreich, gest. 1743, nach dem die *Bignonia* benannt wurde.
Cédrus gr. *kedros* Name für Zeder.
atlántica im atlantischen Gebiet vorkommend.
libáni im Libanon vorkommend.
Cercis gr. *kerkis* Name für eine Pappelart, auf die Pfl. übertragen.
Chamaecýparis gr. *chamai* auf der Erde, niedrig und *kyparíssos* Zypresse: niedrige Zypresse.
umbelláta lt. *umbélla* Schirm, in der Botanik Dolde: doldig.
Chaenoméles gr. *chaino* klaffen und *melon* Apfel: wegen der tief genabelten Frucht.
japónica in Japan vorkommend.
Chaerophýllum gr. *chairein* sich freuen und *phyllum* Blatt: mit freudig grünen Blättern.
bulbósum lt. *bulbus* Zwiebel: zwiebelartig, knollig, knotig.
Chimáphila gr. *cheima* Regenwetter und *phile* Freundin: Winterlieb.
Cinclidótus gr. *kinklis* Gitter: Äste lang, haarförmig, am Grunde mehr oder weniger gitterförmig verbunden.
fondinalóides lt. *fons* Quelle: in Quellen, fließendem Wasser.
Cicuta Name des gefleckten Schirlings bei den Römern.
virósa lt. *virus* Gift: giftig.
Círsium gr. *kírsion* Name einer Distelart, die bei den Griechen gegen Krampfadern (gr. *kirsos*) angewandt wurde.
oleráceum lt. *olus* Gemüse, Kohl: kohlartig, die Blätter.
palústre lt. *palus* Sumpf: sumpfbewohnend.
Cládium gr. *kládion* kleiner Zweig, Ästchen, Schößling: wegen der Ausläufer.
maríscus lt. *mare* Meer, See; keltisch *mar* Sumpf: in Sümpfen wachsend.

Cladónia gr. *klados* Zweig, Trieb, Stengel: wegen der Verzweigung.
rangiferína Rángifer wissenschaftlicher Name für Ren, Renntier: Nahrung des Renntieres.

Colutéa gr. *koloutéa* Name eines schotentragenden Strauches, abgeleitet von *kolouein* verstümmeln, stutzen, da er das Beschneiden nicht vertragen kann.
arboréscens lt. *arbor* Baum: baumartig, strauchartig.
orientális aus dem Orient stammend.

Coniféren lt. *cónifer* von *conus* Kugel und *ferre* tragen: Zapfenträger.

Cónium gr. *kōnos* Kreisel, *konáesthai* sich im Kreise drehen, schwindlig werden, oder von *koné* Mord, beides wegen der Giftwirkung.
maculátum lt. *maculáre* beflecken: befleckt.

Cornus lt. *cornu* Horn: wegen des hornharten Holzes.
sanguínea lt. *sánguis* Blut: blutrot, wegen der roten Farbe der Rinde.
stolonífera lt. *stolo* Sproß, *ferre* tragen: ausläufertreibend.

Córylus gr. *kórylos* Name des Haselstrauches bei den Griechen, vielleicht von *karyon* Kern, Nuß.
avellána nach Abella in Kampanien (Italien), wo mehrere *Córylus*-Arten gezogen wurden, daher *Nux abellána* = Nuß von Abella.

Cotoneáster lt. *cotónea* Quittenbaum und *aster* ähnlich: quittenbaumähnlich, unechter Quittenbaum.
dísticha gr. *dis* zweimal und *stichos* Reihe, Zeile: zweizeilig, zweireihig.
integérrima lt. unversehrt, ganzrandig.

Cratáegus gr. *kratáigos*, von *krateios* fest, stark und *aigos* Ziege: Kraftfutter für Ziegen.
crusgálli lt. *crus* Schenkel, Bein und *gallus* Hahn: wegen der langen Dornen.
macracántha gr. *makros* groß und *akantha Dorn:* mit großen Dornen.
monógyna gr. *monus* einzig, allein und *gynē* Weib: mit einem Griffel.
oxyacántha gr. *oxys* scharf, sauer und *akántha Dorn:* scharf, dornig.

Cryptoméria gr. *kryptos* verborgen und *meros* Schenkel; wohl wegen der verborgenen männlichen Blütenstäube.
japónica aus Japan stammend.

Cyáthus gr. *Becher:* Form des Pilzes.

crucíbulum lt. *Tiegel:* wegen der Form des Pilzes.

Cydónia nach der *Kydonia* auf Kreta, wo der Baum besonders zahlreich vorkam.

vulgáris lt. *vulgus* die große Menge: gemein, gewöhnlich.

Cynosúrus gr. *kyon, kynos* Hund und *oura* Schwanz: Hundeschwanz, wegen der Form der Rispe.

cristátus lt. *crista* Kamm: kammförmig.

Cytisus gr. *kýtisos* Name einer strauchartigen Kleeart.

labúrnum lt. Name der Pflanze im alten Rom, *albus* weiß, *albúrnum* weißes Splintholz.

Dáctylis gr. *dáktylos* Finger: wegen der Form der Rispenäste.

glomeráta lt. *glomeráre* zu einem Knäuel (*glomus*) zusammenrollen: geknäuelter Blütenstand.

Deschámpsia benannt nach dem Naturforscher Deschamps in Frankreich, gest. 1849.

caespitósa lt. *caespes* Rasen: rasenförmig, rasenbildend.

flexuósa lt. *fléctere* beugen, biegen: bogig, gekrümmt, geschlängelt, die Rispenäste.

Dicranodóntium gr. *dis* zweimal, *keras* Horn, *odon* Zahn: zweihörnig, Mundbesatz gespalten.

denutátum lt. entblößt, kahl.

Dicranowéisia gr. *dis* doppelt, *keras* Horn: Gabelzahnmoos, benannt nach Prof. Weis in Göttingen, Mitte des 19. Jahrh.

cirráta lt. *cirrus* kraus, *cirráta* kraushaarig.

Dícranum gr. *dis* zweimal, *keras* Horn: Gabelzahn, der Mundbesatz mit 2 hörnigen Zähnen.

flagelláre lt. *flagéllum* Geißel, in der Botanik = Schößling, Ausläufer: ausläufertreibend.

Dípsacus gr. *dípsakos* eine Distelart, von *dipsao* dürsten: Blätter am Grunde verwachsen, bilden ein kleines Becken, in dem sich Tau und Regenwasser sammelt.

silvéster lt. *silva* Wald: in Wäldern wachsend.

Drepanocládus gr. *drépanon* Sichel und *klados* Ästchen: Sproßenden hakenförmig.

flúitans lt. *fluitáre* hin und her wogen: flutend.

uncinátum lt. *uncus* Haken: hakig.

Élymusé gr. *lymos* Name einer Hirseart.
europaéus in Europa heimisch.
Émpetrum gr. *émpetron* Name einer auf Felsen wachsenden Pflanze; *en* in, an, auf und *petra* Felsen, trifft für unsere Pflanze nicht zu.
nigrum lt. *niger* schwarz: die Beeren.
Epilóbium gr. *epilóbion* von *epi* auf, darauf, aufwärts und *lobos* Lappen, Schote: Blüten über der Schote.
hirsútum lt. struppig, rauh, behaart.
Epimédium gr. *epimédion* Name einer nicht mehr feststellbaren Pflanze, die auf Luzerne *(medion)* schmarotzen sollte.
alpínum in den Alpen vorkommend.
Equisétum lt. *équus* Pferd und *seta* Borste, Haar: Pferdehaar, hier Pferdeschweif: wegen der Gestalt der Pflanze.
hiemále lt. *hiems* Winter: winterlich, Stengel bleiben im Winter grün.
Erígeron gr. *erígeron*, von *eri* früh und *geron* Greis: Frühgreis, Greiskraut, weil der Pappus früh sichtbar wird.
canadénsis aus Kanada stammend.
Eupatórium gr. von *Eupator*, Beiname des heilkundigen Königs Mithridates von Pontus (132–64 v. Chr.).
cannábinum gr. *kánnabis* Hanf: hanfartig.
Euphórbia gr. *euphórbion* Name eines Strauches mit Gummisaft, benannt nach Euphorbus, Leibarzt des Königs Juba von Numidien (um 54 v. Chr.).
Eurhýnchium gr. *eu* gut, echt und *rhynchos* Schnabel, Schnauze: mit gutem Schnabel auf dem Deckel.
ruscifórme dem *Ruscus* Mäusedorn ähnlich.
Evérnia lt. *evérnius* entfärbt: die Farblose.
Evónymus gr. *euónomos* von *eu* gut und *ónoma* Name: mit gutem Namen, gutbeleumundet, hier gegenteilig gemeint wegen der giftigen Eigenschaften der Pflanze.
europaéus in Europa heimisch.
Exídia gr. *exidiein* ausschwitzen: geleeartiger Pilz.
glandulósa lt. *glans* Eichel, Drüse: drüsig, mit Drüsen besetzt.

Fagus Name der Buche bei den Römern.
silvática lt. *silva* Wald: im Walde wachsend.
Festúca lt. Rute, Stab; Grashalm.

gigántea gr. *gigánteios* riesenhaft, riesengroß.
heterophýlla gr. *héteros* der andere, verschieden und *phyllos* Blatt: verschiedenblättrig.
ovína lt. *ovis* Schaf: für Schafe als Futter geeignet.

Filipéndula lt. *filum* Faden und *péndulus* hängend: Wurzelfasern knollig verdickt, an Fäden hängend.
ulmária von *Ulmus* Ulme: Fiederblättchen haben Ähnlichkeit mit den Blättern der Ulme.

Físsidens lt. *fissus* gespalten und *dens* Zahn: Spaltzahn, die Zähne des Mundbesatzes der Büchse gespalten.
adiantóides gr. *adianton* Frauenhaar und die Nachsilbe *oides* ähnlich: dem Frauenhaar ähnlich.

Fontinális lt. *fons* Quelle: in Quellen wachsend.
antipyrética gr. *anti* gegen und *pyr* Feuer: gegen Feuer.
squamósa lt. *squama* Schuppe: schuppig, voller Schuppen.

Fráxinus Name der Esche bei den Römern, vom gr. *phraxis* Zaun: Holz wurde zu Zäunen benutzt.
excélsior lt. *excéllere* hervorragend: hochgewachsen.

Gledítschia benannt nach Gleditsch, Arzt und Professor der Botanik in Berlin, gest. 1786.
triacánthos gr. *tria* drei und *akántha* Dorn: dreidornig.

Glycéria gr. *glýkeros* süß: die Samen einiger Arten schmecken süß.
aquática lt. *aqua* Wasser: am oder im Wasser wachsend.

Gramineen lt. *gramen* Gras: Familie der Gräser.

Gráphis gr. *graphis* Griffel.
scripta lt. Schrift: Schriftflechte.

Grimmia benannt nach dem Botaniker Grimm in Gotha, gest. 1821.
alpícula in Gebirgen (Alpen) vorkommend.

Hédera gr. alter Name dieser Pflanze bei den Griechen und Römern, von *hedra* Sitz: weil sie an Mauern und Bäumen emporklettert und hier festsitzt. — Epheu = Ewig-Heu: immergrün.
hélix gr. Windung: wegen des kletternden Stammes.

Helódea gr. *helos* Sumpf: Sumpfbewohner.
canadénsis aus Kanada stammend.

Herácleum von Herakles, Herkules, dem angeblichen Entdecker der Heilkunde.
sphondýlium gr. *sphondylis* ein Käfer: von ähnlichem Geruch

wie Bärenklau; oder *sphondylos* Wirbel: wegen der kropfartig angeschwollenen Blattscheiden.

Hippóphaë gr. *hippos* Pferd und *phaēs* schimmernd, glänzend: wie das Pferdefell glänzend.

rhamnóides Rhamnus ein dorniger Strauch: dem Rhamus ähnlich.

Hippúris gr. *hippos* Pferd und *oura* Schwanz: Pferdeschwanz, wegen der Gestalt der Pflanze.

vulgáris lt. *vulgus* das gemeine Volk, die große Menge: gewöhnlich, gemein.

Hólcus gr. *holkos* Name eines langbegrannten Grases, *helkein* herausziehen, da das Gras, um den Arm gewickelt, eingedrungene Grannen herausziehen soll.

mollis lt. weich, weichhaarig.

Homália gr. *hómalos* flach: Flachmoos.

trichomanóides gr. *thrix*, *trichos* Haar und *manos* dünn, *oides* ähnlich: durch die 2zeilig gestellten Blätter dem Farn *Trichómanes* ähnlich.

Hygramblystégium gr. *hygros* Wasser, *amblys* stumpf, *stegos* Dekkel: Moos mit stumpfem Deckel auf der Büchse, das im Wasser vorkommt.

fluviátile lt. *flúvius* Fluß: in Flüssen wachsend.

Hygróphorus gr. *hygros* Wasser, feucht und *phoros* tragend: Wasser enthaltend, wässerig.

praténsis lt. *pratum* Wiese: auf Wiesen wachsend.

puníceus lt. punisch, phönizisch: deshalb rot (aus Phönizien stammt die Purpurfarbe).

Hygrohýpnum gr. *hygros* Wasser, *hypnos* Schlaf: Wasser-Schlafmoos.

palústre lt. *palus* Sumpf: in Sümpfen wachsend.

Hypholóma gr. *hyphe* Faden, Gewebe und *loma* Saum, Rand: Saumpilz, weil Reste des Schleiers (Haut auf der Hutunterseite) einige Zeit als Saum am Hutrande hängenbleiben.

hydróphilum gr. *hydros* Wasser und *philos* Freund, lieb: wasserliebend.

Hýpnum gr. *hypnos* Schlaf: Schlafmoos, es wurde ehemals getrocknet als Schlafkissen benutzt.

cupressifórme Cupréssus Name der Zypresse und *forma* Gestalt: der Zypresse ähnlich.

Ílex Name der Steineiche bei den Römern, wegen der Ähnlichkeit der Blätter auf unsere Pflanze übertragen; von *elígere* auswählen, weil die Eicheln für die Schweinemast ausgesucht wurden.

aquifólium Aquifólium war der Name der Stechpalme bei den Römern, aus *acrifólium*, von *acer* scharf, stechend oder *acus* Nadel und *fólium* Blatt: wegen der stachelspitzigen Zähne der Blätter.

Isothécium gr. *isos* gleich und *theke* Büchse: Büchse gleichmäßig geformt.

vivíparum lt. *vivus* lebendig und *párere* gebären: lebendiggebärend, die Vermehrungsorgane wachsen auf der grünen Pflanze.

Juncus Name der Buche bei den Römern, wohl von *júngere* binden: weil Matten daraus geflochten werden.

Juníperus Name des Wacholders bei den Römern.

commúnis lt. gemein, überall vorkommend.

sabína benannt nach dem Volke der Sabiner, wo die Pflanze häufig vorkam — *var.* = Varietät, Unterart; *nana* von *nanus* Zwerg.

virginiána aus Virginien (N.-Am.) stammend.

Lámium Name der Taubnessel bei den Römern; gr. *lamos* Kehle, Rachen, Schlund: wegen der Form der Blüte.

lúteum lt. goldgelb.

purpúreum lt. *púrpura* Purpurschnecke: purpurfarbig.

Larix Name der Lärche bei den Römern.

decídua lt. *decídere* herabfallen: hinfällig, die Nadeln.

leptolépis gr. *leptos* zart, fein und *lepis* Schüppchen: mit zarten Fruchtschuppen.

Lecanóra gr. *lekane* Schüssel: wegen der Form der Fruchtkörper.

subfúsca lt. *sub* unter, unterhalb; auch ziemlich, ähnlich und *fuscus* dunkelbraun.

Lédum gr. *lēdos* Kleid, Wollstoff: wegen der unterseits filzigen Blätter.

palústre lt. *palus* Sumpf: in Sümpfen wachsend.

Lemna gr. *limne* Teich: wegen des Standortes.

gibba lt. Buckel: unterseits buckelig.

minor lt. kleiner: kleinste Art der Teichlinsen.

trisúlca von *tris* drei und *sulcus* Furche: dreifurchig, wegen der drei Nerven der Stengelglieder („Blätter").

Lenzítes benannt nach Lenz, einem deutschen Botaniker.

betulína lt. *Betula* Birke: zur Birke gehörig.

saepiária lt. *saepes* Zäune: an Zäunen wachsend.

Léskea benannt nach Leske, Prof. der Botanik in Leipzig, gest. 1786.
polycárpa gr. *polys* viel und *karpos* Frucht: vielfrüchtig.

Leūcodon gr. *leukos* weiß und *odon* Zahn: Weißzahn, Mundbesatz der Büchse weißzähnig.

sciuróides gr. *skioūros* Eichhörnchen und Nachsilbe *oides* ähnlich: eichhornschwanzähnlich, Äste im feuchten Zustande.

Libocédrus gr. *libas* Tropfen und *Cedrus:* wegen des Harzreichtums des zedernartigen Baumes.
decúrreus lt. umlaufend: Blätter quirlständig.

Ligústrum gr. *ligystikon* „in *Liguriae montibus*", in den Bergen Liguriens wachsend.
ovalifólium lt. *ovum* Ei, *oval* eiförmig und *folium* Blatt: mit eiförmigen Blättern.
vulgáre lt. *vulgus* die große Menge, das gemeine Volk: gemein, gewöhnlich.

Lonícera benannt nach Adam Lonitzer, Prof. der Medizin in Mainz, Stadtphysikus in Frankfurt a. M., gest. 1586, Verfasser eines Kräuterbuches (1573).

caērúlea lt. dunkelblau: Früchte blauschwarz.
nigra lt. *niger:* Früchte schwarz.
nítida lt. glänzend, schimmernd: Früchte.

Lúzula lt. *lucére* leuchten, glänzen: wegen der glänzenden Blüten einiger Arten.

Lycopus gr. *lykos* Wolf und *pous* Fuß: Wolfsfuß, wegen der Blattform.
europaeus in Europa heimisch.

Lýcium gr. *lykion*, benannt nach *Lykia* in Kleinasien; stachelige Sträucher, Name auf Bocksdorn übertragen.
halimifólium lt. *fólium* Blatt, den Blättern des Baumes *Halimodéndron* ähnlich.

Lysimáchia gr. Name des Weiderichs, benannt nach Lysimachos, Feldherrn Alexanders des Großen.
vulgáris lt. *vulgus* die große Menge, das gemeine Volk: gemein, gewöhnlich.

Lythrum gr. *lythron* das aus Wunden rinnende Blut: wegen der blutroten Farbe der Blüten.
salicária von *Salix* Weide: weidenartige Blätter.

Mahónia benannt nach MacMahon, einem nordamerikanischen Botaniker.
aquifólium Blätter den Blättern des Stechdorns *Ilex aquifolium* ähnlich.
Mélica gr. *meli* Honig: wegen des süßen Geschmackes der Halme.
nutans lt. *nutáre* nicken: der Blütenstand ist nickend.
uniflóra lt. *unus* ein und *flos* Blüte: einblütig, Ährchen mit nur einer Blüte.
Mentha gr. *minthe* Name der Minze von *minthos* starker Geruch.
aquática lt. *aqua* Wasser: im Wasser wachsend.
Méspilus gr. *mesos* mitten und *spilos* Stein: mitten in der Frucht ein Stein.
germánica in ganz Germanien (Deutschland).
Mílium gr. *meline*, verwandt mit *meli* Honig.
effúsum lt. *effúndere* ausgießen: ausgebreitet, weitschweifig, nämlich die Rispe.
Mnium gr. *mnion* Moos.
stelláre lt. *stella* Stern: sternförmig, die Blätter an der Spitze des Stengels.
Molínia benannt nach Molin, Missionar in Chile, gest. 1829.
caerúlia lt. dunkelblau: die Farbe des Grases ist blaugrün, deshalb Blaugras.
Monília lt. *moníle* Halsband, Rosenkranz: weil der Pilz in weißen Ringen um den Apfel liegt.
Mycéna gr. *mykes* Pilz.
galericuláta lt. *galeríiculum* Käppchen.
Myriophyllum gr. *myrios* unendlich viel und *phyllon* Blatt: Tausendblatt, wegen der zahlreichen, feinzerteilten Blätter.

Nardus gr. *nardos* verschiedene wohlriechende Pflanzen, auch eine wohlriechende Grasart, auf das Borstengras übertragen.
stricta lt. straff, steif: wegen der borstenartigen Blätter.
Néckera benannt nach dem elsässischen Botaniker Necker, gest. 1793.
Nematolóma gr. *nema* Faden, Garn und *loma* Saum, Rand: am Hutrand hängen oft noch Reste des faserigen Schleiers.
fasciculáre lt. *fáscis* Bündel, *fascículum* Bündelchen: gebündelt, gebüschelt, gehäuft.
sublaterítium lt. *sub* unter, unterhalb, fast und *lateritius* ziegelfarbig (*later* Ziegel): fast ziegelrot.

Oenánthe gr. *oinánthe* Name einer nach Wein riechenden Doldenpflanze, von *ōīnos* Wein und *anthe* Blüte: Weinblüte.

aquática lt. *aqua* Wasser: im oder am Wasser wachsend.

Orthotríchum gr. *orthos* aufrecht und *thrix, trichos* Haar: Büchse mit aufrechten, steifen, meist goldgelben Haaren besetzt.

áffine lt. angrenzend, verwandt (mit einer ähnlich aussehenden Art).

diaphánum gr. *diapheino* durchscheinen: durchscheinend.

speciósum lt. schön, stattlich, prächtig.

Panus gr. *penos* oder *panos* der auf die Spule gewickelte Faden des Einschlags beim Weben: wegen des Aussehens der Lamellen.

stípticus gr. *stýptikos* herb, zusammenziehend: Geschmack.

Parmelia lt. *parma* Schild, *pármula* Schildchen: Schildflechte.

physódes gr. *physa* Blase: wegen der aufgeblasenen Fruchtkörper.

saxátilis lt. *saxum* Fels: an Felsen wachsend.

Peltígera lt. *pelta* Leichtschild: wegen der Form der Fruchtkörper.

Peucédanum gr. *peukédanos* Name einer Doldenpflanze; *peuke* Fichte und *danos* dürr, trocken, dürftig: kleine Fichte, wegen der schmalen Blätter.

palústre lt. *palus* Sumpf: sumpfbewohnend.

Pholióta gr. *pholis* Schuppe der Schlangen: Schüppling.

mutábilis lt. wandelbar, veränderlich: nämlich die Farbe des Hutes.

Phragmítes gr. *phragmo* Zaun: diente zur Herstellung von Zäunen.

commúnis lt. gemein, überall vorkommend.

Pícea gr. *pissa* Name der Fichte und Kiefer bei den Römern, verwandt mit *pix, picis* Pech, Teer, der aus dem Baum gewonnen wird.

alba lt. weiß.

excélsa lt. *excéllere* hervorragen: emporragend, hochgewachsen.

nigra lt. schwarz.

políta lt. *polire* glätten: glatt, glänzend.

pungens lt. *púngere* stechen: stechend scharfe Nadeln.

Pinus lt. Name für Kiefer, Fichte, Pinie bei den Römern, von *pix, picis* Pech, Teer: siehe *Picea.*

cembra italienischer Name für die Kiefernart.

excélsa lt. *excéllere* hervorragen: emporragend, hochgewachsen.

larício *Larix* Lärche: der Lärche ähnlich.

montána lt. *mons* Berg: am Gebirge wachsend.

silvéstris lt. *silva* Wald: im Walde vorkommend.
strobus gr. *strobos* Wirbel, Kreisel: wegen der Zapfenform.

Pírola Pirus Birnbaum, *Pirola* Birnbäumchen: weil die Blätter ähnlich sind.

Pirus Birnbaum, *pirum* Birne.
ária griechischer Name dieser Pflanze, nach der persischen Provinz Aria.
aucupária lt. *aucupári* (*avis* Vogel, *cápere* fangen) vogelstellen: Beeren werden zum Vogelfang (*aucúpium*) benutzt.
communis lt. gemein, überall vorkommend.
malus Malus Name des Apfelbaumes, gr. *mēlea, melon, malon* Apfelfrucht.
malus floribúndus lt. *flos* Blüte, Blume, *bundus* voll von: reichblütig.
torminális lt. *tórmina* Leibschneiden: Frucht gegen Unpäßlichkeit gebraucht.

Plagiothécium gr. *plágios* schief und *theke* Büchse.

Plátanus gr. *plátanos* Name für eine Platanenart, wohl von *platys* platt, flach, breit, weit: wegen der breiten Krone.
occidentális lt. *óccidens* Westen: westlich, abendländisch.
orientális lt. *óriens* Osten: östlich, morgenländisch, im Orient vorkommend.

Pleurocóccus gr. *pleura* Seite und *kokkos* Kern, Korn: seitlich aneinandergereiht.

Pleurótus gr. *pleura* Seite und *otos* Ohr: der Form wegen.
ostreátus Ostrea Name der Auster: austernähnlich.

Poa gr. *poa* Kraut, Gras, Futtergras.
chaixi benannt nach dem Botaniker Chaix in Frankreich (1730–99).
nemorális gr. *nemos* Hain: in Hainen wachsend.

Pópulus gr. *paipállomai* sich lebhaft bewegen, zittern: wegen der im Winde leicht beweglichen Blätter.
alba lt. weiß: Unterseite der Blätter weiß.
itálica aus Italien stammend.
nigra lt. schwarz.
pyramidális gr. *pyramis* Pyramide: pyramidenförmig.
trémula lt. *trémere* zittern: zitternd (Blätter im Winde).

Polýgonum gr. *polys* viel und *gony* Knie, Knoten: mit vielen Knoten am Stengel.

Polýpódium gr. *polys* viel und *podos* Fuß: weil die mit zahlreichen

Wedelresten versehenen Wurzelstöcke einem Tausend (Viel)fuß ähnlich sehen.

vulgáre lt. *vulgus* das gemeine Volk, die große Menge: gemein, gewöhnlich.

Polyporus gr. *polys* viel *poros* Loch, Pore: mit vielen Löchern.

adústus lt. *aduro* anbrennen: angebrannt, der Rand des Hutes.

annósus lt. *annus* Jahr: vieljährig.

applanátus lt. abgeflacht.

betulínus *Bétula* Birke: zur Birke gehörig.

brumális lt. *bruma* Winter: im Winter wachsend.

fomentárius lt. *foméntum* Zunder: zunderartig.

gibbósus lt. *gibbus* Buckel, Höcker: gebuckelt.

igniárius lt. *ignis* Feuer: feurig, zum Feuern dienend.

perénnis lt. *per* hindurch, während und *annus* Jahr: das ganze Jahr hindurch dauernd.

quercína *Quercus* Eiche: zur Eiche gehörend.

ungulátus lt. *úngula* Huf, Klaue: hufförmig.

versícolor lt. *versus* gewendet und *color* Farbe: farbenwechselnd, verschiedenfarbig, bunt.

Polýtrichum gr. *polys* viel und *thrix*, *trichos* Haar: Vielhaar.

commúne lt. gemein, überall vorkommend.

Potamogéton gr. *potamogeíton* Name einer Wasserpflanze, von *pótamos* Fluß und *geiton* Nachbar: wegen des Standortes in stehenden und fließenden Gewässern.

crispus lt. *crispáre* in schwingende Bewegung bringen, kräuseln: gekräuselt, kraus.

Prunus Name des Pflaumenbaumes bei den Römern.

spinósa lt. *spina* Dorn: dornig.

Pseudotsúga gr. *pseudo* täuschend, falsch, scheinbar und *Tsuga* (Nadelbaum): Scheintsuga.

douglásii benannt nach Douglas, einem englischen Botaniker (1799 bis 1834).

Pulmonária lt. *pulmo* Lunge: wegen der Verwendung bei Lungenleiden.

Pyláiea benannt nach dem Schweizer Moosforscher De la Pylaie.

polyántha gr. *polys* viel und *anthos* Blume: vielblumig, vielblütig.

Quercus Name der Eiche bei den Römern.

robur lt. *ruber* rot: dunkelfarbiges Holz, Hartholz, Kernholz, ins-

besondere Eichenholz, daher auch = Kraft, Stärke.
séssilis lt. *séssilis* sitzend: die Früchte sehr kurz gestielt.

Ramalína lt. *ramus* Ast: Flechte stark verästelt.
Ranúnculus von *Rana* Frosch, *Ranúnculus* kleiner Frosch: „Froschkraut", dient den Fröschen als Unterschlupf.
aquátilis lt. *aqua* Wasser: im Wasser wachsend.
flúitans lt. *fluitáre* hin und her wogen: flutend.
Rhacomítrium gr. *rhakos* Lappen, *mitra* Haube.
aciculáre lt. *acus* Nadel, *acicula* kleine Nadel: nadelförmig zart, Deckel der Büchsespitz.
Rhamnus gr. *rhamnos* Name mehrerer Dornsträucher bei Griechen und Römern.
cathártica gr. *kathairein* reinigen, d. h. den Darm: also abführend wirkend.
Rhizocárpon gr. *rhiza* Wurzel und *karpos* (lt. *carpus*) Frucht: Wurzelfrucht, weil die Flechte sich dicht auf der Unterlage vermehrt.
geográphicum Geographie = Erdbeschreibung: das von der Flechte überzogene Gestein ähnelt einer Landkarte.
Rhódotypus gr. *rhodon* Rosa und *typos* Gestalt: von der Gestalt der Rose.
kerrióides *Kérria* ein Strauch und *oides* ähnlich: der Kerrie ähnlich.
Robínia benannt nach Robin (dem Gärtner des französischen Königs Ludwig XIII.), der den Baum um 1600 aus Virginien (N.-Am.) nach Paris brachte.
pseudacácia gr. *pseudes* falsch, unecht, scheinbar und *Acácia* (Baum): falsche Akazie.
Róripa anscheinend ein willkürlich gebildeter Name.
officinális lt. *officina* Werkstatt, meist im Sinne von Apotheke: in Apotheken gebräuchlich.
Rubus lt. Name für Brombeeren und Wildrosen bei den Römern, *ruber* rot.
Rudbéckia benannt nach Rudbeck (1660–1740), Prof. der Botanik in Upsala, Lehrer des Naturforschers Linné.
hirta lt. struppig, rauh, borstig, behaart.
laciniáta lt. *lacínia* Fetzen, Lappen, Zipfel: geschlitztblättrig.
Rumex Name des Ampfers bei den Römern, bedeutet Lanzenspitze, Speerspitze: wegen der Blattform mehrerer Arten.

aquáticus lt. *aqua* Wasser: im und am Wasser wachsend.
hydrolápathum gr. *hydor* Wasser und *lapathon* Ampfer: Wasserampfer.

Salix Name der Weide bei den Römern, gr. *helix* das Gewundene, da die Zweige als Flechtwerk benutzt werden; keltisch *sallis* nahe am Wasser, wegen des Standortes.
alba lt. weiß: Blätter an der Unterseite weiß.
cáprea lt. *capra* Ziege: zu Ziegenfutter dienend.
frágilis lt. *frángere* zerbrechen: brüchig, zerbrechlich, nämlich die Zweige.

Sambúcus Name des Holunders bei den Römern; vielleicht vom gr. *sámbyx* = eine gewisse rote Farbe und auch eine Pflanze mit ähnlich gefärbtem Saft: wegen des rötlichen Saftes der Beeren.
niger lt. schwarz: wegen der schwarzen Beeren.

Sarothámnus gr. *saron* Besen und *thamnos* Strauch: wegen der Verwendung zu Besen.
scopárius lt. *scopae* Besen, *scopárius* der Auskehrer.

Schizophyllum gr. *schizein* spalten und *phyllon* Blatt: Lamellen der Länge nach gespalten.
commúne lt. gemein, überall vorkommend.

Scirpus Name der Binse bei den Römern; *scirpere* flechten: zu Flechtwerk benutzt.
lacústris lt. *lacus* See, Teich: in Seen und Teichen wachsend.

Scrophulária lt. *scropha* Mutterschwein, *scrophula* Halsgeschwulst: wie sie bei Skrophulose auftritt, so daß der geschwollene Hals einem Schweinehals ähnlich sieht, die Pflanze wurde gegen diese Krankheit angewandt.
aquática lt. *aqua* Wasser: im Wasser wachsend.
nodósa lt. *nodus* Knoten: knotig, der Wurzelstock.
umbrósa lt. *umbra* Schatten: schattig, an schattigen Standorten wachsend.

Senécio lt. *senex* (*senicis*) Greis: wegen des früh erscheinenden weißen Pappus, richtig: Greiskraut (nicht Kreuzkraut).
paludósus lt. *palus* Sumpf: in Sümpfen wachsend.
vulgáris lt. *vulgus* das gemeine Volk, die große Menge: gemein, überall in Mengen.

Sequóia kalifornischer Name des Baumes.
gigántea gr. *gigánteios* riesenhaft, riesengroß.

Sium gr. *sion* Name einer Wasserpflanze, keltisch *siw* Wasser.
latifólium lt. *latus* breit und *folium* Blatt: breitblättrig.
Solánum Name mehrerer Arten bei den Römern; abgeleitet von *soláre* Sonnenstich machen, verwirren, wegen der Giftwirkung; oder von *solari* beruhigen, lindern, wegen der schmerzstillenden Wirkung einiger Arten.
dulcamára lt. *dulcis* süß und *amárus* bitter, scharf: da die Früchte zuerst bitter und dann süß schmecken.
Solidágo lt. *sólidus* fest, dicht, gediegen und *ágere* treiben, machen: wegen der Verwendung als Wundheilmittel.
canadénsis aus Kanada stammend.
Sonchus gr. *sogchos* Name einer distelartigen Pflanze bei den Griechen; oder von *somphos* locker, schwammig: wegen des hohlen, weichen Stengels.
palúster lt. *palus* Sumpf: in Sümpfen wachsend.
Sophóra arabisch *sophéra* Name einer Pflanze.
japónica aus Japan stammend.
Sparássis gr. *sparásso* ich zerreiße: Pilz sieht zerrissen aus.
crispa lt. kraus: Pilz sieht kraus und zerrissen aus.
Spargánium gr. *spargánion* Name einer Sumpfpflanze; von *spárganon* Windel, Lappen: wegen der bandförmigen Gestalt der Blätter.
eréctum lt. *erígere* aufrichten: aufrecht.
Spirodéla lt. *spira*, gr. *speira* gewunden, schraubenförmig und *delos* deutlich, offenbar: mit deutlich entwickelten Spiralgefäßen.
polyrhíza gr. *polys* viel und *rhiza* Wurzel: mit vielen Wurzeln.
Staphyléa gr. *staphylē* Traube: wegen des traubigen Blütenstandes.
pinnáta lt. *pinna* Feder: gefiedert.
Stellária lt. *stella* Stern: wegen der Form der Blüte.
média lt. die mittlere, mittelgroß, in der Mitte stehend.
Stéreum gr. *stéreos* starr, hart: Hut lederig hart.
hirsútum lt. struppig, rauhhaarig.
purpúreum lt. purpurfarbig.
Stratiótes gr. *stratiōtes* Soldat: wegen der lanzenförmigen Blätter.
alóides der Aloe ähnlich.
Symphoricárpus gr. *symphérein* zusammentragen, anhäufen und (*charpos*) *karpos* Frucht: mit geknäuelten Früchten.
orbiculátus lt. *orbículus* kleiner Kreis, kleine Kugel: kugelförmig.
racemósus lt. *racémus* Beere, Traube: traubig, der Blüten- und Fruchtstand.

Syntríchia gr. *syn* mit, zusammen und *thrix, trichos* Haar: Blätter mit Glashaar.
subuláta lt. *súbula* Pfriem: pfriemenförmig, die Blätter.

Tanacétum tanacéto italienischer Name des Rainfarns.
vulgáre lt. *vulgus* die große Menge, das gemeine Volk: gemein, überall vorkommend.

Taxódium vom Aussehen des *Taxus* (Eibe).
dístichum gr. *dis* zweimal und *stichos* Reihe, Zeile: zweizeilig, zweireihig: die Nadeln.

Taxus Name der Eibe bei den Römern; vom gr. *taxis* Ordnung: wegen der zweizeiligen Anordnung der Nadeln; auch verwandt mit *toxon* Bogen: aus dem Holz wurden Bogen verfertigt.
baccáta lt. *bacca* Beere: beerentragend.

Thuja gr. *thyia* (*thýa*) ein afrikanischer Baum, dessen Holz bei Opfern (*thyein* opfern) verbrannt wurde.
occidentális lt. *occidens* Westen: westlich, abendländisch.
orientális lt. *oriens* Osten: östlich, morgenländisch, im Orient, Osten vorkommend.

Thujopsis von *Thuja* und *opsis* Aussehen: vom Aussehen des *Thujo*, *thuja*-ähnlich.

Tília Name der Linde bei den Römern; gr. *tilos* Faser: wegen des Lindenbastes.
platyphýllos gr. *platys* platt, flach, breit und *phyllos* Blatt: breitblättrig.
ulmifólia lt. von *Ulmus* Ulme und *fólium* Blatt: Blätter den Ulmenblättern ähnlich.

Tremélla lt. *trémere* zittern: Zitterling, weil der gekröseartige Fruchtkörper zittert.
mesentérica gr. *mesentérion* Gekröse: gekröseartig.

Trifólium lt. *tris* drei und *folium* Blatt: Dreiblatt.

Tsuga einheimischer Name des Baumes.
canadénsis in Kanada heimisch.
mertensiána nach dem Botaniker Mertens in Bremen benannt (1764–1831).

Typha gr. *typhe* Name für mehrere Arten, die zum Ausstopfen und Polstern von Betten benutzt wurden; vielleicht von *typhein* verbrennen, rauchen: wegen der Verwendung als Brennmaterial.

Ulex gr. *oulos* dicht: gibt dichte Hecken.

europaéus in Europa heimisch.

Ulóta gr. *ulos* kraus: Blätter in trockenem Zustande kraus.

Usnea lt. *uro* ich brenne, ausdörren, ausgetrocknet: die Bartflechte ist ausgedörrt.

barbáta lt. *barba* Bart: bärtig.

Vaccínium Name der Heidelbeere bei den Römern; entweder von *vacca* Kuh: wegen der Verwendung als Kuhfutter; oder von *bacca* Beere (dieses wahrscheinlicher).

vitis idáea Rebe (*Vitis*) vom Berge Ida (wo aber nicht Preißelbeere, sondern die Heidelbeere wächst).

Valeriána lt. *valére* stark, gesund sein: wegen der Heilkraft der Pflanze.

officinális lt. *officína* Apotheke: in Apotheken gebraucht.

Verbáscum Name einer nicht mehr feststellbaren Pflanze, von *barbáscum* (*barba* Bart): wegen der filzigen Behaarung der Pflanze und der bärtigen Staubgefäße.

Verónica soll nach der hl. Veronika benannt sein.

Vibúrnum lateinischer Name des gemeinen Schneeballs.

lantána italienischer Name für Schneeball; von *lentáre* biegen: wegen der biegsamen Zweige; vielleicht durch Verstellung der Buchstaben aus *lanata* (*lana* Wolle): wollig, wegen der filzigen Blätter.

ópulus bei den Römern der Name des Feldahorns, der dem Schneeball ähnlich sieht.

Vinca Name einer Schlingpflanze bei den Römern; von *vincíre* umbinden, umwinden, umschlingen: Stengel zähe.

minor lt. klein.

Viscum Name der Mistel und des daraus bereiteten Vogelleims.

album lt. weiß: die Beeren.

laxum lt. schlaff, locker.

Xylária gr. *xylon* Holz: Pilz ist korkig-holzig.

polymórpha gr. *polys* viel und *morphē* Gestalt: vielgestaltig.

Xanthória gr. *xanthos* goldgelb: wegen der gelben Farbe der Flechte.

pariétina lt. *paries, pariétis* Wand, Mauer: an Mauern wachsend.

Zanichéllia benannt nach Zanichelli, Apotheker in Venedig (1662 bis 1729).

palústris lt. *palus* Sumpf: in Sümpfen wachsend.

Erklärung der wissenschaftlichen Tiernamen

Accípiter Name für Habicht und Sperber bei den Römern.
gentilis lt. *gens, gentis* Geschlecht: vornehm, edel.
nisus Nisus, König von Megara in Griechenland, wurde in einen Sperber verwandelt.

Aegíthalos Name für Blaumeise bei den Griechen, heute für Schwanzmeise.
europáeus in Europa heimisch.

Aláuda Name für Lerche im alten Rom.
arvénsis lt. *arvum* Acker: auf Äckern lebend.

Alcédo Name für Eisvogel.
íspida lt. *híspidus* rauh, stachelig, spießig: wegen des Schnabels.

Anas Name der Ente bei den Römern.
platyrhýncha gr. *platys* breit und *rhynchos* Rüssel, Schnabel: Breitschnabel.

Anser Name der Gans bei den Römern.
fabális lt. *faba* Bohne: sucht Saatfelder (Bohnenfelder) ab.

Aphis alter griechischer Name für Blattlaus.

Apodémus gr. *apodmos* in der Fremde, abwesend: also eine Maus, die schnell in Löchern verschwindet.
agrárius lt. *ager* Acker: auf dem Acker lebend.
flavicllóis lt. *flavus* goldgelb, blaßgelb und *collare* Halsband: mit gelbem Halsband, Gelbhals.
sylváticus lt. *silva* Wald: in Wäldern lebend.

Archibúteo gr. *archi* ur, anfangs und *Bateo* Name des Mäusebussards.
lagópus gr. *lagópos* von *lagos* Hase und *podos* Fuß: eigentlich Hasenfuß, Beine des Bussards bis unten hin befiedert, daher rauh wie ein Hasenfuß.

Árdea alter Name des Reihers.
cinérea lt. *cinis* Asche: aschgrau.

Aríon gr. Arion war ein mythologischer Sänger: hier scherzhafter Name für die stumme Schnecke.

Arvícola lt. *arvum* Acker und *colere* bewohnen: Ackerbewohner.

agréstis lt. *ager* Acker, Feld: auf Feldern lebend.
arvális lt. *arvum* Acker: auf dem Acker lebend.
terréstris lt. *terra* Erde: in der Erde hausend.

Bíbio lt. *bíbere* trinken: bei den Alten ein kleines Insekt, das an Weinfässern lebt.

Blastóphagus gr. *blastos* Sproß, Keim und *phagein* fressen: Keimfresser.
piniperda lt. *Pinus* Name der Kiefer und *perdo* zerstören: Kiefernzerstörer.

Bombycílla gr. *bombos* Seide, *bombyx* Seidenspinner.
gárrula lt. *Gárrulus* Eichelhäher: dem Eichelhäher ähnlich im bunten Gefieder.

Búteo *búteo* Name einer Falkenart bei den Römern.

Camponótus gr. *kampe* Krümmung, *notos* Rücken: mit gewölbtem Rücken.
ligniperdus lt. *lignum* Holz und *perdo* zerstören: Holzzerstörer.

Canis Name des Hundes bei den Römern.
familiáris lt. *família* Haus: zum Hause gehörig.

Capélla lt. kleine Ziege: die Bekassine „meckert" auf ihren Balzflügen im Frühling wie eine Ziege, daher ihr Name „Himmelsziege".
gallinágo lt. *gallina* das Huhn: Sumpfhuhn.

Capréolus Name für Reh bei den Römern; *capra* Ziege: ziegenähnlich.

Carabíden Familie der Laufkäfer; gr. *kárabos* von *keirein* schneiden, zwicken: nämlich mit den scharfen Zangen.

Carduélis von *Cárduus* Distel: der Fink frißt den Samen.
cannábina gr. *kannabis* Hanf: der Fink frißt Hanfsamen.

Cerámbyx gr. *kerámbyx* eine Käferart mit langen Hörnern, *keras* Horn.
cerdo gr. *kerdos* Gewinn: der größte Bockkäfer, sein Fang bringt Gewinn für die Sammlung, in der er an erster Stelle steht. (Nicht fangen! Larven nicht vernichten!)

Cérthia gr. *kerthios* Name des Baumläufers.
brachydáctyla gr. *brachys* kurz, klein und *daktylos* Finger: kurzzehig gegenüber der nächsten verwandten Art, die längere Zehen hat.

Cervus alter Name für Hirsch.
élaphus gr. *élaphos* anderer Name für Hirsch.
Cetónia Name eines Käfers bei den Römern.
auráta lt. *aurum* Gold: mit goldfarbenen Flügeldecken.
Cheimathóbia gr. *cheima* Winter und *bioyn* leben: lebt im Winter.
brumáta lt. *bruma* Winterszeit: lebt im Winter.

Chilopoden gr. *chéilos* Lippe und *pus, podós* Fuß: Lippenfüßler, weil die miteinander verwachsenen Grundglieder des ersten Beinpaares eine Art Lippe bilden.

Chloris gr. *chloros* grüngelb: Grünfink ist grüngelb gefärbt.

Cinclus gr. Name der Wasseramsel bei den Griechen; *kigklis* Gitter: wohl deshalb, weil sich die Wasseramsel gern an Gitterwehren aufhält.
aquáticus lt. *aqua* Wasser: lebt am Wasser.
Circus lt. Kreislinie: Rohrweihe zieht bei ihren Balzflügen weite Bogen und Windungen.
cyáneus lt. blau: altes Männchen blaugrün, daher auch Blaufalke.

Clausília lt. *claúdere* schließen: diese Schnecken können die Öffnung ihres Gehäuses (Mund) mit einem Deckel verschließen, daher Schließmundschnecken.

Coloéus gr. wohl von *Kolóuos* aus Samos, dem ersten „Weltumsegler": die Dohle ist sehr flugfreudig.
monédula lt. alter Name für Dohle, schon bei Cicero.
Colúmba Name der Taube im alten Rom.
palúmbus lt. Name der Ringeltaube im alten Rom.

Corvus Name für Rabe im alten Rom.
cornix lt. alter Name für Krähe.
frugílegus lt. *fruges* Früchte, *frugílegus* Früchte lesend, sammelnd: Saatkrähe frißt außer Ungeziefer auch pflanzliche Kost, junge Saat mit anhaftenden Körnern, Kartoffeln, Oliven . . .
pulchroníger lt. *pulcher* schön, *niger* schwarz: schön (rein) schwarz gefärbt, zum Unterschied von der Saatkrähe, deren Gefieder blauviolett schimmert.

Cryptops gr. *kryptos* verborgen und *ops* Auge.
horténsis lt. *hortus* Garten: in Gärten vorkommend.

Curculioniden lt. *curcúlio* Kornwurm, schädliches Insekt: zahlreiche Rüsselkäfer sind schädlich.
Cygnus gr. *Kyknos*, lt. *cygnus:* alter Name für Schwan.

músicus lt. Sänger: Singschwan stößt lange hohe und tiefe Töne aus, die angenehm klingen.
ólor Name für Höckerschwan.

Dáma alter Name für Damhirsch.
Diplopoden gr. *diplóos* zweifach, doppelt und *pus, podós* Fuß: Doppelfüßler.
Dorcus gr. *dorkas* ein hirschartiges Tier: der geweihartigen Zangen wegen.
parallelepípedus lt. parallel gleichlaufend *epípedos* flach; mit gleichlaufenden Flächen, beiderseits flach.
Dryóbates gr. *drys* Eiche; *bates* Geher, Gänger: Eichengänger, Eichen(Baum)kletterer.
májor lt. der größere: Buntspecht.
médius lt. der mittlere: Mittelspecht.
minor lt. der kleinere: Kleinspecht.

Elaterίden gr. *elaynein* treiben, schnellen: Schnellkäfer, sie können sich aus der Rückenlage in die Bauchlage schnellen.
Emberíza alter Name für Ammer.
citrinélla lt. *citrus* Zitrone: zitronengelb.
Ena lt. *ǽneus* ehern, bronzefarben.
obscúra lt. dunkelfarbig: hornbraun gefärbt.
Erináceus alter Name für Igel.
europǽus europäisch.
Eríthacus Name des Vogels im alten Griechenland.
rubécula lt. *ruber* rot: nämlich die Kehle.
Euprόctis gr. *eu* schön, gut und *proktos* Steiß: Schönsteiß, wegen der rotgefärbten Hinterleibsringe.
chrysorrhœ́a gr. *chrysos* Gold und *rheo* fließen, abfallen: weil die roten Haare der Hinterleibsringe bei der Eiablage abfallen.

Falco Name für Falken im alten Rom.
peregrínus lt. eingewandert, wandernd.
régulus lt. regelmäßig: ist regelmäßig als Wintergast da.
tinnúnculus lt. helltönend, schallend: nämlich der Schrei.
Forfícula lt. *forfex* Zange, *forficula* kleine Zange: wegen der Schwanzborsten am Hinterleib, die zu einer Zange umgebildet sind.

auriculáris lt. zum Ohr gehörig: Ohrwurm ist weder ein Wurm noch kriecht er in die Ohren.

Formíca Name der Ameisen bei den Römern.

Fringílla lt. kleiner Vogel.

cóelebs lt. ehelos, Hagestolz, Strohwitwer: der männliche Buchfink bleibt im Winter hier, Weibchen und Jungvögel ziehen nach Süden.

montifringílla lt. *mons* Berg: kleiner Bergvogel.

Fúlica lt. Name für Wasserhuhn im alten Rom.

atra lt. *ater* schwarz.

Galerída lt. *galérus* Pelzkappe, Mütze, Helm: der Vogel trägt einen Federschopf auf dem Kopfe.

cristáta lt. *crista* Kamm: der Federkamm der Lerche.

Gallínula lt. *gallina* Huhn, *gallinula* kleines Huhn.

chlóropus gr. *chloros* grünlichgelb, *pous* Fuß: Grünfuß.

Gárrulus lt. *gárrulus* schwatzhaft: der Schwätzer, der Holzschreier.

glandárius lt. *glans* Eichel: Eichelfresser.

Glómeris lt. *glomeráre* zusammenballen, aufwickeln: das Tier kann sich zusammenrollen.

Gnórimus gr. *gnórimos* bekannt, leicht erkennbar: an Gestalt und Farbe.

nóbilis lt. berühmt, edel, vornehm: Edelmann.

Helix gr. *helix* Schnecke, Windung: des Gehäuses.

Hyponoméuta gr. *ypónomos* unterirdischer Gang: weil die Raupen unter Gespinsten leben.

malinélla lt. *malus* Apfel, *malinella* kleiner Apfel: weil die Raupen auf Apfelbäumen leben.

Hypudáeus gr. *hyp* unter; *hyp-oudaios* unterirdisch.

glaréolus gr. *glaris* der Hohlmeißel, aushöhlen: wahrscheinlich die Aushöhlerin.

Ipiden gr. *iph* ein im Holz bohrendes Insekt: daraus *Ips* Borkenkäfer, *Ipiden* Gattung der Borkenkäfer.

Ips siehe *Ipiden.*

typógraphus gr. *typógraphos* von *typos*, das Geprägte, Letter und *graphein* schreiben: wörtlich Letternschreiber, wir nennen ihn Buchdrucker.

Julus gr. *ioulos* Vielfuß, ein insektenartiges Tier im alten Griechenland.

Lánius lt. von *laniáre* zerfleischen: die Würger leben von Fleischnahrung.
collúrio gr. *kollórion* ein Raubvogel.
Larus gr. *laros* ein gefräßiger Seevogel bei den Alten.
ridibúndus lt. lachend: nach dem Ruf der Möwe.
Lásius gr. *lásios* dicht behaart.
fuligonósus lt. *fuligo* Ruß: rußfarben.
Lepus lt. Name für Hase im alten Rom.
europáeus europäisch.
Limax gr. *leimax* Nacktschnecke.
Limnáea gr. *lymneios* in Sümpfen lebend.
truncátula lt. *truncátus* gestutzt, abgestutzt; von *truncus* Stock, Stamm: Gehäuse abgestumpft.
Lithóbius gr. *lithos* Stein und *bion* leben: lebt unter Steinen.
forficátus forfex, icis Schere.
Lucánus lt. *lucus* Hain: in Hainen lebend.
cervus Hirsch: der geweihartigen Zangen wegen.
Lutra Name für Fischotter im alten Rom.

Malacosóma gr. *malakos* weich und *soma* Körper: von weichem Körper.
neústrium der westliche Teil Galliens.
Martes Name des Marders im alten Rom.
foína franz. *foine* Name des Hausmarders.
Meles Name für Dachs im alten Rom.
Mergus lt. *mérgere* tauchen: diese Vögel tauchen viel.
mergánser lt. *anser* Name für Gans im alten Rom: tauchende Gans.
Motacílla Name der Bachstelze im alten Rom.
alba lt. weiß.
cinérea lt. *cinis* Asche: aschgrau.
Mus Name für Maus.
decumánus lt. ansehnlich, groß (ursprünglich Pächter des Zehnten!): die Ratte holt sich den Zehnten.
músculus lt. kleine Maus.
Mustéla Name für Wiesel (und Marder) im alten Rom.

ermínea germ. *ermin* groß: das große Wiesel.
nivális lt. schneeweiß (*nix* Schnee): im Winter weiß gefärbt.
Myriopóden gr. *myrioi* 10000, sehr viele; *mýrios* unzählbare große Menge und *podos* Fuß: Tausendfüßer.
Myrmíca gr. *myrmaex* Name für Ameise.

Nucífraga lt. *núcleus* Kern und *frangere* brechen: Nußbrecher, Nußknacker.
caryocatáctes gr. *káryon* Nuß, Kern uhd *tactus* Tastsinn: Vogel, der die Nüsse aufspürt.
Nyróca Name einer Entenart im alten Rom.
clángula lt. *clango* schallen, *clangor* Schall, Geschrei von Vögeln: die Ente läßt im Fluge ein melodisches Flügelklingen hören, das in der Nacht recht auffällig ist, daher Schellente.

Ocnéria gr. *ókneros* träge: das Weibchen des Schwammspinners ist ein träges Tier.
dispar lt. *dispérsus* zerstreut, vereinzelt.
Operophthéra gr. *opero* von *ope* Aussehen und *phtheir* Laus: vom Aussehen einer Laus (das Weibchen des Frostspanners hat keine Flügel).
brumáta lt. *bruma* Winterzeit: lebt im Winter.
Orýctes gr. *oryktaes* Gräber: die Larve des Käfers lebt in faulender Gerberlohe.
nasicórnis lt. *nasus* Nase und *conu* Horn: Nashorn.
Otis gr. Name für Trappe.
tarda lt. *tardus* träge, langsam: schwerfälliger Vogel.
Ovis Name für Schaf im alten Rom.
musímon Name des sardinischen Muflons schon im Altertum.

Parasítus gr. *para* neben, mit und *sitos* Speise; *parasítos* mit jemand speisen: Mitesser, Schmarotzer.
coleoptratórum Coleopteren Käfer: auf Käfern schmarotzend.
Parus Name der Meise im alten Rom.
caerúleus lt. dunkelblau.
commúnis lt. gemein, überall vorkommend.
cristátus lt. *crista* Kamm: trägt Federkamm.
májor lt. *magnus* groß, *májor* größer: größte Meise.
Passer alter Name für Sperling.
doméstícus lt. *domus* Haus: zum Hause gehörig.
montánus lt. *mons* Berg: im Berglande vorkommend.

Paúropus gr. *pauros* klein, gering an Zahl und *pous* Fuß: Wenigfüßer.

huxléyi nach *Huxley* englischer Naturforscher.

Perdix Name für Rebhuhn im alten Rom.

Pergámasus *Gámasus* Milbe, Ableitung des Wortes unbekannt; *per* bedeutet hier sehr: eine Milbe, der man die Zugehörigkeit zur Gattung *Gámasus* sehr deutlich ansieht.

crássipes lt. *crassus* dick, *pes* Fuß: Dickfuß, diese Milbe hat sehr dicke Beine. (2. Paar!)

Phasiánus *Phasis* ein ins Schwarze Meer mündender Fluß in der Landschaft Colchis, wo der Fasan häufig vorkommt, daher auch *cólchicus*.

Pica alter Name der Elster.

Picus Name der Spechte.

canus lt. grau, weißgrau: Grauspecht.

víridis lt. grün: Grünspecht.

Pódiceps verkürzt aus *podicipes* von *podex* Steiß und *pes* Fuß: Steißfuß, weil die Füße weit nach hinten gerückt sind.

ruficóllis lt. *rufus* rotbraun und *colláre* mit Halsband versehen: mit rotbraunem Hals.

Polydésmus gr. *polydesmos* mit vielen (*polys*) Gürteln (*desmos*) versehen.

Psylla gr. *phylla* Floh: weil das Tier sich ähnlich fortbewegt wie ein Floh.

Pupa lt. Puppe: Puppenschnecke, Tönnchenschnecke.

Pupílla kleine Pupa, *Pupilliden* Familie der Puppenschnecken.

Putórius lt. *putor* Gestank: Stänker, der Iltis entleert in der Not den stinkenden Inhalt einer Drüse.

Pýrrhula gr. *pyrros* feuerrot: Dompfaff, Gimpel hat feuerrote Brust.

Rallus latinisiert vom deutschen Worte Ralle, das mit rasseln zusammenhängt: wegen der knarrenden Stimme.

aquáticus lt. *aqua* Wasser: am Wasser lebend.

Rana Name für Frosch im alten Rom.

temporária lt. *témpora* Schläfen: wegen der schwarzbraunen Flekken in der Schläfengegend.

Rhágium gr. *rhágion* die kleine Beere.

mordax lt. *mordére* beißen, bissig, stechend: Halsschildseiten mit einem spitzen Höcker.

Rhynchaénus gr. *rygchos* Rüssel: Kopf rüsselartig verlängert.
fagi Fagus Name der Buche: auf Buchen lebend.

Scarabaéiden gr. *skarabáios* ein Käfer der Alten, der heilige Pillendreher der Ägypter, ein Käfer, der aus Mist eine Kugel formt, die er in eine Röhre rollt und als Nahrung für die Larven dient. Zu dieser Familie der *Scarabäeiden* gehören unsere einheimischen Mistkäfer.

Sciára gr. *skia* Schatten: die im Schatten, im Dunkeln lebende Mücke.
militáris lt. *miles* Soldat: Larven der Heerwurmtrauermücke wandern wie ein Heereszug in mehrere Meter langen Zügen über den Boden; Ursache ist nicht bekannt.

Sciúrus gr. *skióyros* Eichhörnchen: *skia* Schatten, *oyra* Schwanz: Schattenschwanz, weil es sich mit dem aufrecht getragenen Schwanz Schatten zu machen scheint.
vulgáris lt. *vulgus* die große Menge: gewöhnlich, gemein, überall.

Scutigeréllа lt. *scutum* Schild und *gerere* führen, tragen: Schildträger.
immaculáta lt. unbefleckt: ohne Makeln, Flecken.

Sinodéndron gr. *dendron* Baum und *sinus* Einbuchtung, Höhlung, Vertiefung: Larve des Baumschröters frißt Höhlungen in den Baum.
cylíndricum gr. *kylíndros* Zylinder, Walze: Körper des Käfers walzenförmig.

Sitta gr. Blauspecht: Oberseite des Kleibers schieferblau, er klettert wie die Spechte.
pinetórum lt. *pinus* Kiefer, Föhre, Fichte; *pinétum* Fichtenwald: der Kleiber hackt die Zapfen auf.

Sturnus alter Name für Star.
vulgáris lt. *vulgus* gemein, überall vorkommend.

Sus alter Name für Schwein bei den Römern.
scrofa Sau, Mutterschwein: Wildschwein.
scrofa doméstica Hausschwein, *domus* Haus: zum Hause gehörig, zum Haustier gezähmt.

Sýlvia lt. *silva* Wald: im Walde lebend, Waldfängerin.
commúnis lt. gemein, überall vorkommend.

Sýmphyla gr. *symphylos* stammverwandt: mit den Tausendfüßlern.

Systenócerus gr. *systenos* zusammenlaufen, eng und *keras* Horn: mit engstehenden Hörnern.
carabóides gr. einem *Cárabus* (Laufkäfer, Goldschmied) ähnlich.

Tetranýchus gr. *tetra* vier und *ychos* Nagel, Zipfel: wegen der vier diademartigen Zipfel über den Mundwerkzeugen.

Tetráo gr. *tetráon* Auerhahn.

urogállus lt. *gallus* Hahn; *urus* (keltisch) wild: Urhahn, Auerhahn.

Thanásimus gr. *thanásimos* todbringend: frißt Borkenkäfer.

formicárius *Formíca* Ameise: ameisenähnlich.

Tipulíden Bachmücken, Schnaken, größte Mückenarten. *Típula* ein schnell über das Wasser laufendes Insekt.

Troglodýtes gr. Höhlenbewohner; *trogle* Höhle, *dyein* tauchen: baut seine Nester in Schlupflöcher, Höhlen.

Trombídium franz. Name der Milbe *trombídion.*

fuliginósum lt. *fulígo* Ruß: rußfarben.

holosericeum gr. *olos* ganz und *seríca* Seide: wegen der Behaarung.

Trutta Name für die Gattung der Edelfische.

fário lt. Forelle.

Turdus Name für Drossel im alten Rom.

mérula alter Name der Amsel.

pilláris lt. *pilus* Haar: weil die Drossel in Schlingen aus Pferdehaaren gefangen wird.

Vanéllus alter Name für Kiebitz.

Vulpes Name für Fuchs im alten Rom.

Namenverzeichnis der Pflanzen

Kräuter

Gräser

Algen

Namenverzeichnis der Tiere

Wirbeltiere

Säugetiere

Vögel

Übrige Wirbeltiere

Gliederfüßler

Käfer

Schmetterlinge

Bienen und Wespen

Ameisen

Fliegen und Mücken

Ubrige Gliederfüßler

Würmer

Weichtiere